JN273640

教育行政法

米沢広一 著

北樹出版

はじめに

　日本国憲法制定以降、教育委員公選制の導入と廃止、勤務評定（勤評）、全国学力調査（学テ）、教科書検定等をはじめとする教育行政は、多くの人々からの関心と批判を集め、そのうち、家永教科書検定、学テ、勤評、伝習館、尼崎筋ジス、剣道実技拒否事件等のように、訴訟にまで至ったものも少なくない。

　更に、この10年の間に、公立小中学校間での学校選択制の導入、校長・副校長・教頭の資格要件の緩和、学校評議員・学校運営協議会の導入、「不適切」教員の排除、教育特区、学校の自己評価、義務教育費国庫負担率の切り下げ、教育基本法改正（本書末尾に［旧］教育基本法の条文を掲載）、教員免許更新制、（新）全国一斉学力調査の実施等といった大きな変動が生じている。

　本書では、このような最近の動きにも焦点をあてつつ、小中高等学校段階での教育行政に関する法体系につき、教育行政組織、学校制度、教員免許制・任用・服務、教育活動、教育財政、救済制度といった章ごとにその概要を整理するとともに、そこでの法的論点を抽出し、序で示す「教育行政法の基本原理」に基づいた検討を加えることとする。

　憲法論の部分については、既に拙著『憲法と教育15講［第3版］』で、日本国憲法下での教育権論争と現在の課題（第1講）、未成年者の人権享有主体性（第2講）、生徒の自己決定権（第3講）、日の丸・君が代と学校（第4講）、宗教と公立学校（第5講）、生徒と政治（第6講）、教育情報の本人開示と公開（第7講）、教科書の検定、採択、給付、使用（第8講）、学校事故の賠償と防止（第9講）、障害児の教育を受ける権利（第10講）、外国人の子どもの教育を受ける権利（第11講）、親の教育の自由（第12講）、教師の「教育の自由」（第13講）、私立学校と憲法（第14講）、児童の権利条約（第15講）として論じているので、重複部分については必要最小限の言及にとどめる。『憲法と教育15講［第3版］』を併せ参照していただければ幸いである（参照箇所は、「⇒『15講』○○頁」と記載）。

4　はじめに

　判例集については、入手の容易さという観点から、判例時報、判例タイムズを主に引用する。その際には、判例時報→判時、判例タイムズ→判タ、判例地方自治→判自、最高裁判所民事判例集→民集、最高裁判所刑事判例集→刑集、行政事件裁判例集→行集、訟務月報→訟月、高等裁判所刑事判例集→高刑集、下級裁判所刑事裁判例集→下刑集、下級裁判所民事裁判例集→下民集、労働判例→労判、労働関係民事裁判例集→労民集のように略して引用する。「判例集未登載」のほとんどは、LEX/DBインターネットからの引用である。法令名が長い場合は、最初は正式名、2回目以降は略称を用いる。

目　　次

はじめに （3）

序　教育行政法の基本原理 …………………………………… 12

第1章　教育行政組織 …………………………………………… 16
第1節　国と地方の役割分担 ………………………………… 16
第2節　国（中央）…………………………………………… 18
　　1.　内閣・内閣総理大臣　（18）
　　2.　文部科学省・文部科学大臣　（18）
　　3.　審議会等　（20）
第3節　地　方 ……………………………………………… 21
　　1.　首　長　（21）
　　2.　教育委員会　（22）
　　3.　教育長　（31）
　　4.　審議会等　（32）

第2章　学校制度 ……………………………………………… 34
第1節　学校の設置 ………………………………………… 34
　　1.　一条校　（34）
　　2.　設置主体　（38）
　　3.　設置基準　（40）
第2節　就学校 ……………………………………………… 40
　　1.　学校指定の変更・区域外就学　（40）
　　2.　学校の統廃合　（41）
　　3.　公立学校間での学校選択　（44）
第3節　進学・進級 ………………………………………… 49

　　　　　1.　進　学　(49)

　　　　　2.　進　級　(50)

　　第4節　学校の組織編制 …………………………………………… 53

　　　　　1.　学校規模・学級編制　(53)

　　　　　2.　構成教職員　(54)

　　　　　3.　校長・管理職　(55)

　　　　　4.　職員会議　(59)

　　　　　5.　学校評議員・学校運営協議会　(59)

　　第5節　学校評価 ……………………………………………………… 62

　　第6節　学校施設 ……………………………………………………… 63

　　　　　1.　設　置　(63)

　　　　　2.　使　用　(64)

第3章　教員免許制・任用・服務 ……………………………………… 69

　　第1節　教員免許制 …………………………………………………… 69

　　　　　1.　免許状の種類　(69)

　　　　　2.　免許状の失効と取上げ　(69)

　　　　　3.　無免許授業　(70)

　　　　　4.　免許更新制　(71)

　　第2節　公立学校教員の任用 ………………………………………… 71

　　　　　1.　採　用　(72)

　　　　　2.　転　任　(74)

　　第3節　公立学校教員の評価 ………………………………………… 79

　　　　　1.　勤務評定　(79)

　　　　　2.　新人事考課制度　(81)

　　　　　3.　「不適切」教員　(83)

　　第4節　公立学校教員の研修 ………………………………………… 86

　　　　　1.　行政研修　(86)

2．自主研修 (89)

　第5節　公立学校教員の勤務条件 …………………………………… 91
　　　1．給　与 (92)
　　　2．超過勤務手当 (92)

　第6節　公立学校教員の服務 ………………………………………… 94
　　　1．服務の宣誓 (94)
　　　2．法令及び職務命令の遵守義務 (95)
　　　3．職務専念義務 (96)
　　　4．信用失墜行為の禁止 (97)
　　　5．守秘義務 (99)
　　　6．政治的行為の制限 (99)
　　　7．労働基本権の制限 (102)
　　　8．営利企業等の従事制限 (107)

　第7節　公立学校教員の懲戒・分限処分 …………………………… 108
　　　1．懲戒処分 (109)
　　　2．分限処分 (111)
　　　3．手続的保護 (116)

第4章　教育活動 ………………………………………………………… 121
　第1節　教育課程・学習指導要領 …………………………………… 121
　　　1．教育課程 (121)
　　　2．学習指導要領 (123)
　第2節　授　業 ………………………………………………………… 126
　　　1．授業内容 (126)
　　　2．教科書・教材の使用 (130)
　第3節　生徒の評価 …………………………………………………… 134
　　　1．調査書・指導要録・通知表 (134)
　　　2．学力調査 (139)

第 4 節　学校行事・課外活動 …………………………………… 143
　　　1.　学校行事　(143)
　　　2.　課外活動　(146)
　第 5 節　生活指導 ………………………………………………… 148
　　　1.　校　　則　(148)
　　　2.　髪　　型　(149)
　　　3.　服　　装　(152)
　　　4.　オートバイ　(152)
　　　5.　喫煙・飲酒　(154)
　　　6.　政治活動　(155)
　　　7.　宗教活動　(157)
　　　8.　非行等への指導　(158)
　第 6 節　生徒の懲戒 ……………………………………………… 159
　　　1.　実体面　(159)
　　　2.　手続面　(164)
　第 7 節　体　罰 …………………………………………………… 165
　　　1.　体罰の範囲　(165)
　　　2.　責　　任　(167)
　第 8 節　保健・安全 ……………………………………………… 170
　　　1.　保　　健　(170)
　　　2.　学校事故　(172)
　　　3.　公務災害　(178)

第 5 章　教育財政 ……………………………………………………… 179
　第 1 節　教育財源 ………………………………………………… 179
　　　1.　設置者負担主義　(179)
　　　2.　義務教育費国庫負担制度　(180)
　　　3.　総額裁量制　(182)

          4. 学校予算 (182)
   第2節　奨学措置 ……………………………………… 183
          1. 就学援助（教育扶助・就学奨励）(183)
          2. 障害児への就学奨励 (185)
          3. 授業料・奨学金 (186)
          4. 教科書代金 (187)
   第3節　私学助成・減免税 ……………………………… 189
          1. 私学助成 (189)
          2. 減免税 (192)

第6章　救済制度 …………………………………………… 193
   第1節　行政上の救済 …………………………………… 193
          1. 措置要求 (194)
          2. 不服申立て (197)
          3. 苦情処理 (199)
          4. 公的第三者機関 (200)
   第2節　司法上の救済 …………………………………… 201
          1. 取消訴訟・執行停止 (202)
          2. 義務付け・仮の義務付け (211)
          3. 差止め・仮の差止め (214)
          4. 義務不存在確認の訴え (215)
          5. 住民訴訟 (217)
          6. 賠償請求訴訟 (220)
          7. 合憲性・合法性の統制 (221)

【旧】教育基本法 (227)
主要参考文献 (229)

教育行政法

序　教育行政法の基本原理

　行政法の基本原理として、法律による行政の原理（法治主義）、人権尊重、公共性の原理、信義誠実の原則（信義則）、権利濫用禁止、比例原則、平等原則、透明性（行政上の意思決定の内容と過程が国民にとって明らかであること）とアカウンタビリティの原則、必要性・有効性・効率性の原則、等が提示されている。

　公教育領域では、それらに公教育固有の特性―心身の未成熟状態から自律した市民への成長過程にある子どもに対して、教育専門家たる教員を通じて行う教育活動―を加味し、憲法、児童の権利に関する条約（児童の権利条約）（同条約は、自動執行可能な直接適用条文と、法令の解釈準則として機能する間接適用条文とから成る⇒『15講』212頁）、教育基本法（旭川学テ事件・最大判昭和51・5・21判時814号33頁は、「同法における定めは、形式的には通常の法律規定として、これと矛盾する他の法律規定を無効にする効力をもつものではないけれども、一般に教育関係法令の解釈及び運用については、法律自体に別段の規定がない限り、できるだけ教基法の規定及び同法の趣旨、目的に沿うように考慮が払われなければならない」としている）を基軸として、教育行政法の基本原理を構成することが必要となる。以下、教育行政法の基本原理の主要なものを提示する。

1　子どもの人権保障

　成人だけでなく子どもも人権の享有主体である（⇒『15講』22頁）ので、学校教育においても、子どもであるが故の制限に加えて児童・生徒（以下、生徒と略す）であるが故の制限を受けるけれども、思想、信教、表現の自由をはじめとする憲法上の権利は最大限尊重されなければならない。更に、人間の能力は

固定的なものではなく教育によって発達していくものであるので、「教育を受ける権利」を定める憲法26条から子どもの学習権（発達権）の保障が解釈上導き出される（児童の権利条約29条は、教育の目的として児童の「発達」を明示している）。旭川学テ事件最高裁判決も、憲法26条の「背後には、国民各自が、一個の人間として、また、一市民として、成長、発達し、自己の人格を完成、実現するために必要な学習をする固有の権利を有すること、特に、みずから学習することのできない子どもは、その学習要求を充足するための教育を自己に施すことを大人一般に対して要求する権利を有するとの観念が存在していると考えられる。換言すれば、子どもの教育は、教育を施す者の支配的権能ではなく、何よりもまず、子どもの学習をする権利に対応し、その充足をはかりうる立場にある者の責務に属するものとしてとらえられているのである」としている。もっとも、学習権（発達権）は多義的概念であり、国家介入の謙抑性と積極性をともに引き出しうることに留意する必要がある。裁判所の役割は、「発達」概念を画定することではなく、明らかに「発達」を阻害する教育行政を排除することであろう。

2　教員の教育裁量の尊重

　憲法学説の多くは、根拠条文を異にする（23条、26条、23条＋26条、21条、13条説）けれども、教員の「教育の自由」には権限だけでなく憲法上の権利としての側面もあることを認めている（⇒『15講』184頁）。生徒への教育活動に際しては、個々の生徒と教員との人格的接触を通じて当該生徒の発達段階に応じた教育を行うことによって生徒の潜在的能力を引き出すという学校教育の特性に照らして、教員に教育裁量が認められなければならない。旭川学テ最高裁判決も、「子どもの教育が教師と子どもとの間の直接の人格的接触を通じ、その個性に応じて行われなければならないという本質的要請」と述べ、憲法23条に基づいて「一定の範囲における教授の自由が保障されるべきことを肯定できなくはない」としている。他方、旭川学テ事件最高裁判決も指摘するように、①生徒に十分な批判能力がなく、教員が強い影響力、支配力を有する、②学校や教員を選択する余地が乏しい、③教育の機会均等をはかる上からも全国的に

一定の水準を確保すべき要請があるため、生徒への教育活動に際して教員の教育裁量は、一定の制約を受けざるをえない。なお、教育裁量の尊重といっても、一般教員対校長、教科書執筆者対検定官といった教育専門家間での対立が生じる場合があることにも留意する必要がある。

3 親の教育の自由の尊重

憲法学説の多くは、根拠条文を異にする（13条、23条、24条、26条説）けれども、親の教育の自由を憲法上の権利とみなしている（⇒『15講』169頁）。また、児童の権利条約5条は、「児童の発達しつつある能力に適合する方法で適当な指示及び指導を与える」親の「責任、権利及び義務を尊重する」と定めている。親の教育の自由は学校教育においても、拒否権、選択権、参加権として妥当する（その行使の前提条件として、親への情報提供・説明責任が生じる）。ただし、親の教育の自由といっても、教育を受けるのは子どもであるので、子どもの権益保護や（年長の）子どもの意向の尊重のための制約を受ける。

4 平等原則

憲法26条1項は「能力に応じて、ひとしく教育を受ける権利」を保障している。更に、差別禁止事由として、憲法14条1項は、「人種」「信条」「性別」「社会的身分」「門地」を明示し、教育基本法4条は、教育に関し「経済的地位」を、児童の権利条約2条は、「財産」「心身障害」等を付加している。これらの条文から平等原則が導きだされる。

5 比例原則

比例原則は、達成されるべき目的とそのためにとられる手段（措置）との間に合理的な比例関係が存在することを要請する原則である。比例原則は、「国民の権利については、公共の福祉に反しない限り、立法その他の国政の上で、最大の尊重を必要とする」と規定する憲法13条から導きだされる。

6 教育法律主義

法治主義は、教育領域では「法律の定めるところにより」と規定する憲法26条によって教育法律主義として明示されている。教育法律主義は、教育の目的、内容、制度等の基本的事項は、文部科学省令等ではなく、民主制の基盤

をもつ法律によって定められねばならないということを意味する。なお、教育の内的事項についてまで教育法律主義を及ぼすと国民の教育の自由を損傷するので、教育法律主義は教育の外的事項に限定されるとの説が、教育法学説上有力である。しかし、内的事項と外的事項は密接に関連し、また、子どもの教育を受ける権利の担保のために国家による内的事項への関与が正当化される場合もありうるので、教育全般に教育法律主義が妥当し、その法律は生徒の人権尊重、教員の教育裁量の尊重、平等原則、比例原則等の憲法上の原則に適合していなければならない、と考えるべきであろう。

7 学校教育の宗教的・政治的中立性

国による宗教教育を禁止する憲法20条3項を受けて、教育基本法15条2項が「国及び地方公共団体が設置する学校は、特定の宗教のための宗教教育その他宗教活動をしてはならない」と宗教的中立性を定め、教育基本法14条2項は「法律に定める学校は、特定の政党を支持し、又はこれに反対するための政治教育その他政治的活動をしてはならない」と政治的中立性を定めている。15条2項の名宛人は国公立学校となっており私立学校には妥当しないが、14条2項の名宛人は「法律に定める学校」となっており私立学校にも妥当する。なお、教員による偏向教育の防止を名目としての国家の介入が、国家による偏向教育という結果となる危険性にも留意すべきである。

(教育条理)

教育法学説において、「教育条理によれば」といった表現が用いられることがある。これは、一般行政には還元しえない教育の特質を取り込むという意図によるものであろうが、自己の主観的な教育観が「教育条理」の名のみによって正当化される危険性がある。そこで、本書では、「教育条理」という言葉は用いないこととする。

第1章　教育行政組織

第1節　国と地方の役割分担

　旭川学テ事件最高裁判決は、地方自治法、地方教育行政の組織及び運営に関する法律（地教行法）等の現行法制上、「教育に関する地方自治の原則が採用されている」が、これは「それぞれの地方の住民に直結した形で、各地方の実情に適応した教育を行わせるのが教育の目的及び本質に適合するとの観念に基づく」ものであると述べている。そこでは、憲法上ではなく、地方自治法、地教行法とされている点に留意する必要がある。憲法は、92条～95条をもって地方自治を定めているが、教育全般が地方の事務であるとは規定していない。教育の事務についての中央と地方との権限分配は、憲法上一義的に導き出されるわけではなく、基本的には立法裁量に委ねられていると解される。

　教育基本法は、「教育行政は、国と地方公共団体との適切な役割分担及び相互の協力の下、公正かつ適正に行われなければならない」（16条1項）、国は「全国的な教育の機会均等と教育水準の維持向上を図る」（16条2項）、地方公共団体は「その地域における教育の振興を図る」（16条3項）、と規定する。国と地方の役割分担規定である地方自治法1条の2第2項も、「全国的に統一して定めることが望ましい国民の諸活動」「地方自治に関する基本的な準則」等は国に、「住民に身近な行政」は地方公共団体に委ねることを基本としている。

　教育行政における国の役割としては、全国的な教育制度の枠組の設定（学校制度、教員免許制等）、全国的な基準の設定（学習指導要領、教育課程の基準、学

級編制・教職員定数の標準等)、教育条件整備(義務教育費・施設費・教科書無償給付の国庫負担等)がある。地方の役割としては、市町村が、義務教育学校の就学事務・設置・管理、教職員の服務監督等を行い、都道府県が、市町村が担えない広域的行政事務(高等学校・特別支援学校の設置・管理等)、域内の広域調整(教職員の採用・任免や交流人事等)、市町村への支援・援助を行う。

　国と地方公共団体との関係は、基本的には、対等の関係であり、国の関与は、第一次的には、指導・助言・援助といった非権力的手段により行われる(地教行法48条1項)。旭川学テ最高裁判決も、「地方自治の原則が現行教育法制における重要な基本原理の一つ」であるので、「地教委の有する教育に関する固有の権限に対する国の行政機関である文部大臣の介入、監督の権限に一定の制約」が存する、と述べている。

機関委任事務の廃止

　機関委任事務は地方公共団体に委任された国等の事務を意味し、機関委任事務の処理に際して、知事・市町村長は国の下級行政機関と位置づけられ主務大臣の指揮監督権限に服し、また、地方議会の条例制定権や調査権が及ばないものであった。機関委任事務は、地方公共団体の自主性を阻害するとの批判を受けてきたが、平成11年の「地方分権一括法」によって廃止され、自治事務と法定受託事務に再編された。自治事務とは、地方公共団体の事務のうち、法定受託事務を除いたものであり、地方公共団体が自主的に処理することができる地域的事務である。法定受託事務とは、地方公共団体の事務のうち、国が本来果たすべき役割に係るものであって、国においてその適正な処理を確保する必要がある(指示等の国の強い関与が認められる)ものとして法律や政令で特に定めたもの(第一号法定受託事務)、又は、市町村の事務のうち、都道府県が本来果たすべき役割に係るものであって、都道府県においてその適正な処理を確保する必要があるものとして法律や政令で特に定めたもの(第二号法定受託事務)である。教育行政に関しては、第一号法定受託事務のみが適用される。教育に関する事務の多くは自治事務(学校の設置・管理、研修の実施、就学校の指定等)であり、都道府県の法定受託事務としては、文部科学大臣の指示を受けて都道府県教育委員会が市町村に対して行う指導、助言、援助(地教行法48条1項、3項)、文部科学大臣の指示を受けて都道府県教育委員会が市町村に対して行う調査(地教行法53条2項、63条)、都道府県教育委員会が行う教科書展示会の開催、教科書目録の配布、教科書需要数の文部科学大臣への報告(教科書の発行に関する臨時措置法5条1項、6条2項、

7条2項、19条)、市町村の法定受託事務としては、教科書需要数の都道府県教育委員会への報告(同法7条1項)等少数のものがある。

第2節　国（中央）

　国（中央）レベルの教育に係わる行政機関としては、内閣・内閣総理大臣、文部科学省・文部科学大臣、審議会等が、存在する。

1.　内閣・内閣総理大臣

　内閣の権限としては、①教育関連法案・予算案の提出（内閣法5条、憲法73条5号）、②教育関連法律の執行（憲法73条1号）、③教育関連政令の制定（憲法73条6号）等がある。

　内閣総理大臣の権限としては、①文部科学大臣の任免（憲法68条）、②文部科学省に対する指揮監督（憲法72条、内閣法6条）、③文部科学省の処分・命令を中止せしめる権限（内閣法8条）、④文部科学大臣と他の大臣との間の権限争議の裁定（同法7条）等がある。

2.　文部科学省・文部科学大臣

　文部科学省の所掌事務としては、文部科学省設置法4条が、地方教育行政に関する指導・助言及び勧告（3号）、初等中等教育のための補助（8号）、初等中等教育の基準の設定（9号）、教科用図書の検定（10号）、学校保健・安全（12号）、教育職員の養成並びに資質の保持及び向上（13号）、家庭教育の支援（37号）に関すること等、97項目を定めている。更に、文部科学省組織令が部局ごとの所掌事務を定めている。

　文部科学大臣の権限としては、①文部科学省の事務の統括と職員の服務の統督（国家行政組織法10条）、②文部科学省令を発すること（同法12条1項）、③教育関連法案・政令案の総理大臣への提出（同法11条）、④教育関連告示・訓令・通達を発すること（同法14条）、⑤地方の教育関連事務についての調査又は調

査指示（地教行法53条）、⑥都道府県・市町村教育委員会への指導・助言・援助（同法48条）、⑦都道府県・市町村教育委員会への是正の要求（同法49条）、⑧都道府県・市町村教育委員会への指示（同法50条）、⑨教育委員会相互の連絡調整（同法51条）、⑩長又は教育委員会への資料等の提出要求（同法54条2項）等がある。

　最近の特徴的事項として、文部科学大臣の地方への関与の縮減をあげうる。すなわち、都道府県教育長任命への文部（科学）大臣承認制度（地教行法[旧]16条）の廃止、文部（科学）大臣が教育委員会に対して「必要な指導、助言又は援助を行うものとする」（同法[旧]48条）との文言を「行うことができる」と改正、機関委任事務の廃止に伴う文部（科学）大臣の教育委員会に対する指揮監督権（同法[旧]55条）の廃止等が、それにあたる。もっとも、他方では、中央集権への揺れ戻しも一部生じてきている。すなわち、「講ずべき措置の内容を示して」の是正の要求（同法49条）と指示（同法50条）が、それにあたる。是正の要求は、教育委員会の事務の管理・執行が「法令違反」の場合又は「怠るものがある」場合で、かつ、「児童、生徒等の教育を受ける機会が妨げられていること」や「教育を受ける権利が侵害されていること」が明らかである場合に限られ、指示も、法令違反や「怠るものがある」場合で、かつ、「児童、生徒等の生命又は身体の保護のため、緊急の必要があるとき」で「他の措置によっては、その是正を図ることが困難な場合に限る」とされている。しかし、それに対しては、近年の地方分権改革動向に逆行するといわざるをえないといった批判がなされている。文部科学省→都道府県教育委員会→市町村教育委員会といった縦の支配構造への執着を示すものといえよう。

国　会

　行政機関ではないが、国会は、憲法26条の教育法律主義のもとで、多くの教育関連立法を行っている。その際に、決定の一部を行政機関に委ねること（委任）自体は許容されるが、委任に際しては、白紙委任は許されず、国会は、授権する趣旨、内容、授権範囲等の大枠を法律で定めなければならない。しかるに、たとえば、学校教育法は、小中高等学校に関して、その教育目的、目標を掲げる（29条、21条等）のみで、「教育課程に関する事項」を文部科学大臣の定めに委ね（33条等）、文部科学省の告示である学習指導要領が、教育内容について詳細に定めている。また、学校教育法は、

教科書検定に関して、「文部科学大臣の検定を経た教科用図書……を使用しなければならない」(34条1項)、「この法律施行のため必要な事項……は文部科学大臣がこれを定める」(142条)と定めるのみで、教科書検定の審査内容、基準、手続は、文部科学省令である検定規則、告示である検定基準で定められている。このような現行法令は、教育法律主義ではなく教育省令主義であり、問題を残している。更に、国会には、国政調査権(憲法62条)の行使等による教育行政への監督機能も求められる。なお、教育基本法17条1項は、政府は教育振興基本計画を国会に「報告」すると規定しているが、監督機能の強化という点からは国会の「承認」とすべきであったろう。

3. 審議会等

国家行政組織法8条は、「国の行政機関には、……法律又は政令の定めるところにより……学識経験を有する者等の合議により処理することが適当な事務をつかさどらせるための合議制の機関を置くことができる」として、審議会等の設置を認めている。

教育行政においては、中央教育審議会(文部科学省組織令85条、86条)、教科用図書検定調査審議会(同令85条、87条)、大学設置・学校法人審議会(同令85条、88条)―(以上3つは文部科学省の審議会)、教育改革国民会議(総理大臣の私的諮問機関)、教育再生会議(閣議決定によって内閣府に設置)等が重要な役割を果たしてきた。更に、特定のテーマでより専門的な検討を行う必要がある場合には、不登校問題に関する調査研究協力者会議、特別支援教育の推進に関する調査研究協力者会議、教職員配置等の在り方に関する調査研究協力者会議等の調査研究協力者会議が、文部科学省に設けられ、より具体的な提言を行っている。また、内閣機能の強化に伴い、内閣府に設けられた合議制機関(経済財政諮問会議、規制改革・民間開放推進会議、地方分権改革推進会議等)が、教育政策に直接的影響を及ぼすようになってきている。

審議会等の長所としては、行政の外部の者を委員とすることにより行政の民主化を実現すること、専門的知識の外部からの導入を可能とすること、利害関係者が一堂に会して議論し利益調整を図りうること、内部部局の職員と比較して審議会委員は第三者的性格が強いため、中立公正性の確保がより容易なこと

等が、あげられている。

　他方では、審議会等は、各省が考える政策の正当性を主張するための「御用機関」であり、また政策実施後の責任を転嫁する「隠れみの」である、民主的で多面的な国民・住民参加を保障するごときものとはなっていないとの批判がなされる。しかし、それは委員の人選方法、運営方法に問題があるのであって、審議会等そのものを否定するのは妥当ではなかろう。委員を適切に選任し、審議会等の原則的公開を進めていくことが必要であろう。ちなみに、中央省庁等改革基本法 30 条は「審議会等の委員の構成及びその資格要件については、当該審議会等の設立の趣旨及び目的に照らし、適正に定めること」(4 号)、「会議又は議事録は、公開することを原則とし、運営の透明性を確保すること」(5 号) と規定している。実際、審議会等での議事録の公開が進展してきている。

　なお、審議会等の設置はかつては法律事項であったが、現在は、政令によっても設置することが認められ、更には、こうした正規の手続によらない諮問機関—法定外（私的）諮問機関—も数多く設置されている。これらは、国会による立法的統制を、したがって行政機関法定主義を回避するものである。法定外（私的）諮問機関の運営も公費によってまかなわれ、公的政策の形成・実施に係わって調査審議するのであるから、「私的」との呼称は不適切である。審議会等の設置自体に加えて、目的、権限、委員の選任方法等も、法令によって規定すべきであろう。

第 3 節　地　方

　地方レベルの教育に係わる行政機関としては、首長、教育委員会、教育長、審議会等が、存在する。

1.　首　長

　首長の教育関連権限としては、①教育委員の任免（地教行法 4 条 1 項、7 条 1 項）、②教育関連予算案・条例案の作成・提出（同法 29 条）、③教育財産の取得・処

分（同法24条3号）、④教育委員会の所掌に係る事項に関する契約の締結（同法24条4号）、⑤教育予算の執行（同法24条5号）等がある。ただし、その際には、①については、「議会の同意を得て」行い（同法4条1項、7条1項）、②については、「教育委員会の意見をきかなければならない」（同法29条）、③の教育財産の取得は「教育委員会の申出をまって」（同法28条2項）行わねばならない。

　首長のうち知事だけの権限としては、①私立学校（学校法人）設立・解散・合併の認可（私立学校法31条1項、50条2項、52条2項）、②私学助成の際の収容定員超過の是正命令（私立学校振興助成法12条2号）等がある。ただし、その際には、「私立学校審議会等の意見を聴かなければならない」（私立学校法31条2項、50条3項、私立学校振興助成法12条の2第1項）。

　このように、首長は主に、教育委員任命、予算編成、中長期計画策定等の間接的手法により、教育に影響を及ぼしうるが、上述のように、首長の権限のかなりの部分は、他の機関を無視して首長単独で行使することはできないものとなっている。

2．教育委員会

(1) 構　成

　狭義の意味での教育委員会は、教育委員による合議制委員会を指す。教育委員長は、教育委員の中から互選で選ばれるが、教育長を兼ねることはできない（地教行法12条1項、16条2項）。委員長は、教育委員会の会議を主宰し、教育委員会を代表する（同法12条3項）。

　広義の意味での教育委員会は、それに教育長・教育委員会の事務局をも含める。都道府県教育委員会の事務局には、指導主事その他の職員が置かれる。指導主事は、「教育課程、学習指導その他学校教育に関する専門的事項の指導」を行う。指導主事その他の職員は、教育長の推薦により、教育委員会が任命する（同法19条）。

(2) 会議の公開

　(旧)教育委員会法は、「教育委員会の会議は、これを公開する。但し、委員

の発議により、出席委員の3分の2以上の多数で議決したときは、秘密会を開くことができる」(37条1項)、「前項の委員の発議は、討論を行わないで、その可否を決しなければならない」(37条2項)と教育委員会の公開原則を明示していた。昭和31年に、教育委員会法に替えて成立した地教行法は、「教育委員会の会議その他教育委員会の議事の運営に関し必要な事項は、教育委員会規則で定める」(15条)と規定し、公開については各教育委員会の判断に委ねた。しかし、平成13年の地教行法改正により、「教育委員会の会議は、公開する。ただし、人事に関する事件その他の事件について、委員長又は委員の発議により、出席委員の3分の2以上の多数で議決したときは、これを公開しないことができる」(13条6項)、「前項ただし書の委員長又は委員の発議は、討論を行わないでその可否を決しなければならない」(13条7項)として、再び公開原則が明示されるに至っている。

公開原則に関しては、公開手続に瑕疵があった場合、そこでなされた委員会の決定も当然に無効になるのか、との点が問題となる。この点については、(旧)教育委員会法のもとでの旭丘中事件で、非公開にするとの決定自体が非公開の場で行われた場合、それに続く議事での懲戒免職処分の決定も無効になるのか、といった形で争われた。最三判昭和49・12・10判時762号3頁は、秘密会で審議する旨の議決自体はいわば予定されていた、完全な非公開ではなく限定的非公開といえるとの2点から「形式上公開違反の瑕疵があるとはいえ、右処分案件の議事手続全体との関係からみれば、その違反の程度及び態様は実質的に前記公開原則趣旨目的に反するというに値いしないほど軽微であり」懲戒免職処分の取消事由にはあたらないと判示している。

会議公開の原則は会議録の閲覧・謄写も含むのかが、改正前の地教行法のもとで争われたが、大阪地判昭和55・9・24判時992号32頁・確定は、教育委員会規則で定められている会議公開の原則を満たすためには、傍聴を許すだけでは足りず、傍聴できなかった住民のために会議録の閲覧等を許すことが必要になると述べ、その点を肯定している。

議事(会議)録を公開する教育委員会は年々増加してきており、文部科学省

調査によれば、平成21年度で、詳細な議事録を公開している都道府県・指定都市、市町村の教育委員会は、64.6％、22.8％、議事概要のみ公開している都道府県・指定都市、市町村の教育委員会は、30.8％、19.9％、公開していない都道府県・指定都市、市町村の教育委員会は、4.6％、57.3％となっている。非公開の教育委員会に対しては、情報公開条例に基づいての公開請求が可能であり、条例の定める非公開事由に該当する部分を除いて公開されることとなる。

(3) 教育委員の任免

ⓐ **任　命**　教育委員は、長の被選挙権を有する者で、人格が高潔で、教育に関し識見を有するもののうちから、「地方公共団体の長が、議会の同意を得て、任命する」（地教行法4条1項）。長と同じく住所要件を必要としないのは、広く人材を求めるためであるとされる。任期は4年で、再任されることができる（同法5条）。政治的中立性保持のため、委員の任命に際して「定数の2分の1以上の者が同一の政党に所属することとなってはならない」（同法4条3項）、「政党その他の政治的団体の役員となり、又は積極的に政治運動をしてはならない」（同法11条5項）とされる。平成13年改正により、委員の任命にあたっては、「委員の年齢、性別、職業等に著しい偏りが生じないように配慮する」とともに、保護者が「含まれるようにしなければならない」（同法4条4項）とされた。更に、平成19年改正により、教育委員の数の弾力化―原則は5人だが、都道府県と市は6人以上、町村は3人以上を条例で定めうる（同法3条）―がなされた。

欠格事由は、①破産者で復権を得ない者、②禁錮以上の刑に処せられた者（地教行法4条2項）となっている。非常勤の特別職の地方公務員なので地方公務員法の適用はうけないが、議員・長・常勤職員との兼職禁止、守秘義務が定められている（同法6条、11条）。

教育委員の準公選制

（旧）教育委員会法により、教育委員の公選制が導入され、数回教育委員の選挙が行われたが、昭和31年成立の地教行法により、任命制へと変更された。それ以降、「その他の吏員」の直接選挙（憲法93条2項）はなくなったが、憲法93条2項が「その他の吏員は……住民が、直接これを選挙する」と規定しているのは、住民によって

直接選挙される公務員を法律で設けることができるとする趣旨であって、そのような吏員を必ず設けなければならないという趣旨ではないと解されている。

任命制のもとでも、昭和54年に成立した中野区教育委員候補者選定に関する区民投票条例は、「準公選制」（長は区民投票の結果を尊重して教育委員を任命する）を導入した（準公選制に対しては、長の任命権を侵害し違法であるとの批判もだされたが、長は区民投票の結果を「尊重する」にとどまり、それに拘束されるわけではないので、長の任命権を侵害するとまではいえない）。しかし、区民投票は、回を重ねるごとに投票率が低下し、区民投票の結果に基づき区長が提案した委員候補者が区議会で否決される等の問題が生じ、平成6年に準公選制廃止する条例が区議会で可決された。その後、最近では、住民参加の高まりの流れの中、委員の推薦制（自薦と他薦・中野区）、公募制（千葉県流山市、八王子市）を導入する地方公共団体が現れてきている。

ⓑ 罷　免　教育委員は、地教行法7条1項、2項、3項に規定する場合を除き、「その意に反して罷免されることがない」（4項）。これは、委員の身分保障を図り、職務遂行の独立性を担保するためである。罷免の場合として、1項は、「心身の故障のため職務の遂行に堪えないと認める場合」「職務上の義務違反その他委員たるに適しない非行があると認める場合」、長は「議会の同意を得て、これを罷免することができる」と規定する。2項と3項は、委員の半数以上の者が同一政党に所属するに至った場合の罷免を規定する。

1項の場合の長の罷免権限の限界が問題となる。青森地判昭和38・12・27判時361号42頁は、「教育委員を罷免する旨の処分を為すべきものかどうかは、任免権者である被告の裁量に委ねられ、通常は裁量権行使の当、不当の問題とされるものであるけれども、当該罷免処分が社会通念に照らして著しく妥当を欠き、罷免権者に任された罷免権の範囲を超える場合には、違法の問題として裁判所の司法的判断の対象となる」とする。そして、委員による学力調査妨害行為は職務上の義務に違反するものであるが、実質的には妨害行為以外の理由、たとえば他の教育委員との感情的対立が罷免の理由をなしており、また、当日の妨害行為が学力調査中止の決定的原因となったわけではなく、罷免処分をもって臨むべき程度の重大なものであるとは認め難く、罷免権の範囲を超えた違法なものであるとして罷免処分を取消している。また、鹿児島地判昭和46・

11・11判時660号38頁・確定は、給食センター設置に際して校区民の賛意を得る方策を講じなかったこと、校長からの電話に立腹し叱責する感情を露にした応答をしたこと等が「職務上の義務違反」「委員たるに適しない非行」にあたるとまではいえないとして、罷免処分を取消している（兼任していた教育長の職も地方公務員法28条1項3号により免じられたが、「適格性を欠く」とまではいえないとして、免職処分を取消している）。

　ⓒ **解職請求**　教育委員の解職請求については、有権者総数の3分の1（有権者総数が40万を超える場合は、超える数に6分の1を乗じた数と40万に3分の1を乗じた数を合算）以上の連署をもって長に対して行い、地方議会議員の3分の2以上が出席しその4分の3以上が同意したときは、失職する（地教行法8条）。

　ⓓ **辞　職**　教育委員が辞職するには、「長及び教育委員会の同意」が必要である（地教行法10条）。長と教育委員会の同意がなされるまでは、特段の事情のない限り、辞職の撤回は可能であるとして、辞職申出から6日後の撤回を信義に反しないとした判決として、長崎地判昭和50・5・9行集26巻5号732頁・確定がある。その際に、同判決は、同意が要件とされているのは、公の職務を担当すべき義務を一方的に破棄して教育行政に空白の生ずることを避けるため、長と教育委員会の裁量にかからしめたものであって、教育委員の辞職に際して要求される長及び教育委員会の同意は、辞職の効力発生要件と解すべきである、としている。

(4) 権　限

　教育委員会の職務権限については、地方自治法180条の8が「教育委員会は、別に法律の定めるところにより、学校その他の教育機関を管理し、学校の組織編制、教育課程、教科書その他の教材の取扱及び教育職員の身分取扱に関する事務を行い、並びに社会教育その他教育、学術及び文化に関する事務を管理し及びこれを執行する」と規定する。これを受けて、地教行法23条は、1号〜19号において、教育委員会の職務権限は、学校の設置・管理・廃止、教育財産の管理、教育職員の任免その他の人事、生徒等の入学・転学・退学、学校の組織編制・教育課程・学習指導・生徒指導・職業指導、教科書その他の教材の

取扱い、校舎等の施設・設備の整備、教育職員の研修、学校の保健・安全、学校給食、教育に係る調査・統計をはじめとして、区域内の教育に関する事務すべてに及ぶとしている。

更に、「教育委員会は、法令又は条例に違反しない限りにおいて、その権限に属する事務に関し、教育委員会規則を制定することができる」(地教行法14条1項)。教育委員会は、法令で教育委員会規則によって定めると規定されたもの、すなわち、「学校その他の教育機関の管理運営の基本的事項」(いわゆる学校管理規則) (同法33条1項)、「教育委員会の会議その他教育委員会の議事の運営」に関する事項 (同法15条)、「教育委員会の事務局の内部組織」(同法18条2項) 等だけでなく、その権限に属する事務ならば、規則を制定しうる。

このように、教育委員会には、大学と私立学校に関する事務を除き、地方の教育事務のほとんどを管理・執行する権限がある (なお、地教行法の平成19年改正により、私立学校に関する事務について、知事は教育委員会に対し助言・援助を求めることができる[27条の2]と規定された。これまでは、公立学校については教育委員会、私立学校については知事というふうに二元化されていたが、平成19年の改正で、私立学校への教育委員会の関与が間接的ながら認められるに至った)。

(5) 教育委員会と学校 (校長) との関係

学校教育法5条は、学校の設置者が学校の管理も行うという設置者管理主義をとっており、学校管理を行う権限は、設置者である地方公共団体の教育委員会に与えられている (地教行法23条1項、地方自治法180条の8)。教育委員会の管理権限には、指導・助言・援助と、拘束力をもつ指示・監督・命令とがある。内容面からは、教職員の任免・服務の監督等といった人的管理、校舎・教材等といった物的管理、学級編制・教育課程・生徒指導等といった運営管理に大別される。

もっとも、教育委員会は、その権限のすべてを直接行使するのではなく、学校管理規則を定め、権限を配分・委譲する等して、学校に相当程度の自主性をもたせている。最近、地方分権、学校の自主性の確立をめざす教育改革の流れの中で、学校に対する教育委員会の許可、承認、届出事項を減らしたり、教育

課程の編成や休業日の設定等の承認事項について、届出・報告事項とする等の学校管理規則の「緩和化」が始まっている。たとえば、文部科学省の調査によれば、平成 21 年度で、教育課程、補助教材、修学旅行、休業日の変更を承認事項からはずした都道府県・指定都市教育委員会は、81.5％、86.2％、76.9％、70.8％、市町村教育委員会は、80.1％、79.3％、65.4％、58.9％となっている。

なお、校長の校務分掌権と教育委員会の管理権限とが競合することがある。進級・卒業の認定、懲戒等といった法令上校長の権限と定められた事項にも、教育委員会の監督権限は及ぶが、教育委員会が自ら執行することはできないと解される。

(6) 市町村教育委員会と都道府県教育委員会との関係

都道府県教育委員会の市町村教育委員会への権限委譲と、関与の縮減が、進展してきている。すなわち、地教行法の平成 11 年改正により、都道府県教育委員会による市町村教育長の任命承認制（〔旧〕16 条）の廃止、都道府県教育委員会が市町村教育委員会の所管する学校の管理運営の基本的事項（組織編制、教育課程等）について必要な基準を設けることができる旨規定していた（旧）49 条の削除、都道府県教育委員会が市町村教育委員会に対して「必要な指導、助言又は援助を行うものとする」との文言を「行うことができる」(48 条) と改正、市町村教育委員会の県費負担教職員の服務監督に関して、都道府県教育委員会が「一般的指示を行うことができる」との規定を「技術的な基準を設けることができる」と改正 (43 条)、県費負担教職員の研修権限の中核市教育委員会への移譲 (59 条) 等がなされた。更に、地教行法の平成 13 年改正により、市町村教育委員会が公立高等学校の通学区域を定め又は変更する際に都道府県教育委員会と協議するよう求めていた（旧）50 条が削除された。

上述の改正のように、権限委譲と、関与の縮減が進展してきているが、その際には、市町村といっても指定都市、中核市、一般市町村と多様であり、市町村の規模に応じて権限の範囲を考えていくことが必要である。現行法上は、指定都市の県費負担教職員の任免、給与の決定、休職、懲戒、研修については、指定都市の教育委員会が行う (地教行法 58 条)、中核市の県費負担教職員の研修

は、中核市の教育委員会が行う（同法59条）等の特例が規定されている。

> 県費負担教職員制度

県費負担教職員制度において、都道府県教育委員会と市町村教育委員会との二重構造がとられている。すなわち、公立の小中学校は市町村が設置し、服務監督権は市町村教育委員会にある（地教行法43条1項）が、任命権は都道府県教育委員会にあり（同法37条1項）、給与は都道府県が負担（その3分の1を国が負担）するという二重構造になっている。行政組織法上、このような二重構造をとる例は、ほとんどない。それは、市町村の財政力が不均衡なため財政力のある都道府県に負担させるという財政的要請と、市町村に固定することなく広域での人事行政を行う必要性からであるとされる。

このように、任命権を都道府県教育委員会に付与したが、服務監督権は市町村教育委員会にあるため、服務監督者としての意見を反映させるために、「都道府県委員会は、市町村委員会の内申をまって、県費負担教職員の任免その他の進退を行うものとする」（地教行法38条1項）と内申権が認められた（校長が教職員のことを最もよく知っていることから校長の意見の申し出が認められ［同法39条］、通常は、校長からの意見の申出→市町村教育長の助言→市町村教育委員会から都道府県教育委員会への（校長の意見を付しての）内申とのプロセスをとる）。

都道府県教育委員会が任命その他の進退を行うには市町村教育委員会の内申を要するとの原則には争いがないが、その例外が認められるのか、それはどのような場合なのかが、争いとなった。教育法学説の大半は例外を認める余地はないとしていた。文部（科学）省は、当初「都道府県教育委員会は市町村教育委員会の内申をまたずに県費負担教職員の任免その他の進退を行うことはできない」（昭和31・9・10文初地第411号初等中等教育局長通達）としていたが、昭和49・10・4文初地第434号初等中等教育局長通達で「都道府県教育委員会が最大限の努力を払ったにも拘らず、市町村教育委員会が内申をしないという異常な場合には、都道府県教育委員会は内申がなくても任免権を行使できる」と解釈を変更した。

この点が実際に争われたのが、ストライキを指導しこれに参加した教員に、内申を欠いたまま懲戒処分を課した福岡県教組内申抜き処分事件であった。福岡地判昭和52・12・27判時877号17頁は、内申をするか否かは市町村教育委員会の独自の裁量に委ねられているのであって、内申する意思を持ちながら、暴行脅迫等の圧力で内申ができなかった場合には、例外的に道府県教育委員会が独自に任命権を行使できるが、本件はそのような場合にあたらないとして、本件処分を取消した。二審（福岡高判昭和56・11・27判時1026号30頁）は、県単位に統一的処理を要する事項につい

て、県教育委員会から一般的指示権の行使により内申を求められた市町村教育委員会は内申をする義務を負い、これに反して内申をしないときは、県教育委員会は内申抜きで人事権を行使できるとして、本件処分を適法とした。最高裁（最一判昭和61・3・13判時1187号24頁）は、原則として内申抜き処分は許されないが、地教行法上、市町村教育委員会は服務上の監督者として、内申の権限を適正に行使すべき責務を負っているので、内申をしないことが、服務監督者としてとるべき措置を怠るものであり、人事管理上著しく適正を欠くと認められる場合には、例外的に、県教委会は内申抜きで任命権を行使できるとして、本件処分を適法とした。

なお、平成19年の地教行法改正の際に、38条2項が挿入され、標準的基準に従っての他の市町村への転任（1号）、「やむを得ない事情」がある場合（2号）には、内申抜きの転任が認められるとされている。

(7) 点検・評価

平成19年の地教行法改正により、教育委員会は、毎年、その権限に属する事務につき「点検及び評価を行い、その結果に関する報告書を作成し、これを議会に提出するとともに、公表しなければならない」(27条1項)、「教育委員会は、前項の点検及び評価を行うに当たっては、教育に関し学識経験を有する者の知見の活用を図るものとする」(27条2項)とされた。教育委員会の外部評価制度を導入すれば、教育財政の傾斜配分を正当化し、学校単位のみならず、教育委員会間の競争を動機づけ、学力テストの平均点等の数値目標の達成に目が奪われてしまうとの批判もだされているが、どのような評価者がどのような基準で評価するのかが問題であろう。

(8) 改革論議

教育委員会制度に対して、事務局の提案を追認するだけである、住民の意向を反映していない、文部科学省の地方出先機関となっている、名誉職となっている等の批判が強まり、文部科学省―都道府県教育委員会―市町村教育委員会に至るタテの行政系列をできるだけ排して、圧倒的な政治的代表制と正統性を持つ首長のもとに教育行政部門を位置づけるべきである、レイマン（素人）の教育委員の役割を地域の教育政策の大綱的方針設定に限定しつつ、その具体化・執行・管理という専門的事項は「専門家」である教育長―事務局に任せる

という役割分担をいっそう明確にすべきである等といった多様な改革案が主張されている。

3. 教育長
(1) 任 命
教育長は「教育委員会の委員（委員長を除く）」から「教育委員会が任命する」（地教行法16条2項）（もっとも、首長は委員の任命に際して、そのいずれかを教育長候補として考えており、事実上、首長が直接教育長を選考しているといわれている）。教職経験等の資格は特に明示されてはいないが、実際には、レイマン（素人）である教育委員に対して、教育長は教育行政の専門的能力が求められる。

(2) 職 務
教育長の職務は、①「教育委員会の指揮監督の下に、教育委員会の権限に属するすべての事務をつかさどる」（地教行法17条1項）、②「教育委員会のすべての会議に出席し、議事について助言する」（同法17条2項）、③「事務局の事務を統括し、所属の職員を指揮監督する」（同法20条1項）こと、④専門的教育職員である指導主事及び社会教育主事の選考（教育公務員特例法[教特法]15条）、⑤公立学校の校長の採用の選考、教員の採用・昇任の選考（同法11条）等である。なお、教育長の助言又は推薦がなければ教育委員会は権限の行使ができない場合がある。たとえば、市町村教育委員会が都道府県教育委員会に内申を行う場合、教育長の助言によることが必要である（地教行法38条3項）。また、教職員の任命は教育長の推薦により教育委員会が行う（同法34条）。

(3) 委 任
教育委員会から教育長への委任がしばしばなされてきたが、「教育委員会が自ら責任を持って事務を管理し、及び執行するようにする趣旨から」（平成19・7・31文科初第535号事務次官通知）、地教行法の平成19年改正により、教育委員会の教育長に委任してはならない固有の職務の明確化がなされた。すなわち、教育委員会から教育長への事務の委任については、事務の「一部」を委任しうるが、教育事務の「基本的な方針」、「教育委員会規則」の「制定又は改廃」、「学

校」の「設置及び廃止」、教職員の「任免その他の人事」、教育委員会の点検・評価、教育関連予算についての意見の申出等は委任することができない（26条1項、2項）とされた。

4. 審議会等

地方自治法138条の4第3項は、地方公共団体は、「法律又は条例の定めるところにより……諮問……のための機関を置くことができる」として、審議会等の設置を認めている。これを受けて、地方公共団体は、附属機関設置に関する条例により、教育関係についても、学校通学区域審議会、学校教育審議会、特別支援教育振興審議会、学校給食運営審議会、へき地教育振興審議会等の審議会を設置している。中央の場合と同様、委員の構成・選任方法、審議会の公開等が問題となる。この点、宮城県附属機関の設置及び構成員の選任等に関する条例は、「執行機関は、……男女の均等な登用を推進するため、女性の構成員の選任に関し必要な措置を講ずるよう努めるものとする」（3条）、「執行機関は、……必要に応じて構成員の公募を行い、その応募者のうちから構成員を選任するよう努めるものとする」（4条）と定めている。杉並区附属機関等の設置及び運営に関する基準は、「職員は、原則として委員としない」、「年齢構成は、各年代層の意見を反映できるようその均衡に配慮する」、「公募の委員等の活用は……積極的に行う」、「男女比率は……均衡の取れた選任に努める」（6条）、「議事録等は……作成し、広報紙及びインターネット等を利用して、会議の状況を随時区民に周知し情報の提供に努める」、モニター、インターネット、アンケート等により「広く区民の意見反映に努める」、「会議の公開に係る基本方針……に基づき……公開の可否等を……事前に区民に周知するなど、多くの区民の傍聴を得る工夫に努める」（8条）と定めている。

（私立学校審議会）

私立学校法は、知事が私立学校の設置、学校法人設立の認可をするに際して、私立学校審議会の意見を聴かなければならないと規定している（8条、31条）が、最近まで、知事は審議会委員のうち3分の2以上を私立学校の校長、教員、理事といっ

た私立学校関係者から任命しなければならないとしていた（[旧]10条）。それに対して、そのような委員構成の審議会が私立学校の新規参入を阻んでいるとの批判がなされてきたが、平成16年の私立学校法改正により、私立学校関係者3分の2以上の枠は撤廃され、単に「教育に関し学識経験を有する者」のうちから知事が任命する（10条2項）とされるに至っている。これによって、任命に際しての知事の裁量が拡大されることになった。

地方議会

　行政機関ではないが、地方議会も、地方自治法上付与された権限—条例・予算等の議決権（96条）、予算の増額修正権（97条2項）、検査・監査請求権（98条）、意見書の提出権（99条）、調査権（100条）等—を行使することによって、教育行政に係わってくる。たとえば、96条に基づき、学校設置・廃止、教員の給与、学校の使用料の決定、98条に基づき、教育委員会保存書類の検査、99条に基づき、生徒の学力向上等の教育事務についての意見書の提出、100条に基づき、教育事務についての調査・出頭・証言・記録の提出要求等をなしうる。更に、地教行法上、教育委員の任命・罷免への同意権限（4条1項、7条1項）等も付与されている。また、地方議会内部に、文教関係の常任委員会が置かれていることが多い。これらは、地方議会による住民意思の間接的反映と行政監視を意図したものである。

第2章　学校制度

第1節　学校の設置

1. 一条校

　学校教育法上の「学校」としては、幼稚園、小学校、中学校、高等学校、中等教育学校、特別支援学校、大学、高等専門学校の8種類が定められている（1条）。これらは「一条校」と呼ばれる。本書では、一条校のうち、小学校、中学校、高等学校、中等教育学校、特別支援学校、高等専門学校（大学に準じて検討すべき部分を除く）を、検討対象とする。

(1) 小中学校

　「すべて国民は、法律の定めるところにより、その保護する子女に普通教育を受けさせる義務を負う」（憲法26条2項）を受けて、学校教育法16条、17条は、子を9年間小中学校に就学させる義務を保護者に課している（保護者が就学義務を履行しない場合、10万円以下の罰金[同法144条]）。ただし、同法18条により「病弱、発育不完全その他やむを得ない事由のため、就学困難」な場合は就学が猶予又は免除されている。「やむを得ない事由」としては、子どもの失踪、少年院への収容等が考えられるが、経済的困窮は含まれない。経済的困窮の場合は、「市町村は、必要な援助を与えなければならない」（同法19条）。

　不登校については、学校外の施設において相談や指導を受け、一定の要件を満たし、当該施設への通所又は入所が学校への復帰を前提とし、かつ、不登校児童の自立を助ける上で有効・適切であると判断される場合に、校長は指導要

録上出席扱いとすることができる（平成15・5・16文科初第255号初等中等局長通知）、不登校児が自宅においてIT等を活用した学習活動を行うとき、一定の要件を満たし、当該学習活動が学校への復帰に向けての取組であり、不登校児童の自立を助ける上で有効・適切である場合には、校長の判断により、指導要録上出席扱いとすることができるとともに、当該学習活動の成果を評価に反映することもできる（平成17・7・6文科初第437号初等中等局長通知）として、柔軟な扱いがなされてきている。

外国人の子どもには就学義務は課せられていないが、経済的、社会的及び文化的権利に関する国際規約（国際人権A規約）13条に基づき、入学希望者に公立小中学校への受入れを保障している。外国人の就学義務については、大阪地判平成20・9・26判時2027号42頁は、「外国籍の子ども（の保護者）に対して、一律にわが国の民族固有の教育内容を含む教育を受けさせる義務を課して、わが国の教育を押しつけることができないことは明らかである（このような義務を外国人に対して課せば、当該外国人がその属する民族固有の教育内容を含む教育を受ける権利を侵害することにもなりかねない）」と述べ、外国人には就学義務がないので退学できるとの校長の発言自体は違法ではないとしている。

なお、9年という義務教育の年限は憲法ではなく法律（学校教育法）で定められているので、法律の改正によって変更可能である。高校まで義務教育にすべきとの主張もあるが、進路選択の自由を制約する面もあるので、高校義務制ではなく、進学希望者全員の無償化によって対応すべきであろう。

▶家庭教育の自由

学校での義務教育に替えて家庭教育を行うことが許容される余地がある。というのは、憲法26条2項が義務づけているのは「学校での教育」ではなく「普通教育」（将来自律した市民として社会生活を送るのに必要な基礎的能力を習得させる内容の教育）であって、家庭教育であっても、一定の条件に合致すれば、同項にいう「普通教育」に該当しうるからである（⇒『15講』179頁）。

(2) 高等学校

高等学校には、全日制、定時制、通信制の課程がある（学校教育法53条、54条）。

修業年限は、全日制は3年、定時制と通信制は3年以上である（同法56条）。学科として、普通学科、専門（職業）学科、及び、その中間的性格の新学科（普通教育と専門教育を選択履修）として総合学科が置かれている（高等学校設置基準5条）。総合学科は、単位制の無学年制の学科である。更に、卒業後の教育として、専攻科・別科を置くことができる。修業年限はともに1年以上で、専攻科は、「精深な程度」で「特別の事項」を教授し指導する、別科は、「簡易な程度」で「特別の技能教育」を施すことを、目的とする（学校教育法58条）。専攻科・別科の教育課程はこの目的に従って設置者が自由に決定できる。

男女別公立高等学校

教育基本法（旧）5条の男女共学規定は、既に男女共学が達成されているとして削除された。しかし、公立の小中学校はすべて男女共学となっているが、高等学校については、男子高、女子高を残している県がある。男子高と女子高との教育条件が同等であったとしても、別々にしていること自体の差別性を問う必要がある。別学にする合理的理由をみいだしえず、憲法14条の平等条項違反といえよう。

(3) 中等教育学校

一つの学校において中高一貫教育を行う学校で、修業年限は6年（前期課程3年、後期課程3年）である（学校教育法65条、66条）。前期課程は中学校の基準を、後期課程は高等学校の基準を準用するとともに、中学校段階で選択科目をより広く導入でき、前期課程と後期課程で関連科目間での入れ替えができる等の特例が設けられている。公立の中等教育学校の入学については、教科別の試験は行わず、面接、長文読解、作文、実技、推薦、抽選等が組み合わされる。同一の設置者による中学校と高等学校を高等学校入学者選抜を行わずに接続する併設型の中高一貫教育校にも、中等教育学校の規定が準用される（同法71条）。中高一貫教育としては、それら以外にも、既存の市町村立中学校と都道府県立高等学校が教育課程や生徒・教員間交流の面で連携を深める連携型がある（学校教育法施行規則75条、87条）。

(4) 高等専門学校

高等専門学校には学科を置き（学校教育法116条）、修業年限は5年（同法117条）

である。専攻科を置くことができる（同法119条）。卒業者は大学に編入学が可能である（同法122条）。

(5) 特別支援学校

平成18年に、学校教育法が改正され、「盲・聾・養護学校」が「特別支援学校」（1条）に、「特殊教育」が「特別支援教育」（8章）に、「特殊学級」が「特別支援学級」（81条）に、改められた。特別支援学校は、そこに在籍する障害児に教育を施すとともに、普通学校に在籍する特別の支援を必要とする生徒の教育に関し助言・援助を行う（センター的機能を果たす）(74条)。特別支援学級は、小中高等学校・中等教育学校には「特別支援学級を置くことができる」とする同法81条2項に基づいて設置されている（実際には、特別支援学級は高校には設置されていなかったが、静岡県、神奈川県等で、同じ敷地内に特別支援学校高等部の分教室や分校を設置する公立高校が現れてきている）。通級指導教室は、学校教育法施行規則140条、141条に基づき設置され、普通学級に在籍している軽度の障害児のために、自校の通級指導教室や特別支援学校への通級による特別の指導を行うものである。訪問教育は、「教員を派遣して、教育を行うことができる」と規定する学校教育法81条3項に基づき設置され、重度もしくは重複障害で、特別支援学校への就学が困難な者に対して、教員が家庭や医療機関等を訪問して教育を行うものである。院内学級は、病院や療養所で派遣教員によって開設される学級であって、訪問教育の組織化と位置づけられる。

> 民族学校

ごく少数の民族学校は、学習指導要領に合致した教育を行っているため、「一条校」にあたるとして、正規の学校としての扱いを受けている。このような民族学校の場合、それに加えて民族教育もなされるので、生徒の負担過重が問題となっている。他方、それ以外の民族学校は、学習指導要領に合致した教育を行っていないため、「一条校」にあたらないとされ、その多くは各種学校として認可されている。このような民族学校の場合、「一条校」との不平等が問題とされてきた（⇒『15講』159頁）。

> 在外教育

在外生徒への学校教育は、①日本人学校に通学する、②現地校に通学する、③現地校に通学しながら日本語補習校や通信教育による教育を受ける、に大別される。

日本人学校、補習授業校は、在留邦人によって組織される日本人会によって設置され、日本人会、在外公館の代表等により構成される学校運営委員会が運営にあたっている。政府は、教員の派遣、現地採用教員給与の一部負担、小中学校の教科書の無償配布等の援助を行っている。帰国してきた場合、小中学校段階では、居住地の市町村教育委員会は、公立学校の相当学年に編入させねばならない。国立大学附属校、私立学校には受け入れ義務はないが、帰国子女のための特別の定員枠を設けて、特別の選抜を行う学校が増えてきている。帰国子女の高等学校への入学については、「外国において、学校教育における9年の課程を修了した者」（学校教育法施行規則95条1号）、「文部科学大臣が中学校の課程と同等の課程を有するものとして認定した在外教育施設の当該課程を修了した者」（同条2号）等に入学資格が認められている。

2. 設置主体

学校設置主体については、国、地方公共団体、学校法人に加えて、学校教育法2条の改正により、国立大学法人、公立大学法人、独立行政法人国立高等専門学校機構も、学校を設置することが可能となった。更に、平成15年の構造改革特別区域法（特区法）改正により、構造改革特別区域（教育特区）において、株式会社、不登校児等を対象としてのNPO法人による学校設置(12条、13条)が、そして、平成17年の同法改正により、高等学校と幼稚園に限り、地方公共団体と民間団体が協力して新たに学校法人（協力学校法人）を設立し公私協力学校を設置することが可能となった（20条）。

> 教育特区

上述の特区法は、全国一律に規制を緩和してきたこれまでの改革とは異なり、特定区域に限定して規制を緩和するものである。物流・研究開発、農業等と並んで、このような特区の一つとして、教育特区がある。認定された教育特区としては、外国語（国際）教育、小中一貫教育、不登校児の教育、市町村費での教員採用による少人数教育、IT活用による不登校支援教育特区、新教科の設定（計算『そろばん』科、書道科）、株式会社立学校等がある。その中には、市区町村が独自の経費負担で採用する「市区町村費負担教職員」のように、その後全国展開されたものもある。教育特区に対しては、教育は特区のような実験にはなじまないといった批判もみられる。

(1) 公立学校

学校教育法によって、学校設置義務が、小中学校については市町村に（38条、

49条)、特別支援学校小学部・中学部については都道府県に (80条) 課せられている。特別支援学校の設置を都道府県に義務づけたのは、対象生徒数と財政負担を考慮してのこととされている。特別支援学校には幼児部と高等部を「置くことができ」る (76条2項)。市町村も、都道府県教育委員会の認可を得て、高等学校、中等教育学校、特別支援学校を設置しうる (4条1項2号)。

(2) 国立学校

国立学校の設置者は、平成16年度から、国立大学法人と独立行政法人国立高等専門学校機構に移行し、国が必要な財政措置を行っている (国立大学法人法35条、独立行政法人通則法46条)。国立大学には、文部科学省令で定めるところにより、小学校、中学校、高等学校、中等教育学校、特別支援学校等を附属させて設置することができる (国立大学法人法23条)。教育基本法5条4項 (義務教育授業料無償) は、国立大学附属校にも準用され、15条2項 (宗教教育の禁止) は、国立大学附属校と国立高等専門学校にも準用される (国立大学法人法37条1項、同法施行令22条1項46号、独立行政法人国立高等専門学校機構法16条、同法施行令2条22号)。教員は、別に辞令を発せられない限り、国家公務員の身分を離れ、国立大学法人又は独立行政法人国立高等専門学校機構の職員となる。刑法その他の罰則の適用については、法令により公務に従事する職員とみなされる (国立大学法人法19条、独立行政法人国立高等専門学校機構法11条)。

(3) 私立学校 (⇒『15講』197頁)

私立学校の設置主体は、「学校法人」とされている (私立学校法2条3項)。学校教育の公共性と恒久性を保つためには経営主体も基礎の強固なものであることが望ましいと考えられたためである。私立学校の基本理念として、自主性と公共性が定められている。すなわち、私立学校法1条は、「この法律は、私立学校の特性にかんがみ、その自主性を重んじ、公共性を高めることによって、私立学校の健全な発達を図ることを目的とする」、教育基本法8条は、「私立学校の有する公の性質及び学校教育において果たす重要な役割にかんがみ、国及び地方公共団体は、その自主性を尊重しつつ、助成その他の適当な方法によって私立学校教育の振興に努めなければならない」と規定している。義務教育授

業料無償、宗教教育の禁止は、私立学校には適用されない。

3. 設置基準

学校教育法3条は、「学校を設置しようとする者は……文部科学大臣の定める……設置基準に従い」設置しなければならないと規定する。これを受けて、私立学校を含めての学校の設置のための最低の基準として、①学校教育法施行規則が定める基準と、②小学校、中学校、高等学校、高等専門学校の設置基準とがある（特別支援学校の設置基準は、定められていないが、障害児固有のニーズに応じた設置基準を早急に定める必要がある）。①は施設設備等の基本的基準をはじめ、学校種ごとに学級編制、教職員配置、教育課程の編成等を定める。②は、更に具体的な基準であり、たとえば、1学級の生徒数、校舎・運動場の面積等を定めている。

第2節　就学校

1. 学校指定の変更・区域外就学

市町村教育委員会は、就学先の小中学校を指定する（学校教育法施行令5条2項）が、指定された学校への就学が特定の子どもにとって過重な負担となる場合がある。その場合の特例的措置として、学校指定の変更（同施行令8条）と区域外就学（同施行令9条）が認められている。学校指定の変更は同一市町村内、区域外就学は他の市町村の学校への変更である。

教育委員会は就学校の指定に際しては、あらかじめ保護者の意見を聴取することができ、この場合には聴取手続を公表するものとする（学校教育法施行規則32条1項）。教育委員会は就学指定通知において、指定変更の申立ができる旨を示すものとし（同施行規則32条2項）、指定校変更の要件と手続を公表せねばならず（同施行規則33条）、「相当と認めるときは、保護者の申立により」指定校を変更することができる（学校教育法施行令8条）。「相当と認めるとき」とは、地理的理由、いじめ、不登校、身体的理由等が該当する（平成9・1・27文初小

第78号初等中等教育局長通知「通学区域制度の弾力的運用について」）が、弾力的に運用するケースも増えてきている。このように、指定変更・区域外就学については、親の参加と弾力的運用が進展してきている。妥当な方向性といえよう。

　いわゆる越境入学（真実の住所地の通学区域の外にある学校に就学すること）は、住民基本台帳法、学校教育法令違反であるから、是正のための学籍移管の措置がとられることになる。この措置は地教行法23条4号、学校教育法施行令5条により教育委員会に与えられた就学指定権に含まれる（山口地決昭和42・7・20行集18巻7号1009頁）。本案判決の確定までの効力停止（執行停止）の申立てに対しては、使用されている教科書や教科課程が同一である、転校の時期からみて教育上の悪影響は少なく教育を受ける権利を違法に侵害したものとはいえない（上述の昭和42年山口地裁決定）、もともと越境入学は住民基本台帳法に違反する虚偽の届出に基づく違法行為である（浦和地決昭和52・4・30判時852号45頁）ので、本案について明らかに理由がないとみえるとして、却下されている。学校選択の自由をもって越境入学を正当化することは妥当ではなかろう。ただ、突然の転校は生徒にとって負担が大きいので、転校時期は学期末もしくは年度末とする等の配慮が求められる。

　なお、三日月町事件での一連の判決において、慣習法の成立が争点の一つとなったが、福岡高判平成元・7・18判タ721号139頁は、区域外就学に関しての慣習法の成立を、「公権力の行使を内容とする公法上の法律関係については、そもそも具体的な法令上の根拠がなければ行政権を行使することができないものであるから、……慣習法が成立し得る余地はない」として否定している（佐賀地判昭和62・11・20判自47号48頁、佐賀地判平成5・2・19判自116号30頁・福岡高判平成6・3・7判タ859号136頁も、否定している）。

2. 学校の統廃合

　「公の施設の設置及びその管理に関する事項」は条例で定めなければならないとする地方自治法244条の2に基づき、地方議会で学校統廃合条例が制定される。それを受けて、教育委員会は、統廃合の時期等といった細部を決定し（地

教行法23条1号)、就学先の学校を指定する。

(1) 実体面

　学校の設置場所については、学校教育法施行規則1条2項が「学校の位置は、教育上適切な環境に、これを定めなければならない」、義務教育諸学校等の施設費の国庫負担等に関する法律施行令4条1項2号が、適正な学校規模の条件として、通学距離を、小学校につき、おおむね4km、中学校につき、おおむね6km以内とし、3項が、統合後の場合については「文部科学大臣が教育効果、交通の便その他の事情を考慮して適当と認めるとき」には、1項の要件に合致しなくてよいと規定するのみである。それ以外は、基本的には設置者の裁量に委ねられていると解される。

　判例上も、広範な裁量が認められ、通学が事実上不可能又は著しく困難になる場合にのみ、裁量権の濫用・逸脱として統廃合等が違法になるとされている。すなわち、「本来、児童の通学条件の外、学校の適正規模、教育設備等種々の教育条件及び財政事情等を考慮して決定される極めて政策的な事柄であって、学校の設置、管理及び廃止に関する事務を管理し、執行する教育委員会の判断を踏まえてされる地方公共団体の議会の合理的な裁量判断に委ねられて」おり、「教育環境や通学条件等において極めて重大な不利益を強いるものであり、社会通念上著しく苛酷である」場合にのみ裁量権の濫用・逸脱として違法となる（東京地判平成7・12・6判自148号59頁）、「その性質上議会が教育行政上の相当広汎な裁量権を有するものと解せられ、それが特定の児童ないし保護者に著しく過重な負担を課し、通学を事実上不可能にするなど裁量権の範囲を逸脱し、特定人の教育を受ける権利を侵害した場合のみ統廃合を定めた条例を違法と判断すべき」である（大津地判平成4・3・30判タ794号86頁）が、本件はそのような場合にあたらないとされている。

　通学条件の低下がスクールバスの運行によって解消されるかという個別的争点について、判例の多くはその点を肯定している。たとえば、執行停止申立事件である横浜地決昭和54・3・26判時934号43頁は、通学距離の問題はバス利用によって解消しうる、統合後の方が学校の設備は充実する等として、「回

復の困難な損害」が生じているとはいえないとしている。他方、執行停止申立事件である名古屋高裁金沢支決昭和51・6・18判時842号70頁は、バス通学の際の交通事故の危険、豪雪時の遅刻、徒歩通学の際の自然との接触がなくなること等を回復困難な損害とみなし、「本案請求については一応理由がないと見える場合とは解しがたい」としている。

寄宿舎入居について、松山地判昭和60・12・18判自21号42頁は、中学生が寄宿舎に入らざるをえなくなっても、それだけで違法となるものではないとしている。

特別支援学校の統廃合について、執行停止申立事件である大阪地決平成21・1・30判タ1300号133頁は、市町村は特別支援学校の設置義務を負っておらず、市町村が設置する特別支援学校を廃止することが裁量濫用又は逸脱になるのは、「当該特別支援学校に在学する児童生徒を始め当該市町村の区域内に住所を有する児童生徒等の特別支援教育に係る利益を著しく侵害し、特別支援教育に関する教育基本法の理念及び学校教育法の趣旨等を没却するような例外的場合に限られる」とし、本件の場合はそれにあたらないとしている。

在校生の卒業をまっての統廃合の場合、大津地判昭和60・12・23判自24号26頁は、在校生の減少による学校行事への支障、心理的動揺があるとしても、卒業まで当該学校で教育を受ける保障がある以上、法律上の利益の侵害があるとはいえないとして、条例公布の取消の訴えを却下、国家賠償請求を棄却している。

(2) 手続面

学校指定の生徒への影響の大きさを考慮すれば、通学区域の設定、変更、その実施時期、区域外就学の基準の決定等にあたっては、地域住民の意向にも配慮しつつ合意を形成していくことが求められる。この点、多くの地方公共団体では、諮問機関として通学区域審議会が設置されているが、その適切な委員構成と運営が必要となる。

手続違反の主張は、判例上一般に斥けられている。たとえば、保護者等の利害関係者に意見等を提出する機会を与えねばならない憲法上ないし法令上の根

拠はないし、計画の開示や説明がなされ住民の意向を反映させうる期間も十分あったので手続的に違法な点はない（上述の平成7年東京地裁判決、平成4年大津地裁判決）とされている。また、学校統廃合設計への支出の違法性を争う住民訴訟である東京地判平成8・9・12判タ941号157頁・確定は、住民に意見表明の機会を与えねばならないと解すべき憲法上ないし法令上の根拠はないのみならず、関係住民の意見をどのような方法で参酌し反映させていくかは区長の合理的裁量判断に委ねられていると述べ、憲法31条、児童の権利条約8条、12条1項、2項違反の主張を斥けている。

3. 公立学校間での学校選択
(1) 公立小中学校間での学校選択

市町村内に複数の学校がある場合、学校ごとに学区を定め、居住する学区の学校に就学するのが一般的であった。しかし、公立小中学校間での学校選択制が、平成10年に三重県紀宝町、平成12年に東京都品川区で導入されて以降、急速に首都圏に拡大し、更には地方にまで拡がってきている。

選択制の形態としては、当該市町村のすべての学校の中からの選択を認める「自由選択制」、当該市町村内をブロックに分けブロック内での選択を認める「ブロック選択制」、隣接区域内での選択を認める「隣接区域選択制」、特定の学校について当該市町村内のどこからでも就学を認める「特認校制」、特定の地域に居住する者について学校選択を認める「特定地域選択制」等がある。

学校選択制の理念は、①選ぶ・選ばれるという緊張関係を作り出し、②学校には、選ばれるための努力を促し教育の質を高める、③保護者は、選ぶという行為を通じて、子どもの教育への責任と教育への関心を高めるという、競争と自己責任の原理である。

反対論からは、その結果、進学イメージ校、大規模校、施設を新しく充実した学校、多様なクラブ活動がある学校等に生徒が集中し、荒れるとのうわさのある学校、経済的底辺階層を多く抱える地域の学校、小規模校の生徒が減少し、それが年度ごとに加速化していき、場合によっては統廃合に至る、希望者が超

過した場合には、学校が選抜することになり子どもは被選択者となってしまう、保護者の能力・意欲の差異による効果が子どもに及ぶことをどう考えるのか、自己責任でかたづけられるのか等といった批判がなされる。

　学校指定制を憲法論としてみた場合、違憲論として、選択の自由は「私立学校を選択するか、公立学校を選択するか、という側面ばかりでなく、公立学校の選択にも及ばなければならない。たとえば、居住地域ごとに小学区制を採用して、公立学校の選択の余地を残さないことは、親の教育施設選択の自由の侵害である」との主張が存する。他方、合憲論として、就学校指定や学区制の趣旨は、子どもの「教育を受ける権利」(憲法26条1項)に対応して、教育の機会均等を期すことにあるので、これにより子どもや親の「学校選択の自由」が制約をうけることになっても原則的には承認されよう、公立学校は、地域のすべての子どもの学習権を一斉に均等な条件で保障しようとする学校制度なので、そのために学校選択の自由が制約ないし否定されてもやむをえないとの主張が存する。この点、同一の規制下にある公立学校間での差異は、公立学校と私立学校間での差異と質的に異なること、将来へ向けての基礎を作る時期であって均等な条件で教育を提供する必要があること、通学に伴う身体的負担を軽減させる必要があること等を考慮すれば、学校指定制を違憲とまではみなしえないであろう。もっとも、憲法は選択制の導入自体を禁じているわけではない。選択制を導入するか否か、導入するとしたら、どのような選択制を導入するのかは、原則として、政治部門の裁量に委ねられているといえる。しかし、政策論としてみた場合、現在の教育体制、社会構造を維持したままで学校選択制を導入しても、進学を基準とした序列化に終わるのではないか、との危惧が残る。

(2)　公立高校間での学校選択

　大分県立高校合同選抜制によって、希望校以外に振り分けられた生徒が、①能力以外の理由で入学の許否を決定するもので憲法26条1項、教育基本法(旧)3条1項に違反する、②学校選択の自由の侵害にあたると主張して、入学不許可処分の取消、国家賠償等を求めた事件において、大分地判昭和62・2・23判時1231号96頁は、①の主張に対しては、「学校間格差の是正という本件合選

制の目的は、通学区域内各所に水準の均しい教育施設を整備することによって、その水準に達する能力を有する者が、ひとしく能力発達を可能ならしめる高等学校教育を容易に受けうる条件を目指すものであり……『能力に応じて等しく教育を受ける』権利実現に資するという側面をも有している」、②の主張に対しては、仮に「公立学校間における学校選択の自由が憲法上保障された権利であるとしても、公立学校の本来の設立目的や性質（教育の機会均等の実現）からして、そこに学校選択の自由がある程度の制約を受けることは承認されなければならない」と答え、学校間格差是正を主要な要素として考慮したからといって、憲法26条1項、教育基本法（旧）3条1項の許容する裁量権の範囲を逸脱したとはいえない、と結論づけている。二審（福岡高判昭和63・5・31行集39巻5・6号462頁）も、原審と同じ判断であるとのみ述べ、一審判決を支持している。

なお、平成13年の地教行法改正により、高校の学区制を求める（旧）50条が削除された（教育委員会の判断に委ねられることとなった）ことをうけ、平成21年度までに、20都県が学区制を撤廃している。

(3) 障害児の学校・学級の選択（⇒『15講』143頁）

障害児の学校・学級の選択については、手続面と実体面からの検討が必要となる。

手続面については、障害児が普通学校、特別支援学校、特別支援学級のうち、どこに振り分けられるのかによって、その子どもの将来にとって重大で取り返しのつかない結果をもたらしうるので、結果の重大性から、障害児の学校・学級の指定には憲法13条（論者によっては31条）の適正手続の保障が及び、適正手続の最低限の要件である事前の告知と意見表明の機会の付与が憲法上要請されよう。更に、障害を有する子どもの発達にとっての最善の就学先を決定するとの当該行政手続の性質から、障害児の教育上のニーズの認定と障害内容についての医学上の認定が不可欠であるので、決定に向けてのプロセスのいずれかの時点での教育関係者と医師の関与を憲法上の要請とみなす余地があろう。

現行法令上は、学校教育法施行令18条の2が、教育委員会は就学通知をす

るに際して「教育学、医学、心理学その他の障害のある児童生徒等の就学に関する専門的知識を有する者の意見を聴くものとする」と規定し、更に、平成19年の同施行令改正により、これらの専門家に加えて「保護者」からの意見聴取も義務づけられるに至っている。

　実体面については、幾つかの裁判において、争われている。障害児学校（現、特別支援学校）から普通学校への転校運動の支援者が校内へ侵入し校長等に暴行を加えたとして起訴された花畑東小学校事件において、分離教育は憲法や教育基本法に違反するので被告人の行為には実質的違法性がないとの主張がなされた。それに対して、二審（東京高判昭和57・1・28判タ474号242頁）は、その主張を斥けるに際して、「障害児教育は、健常児と総合し、普通教育を施すとともに、その障害の程度に応じて残された能力を開発する特殊教育を行なうことが、障害児教育の理想とみるべきものであろう」が、そのための人的、物的設備は段階的に整えざるをえず、現在の整備段階と当該障害児の障害の程度に即して考察すると「かかる分離による特殊教育が、直ちに憲法14条、25条、26条に違反し、教育基本法（旧）10条に抵触するということはできない」と判示している。

　筋ジストロフィー疾患を理由とする公立普通高校入学不許可処分に関する尼崎筋ジス訴訟において、神戸地判平成4・3・13判時1414号26頁・確定は、入学の許否は校長の裁量に委ねられているが、校長の判断が憲法その他の法令から導きだされる諸原則に反するような場合、選抜要綱の手続を著しく逸脱した場合、処分が事実の誤認に基づいていたり、その内容が社会通念上著しく不合理である場合には、裁量権の逸脱又は濫用として違法になるとする。そして、本件の場合、高校3年間の全課程の履修可能性を判断するにあたって、筋ジスの専門医がその点を肯定しているにもかかわらず、校長がその点の否定的判断に基づき入学不許可としたのは、事実又は評価において重大な誤りをしたことに基づく処分であって、裁量権の逸脱又は濫用として違法であるとして、入学不許可処分の取消と国家賠償を命じている。

　身体障害児（胸部から下の肢体不自由）とその親が中学校の普通学級への入級を希望しているにもかかわらず、校長が障害児学級（現、特別支援学級）に入

級させる処分を行ったため、障害児学級への入級処分の取消と国家賠償が求められた留萌事件において、一審（旭川地判平成5・10・26判時1490号49頁）は、「心身障害を有する子どもに対する学習権保障のあるべき内容は、憲法26条の規定から自動的に決まる問題ではなく」、立法政策に委ねられており、それが著しく合理性を欠く場合を除いて違憲とはならない、現行法上、生徒をどの学級に入級させるのかは、学校教育法(旧)28条3項[(現)37条4項]を根拠として、校長の権限に属すると解されるが、これは、「教育の専門家たる校長が、教育的見地から、科学的、医学的等の見地からの判断をも斟酌の上で決定する限り、制度として合理性がある」とし、当該処分を合憲とみなしている。二審（札幌高判平成6・5・24判時1519号67頁・確定）も、一審判決をほぼそのまま維持している。

なお、平成16年の行政事件訴訟法の改正以降、仮の義務付けを求めた事件が、幾つか生じている（第6章第2節2参照）。

文部科学省は、決定権限自体は国家（教育委員会・校長）にあるとの立場を維持しているが、障害児のニーズに応じて発達を保障しつつ普通児との共生を目指す「インクルーシブ教育」の方向に向かっている。それを端的に示すものとして、普通学級に在籍しつつ通級指導教室や特別支援学校で特別の指導も行う通級指導制度（学校教育法施行規則141条）、特別支援学校に就学させるべき「視覚障害者」「聴覚障害者」「知的障害者」「肢体不自由者」「病弱者」の範囲の限定化（学校教育法施行令22条の3）、特別支援学校への就学基準に該当する場合でも教育委員会が小中学校で適切な教育を受けることができる特別の事情があると認める者は小中学校に就学できる認定就学者制度（同施行令5条1項2号）等がある。

憲法13条違反（親の教育の自由の侵害）としての主張であれ、憲法14条違反（障害児差別）としての主張であれ、裁判所は、障害の種類ごとに、厳格な合憲性審査を行うことが必要である。すなわち、どこに就学するかは障害児と親のその後の人生を左右し、障害による区分は疑わしい（疑わしきに準じる）区分であるので、合憲性審査基準が厳格化され、国側が、当該障害児を当該学校・学級に就学指定する根拠を説得的に提示することが求められる。

第3節　進学・進級

1. 進　学

　公立高校の学力検査は、高校を設置する都道府県又は市町村の教育委員会が行い(学校教育法施行規則90条5項)、高校入学は学力検査等による選抜に基づいて、校長が許可する（同条1項）。

　判例は、公立高校の入学は校長の裁量的判断に委ねられているとしたうえで、裁量の濫用・逸脱の有無を判断している。たとえば、福島地判平成15・7・22判自251号50頁は、校長が面接の結果、調査書の記載等を総合的に判断して、入学不許可処分をしたのは相当であり、裁量権の逸脱はないとしている。大津地判平成10・6・1判自186号87頁も、同じ枠組で合法としている。決定権限の所在については、和歌山地判昭和48・3・30判時726号88頁が、入学許否の決定権は校長を含む全校職員会議の権限に属し校長はその決定に従って対外的に意思表示を行うものにすぎないとの原告の主張は支持しえない、「最終的な決定権は校長に存する」としている。

　国立大学附属中学校の抽選による選抜について、「能力に応じて」教育を受ける権利を侵害するとの主張がなされたが、一審（和歌山地判昭和50・2・3判時781号63頁）、二審（大阪高判昭和50・10・31行集26巻10・11号1256頁）とも、どのような入学者選抜方法をとるのかは校長の裁量に委ねられており、「能力に応じて」とは能力以外の人種、性別、社会的身分、経済的地位等によって教育上差別的待遇を受けないことを意味するにすぎず、選抜方法に抽選を用いたからといって、能力以外の事由により差別的待遇をしたとはいえないとして、その主張を斥けている。最高裁（最二判昭和53・7・7判夕369号158頁）も、原審を支持している。

　国立大学附属中学の校長が附属高校の一般入試への出願書類の作成を拒否した事件において、大阪地判平成16・10・29判時1886号87頁は、進路選択は最終的には本人の自主的自律的決定に委ねられるべきものであるから、附属高

校合格の可能性が低く同日に試験のある私学を受験した方がいいとの後見的見地からの拒否であっても、職務上の注意義務に反する違法な行為と認められるとして、国家賠償を命じている。

　小中一貫教育、小学校から大学までの一貫教育を行っている私立学校で、進学が許可されずに訴訟にまで至った事件が、幾つか生じている。全員が中学校に進学できるとの新聞チラシを配布していたことを重視して小中学校9年間の在学契約が成立したと認めた判決（東京地裁八王子支判平成元・6・23判時1323号97頁・確定）がある一方、無考査で進学できる旨を学則に明示しているにもかかわらず教育裁量の範囲内であるとした判決（横浜地判昭和63・10・14判時1315号101頁）もみられる。

飛び入学

　高校2年生から大学に入学する飛び入学が、平成9年に数学・物理学の分野に限定して制度化され、平成13年の学校教育法の改正により、分野を問わず可能となった（学校教育法90条、同法施行規則151条、153条、154条）。

認定試験

　入学資格を定める学校教育法57条に基づき、就学義務猶予免除者等の中学校卒業程度認定規則が制定されている。中学校卒業程度認定試験は、中学校卒業程度の学力があるか否かを認定するために国が行う試験であり、合格すれば、高等学校の入学資格が与えられる。同様に、高等学校卒業程度認定試験に合格すれば、大学・短大・専門学校の入学資格が与えられる（同法90条）。

2.　進　級

(1)　高校での進級（原級留置）

　高校での「各学年の課程の修了又は卒業を認めるに当たっては、……平素の成績を評価して、これを定めなければなら」ず（学校教育法施行規則57条、104条1項）、原則として、74単位以上を修得した者について、校長が全課程の修了を認める（同施行規則96条）。

　成績評価には、基準設定とその適用の二段階で教育裁量が認められるが、この教育裁量について、東京地判昭和62・4・1判タ645号169頁・東京高判昭

和62・12・16判タ676号74頁は、単位認定するか否かは教育上の措置であって、教育的、専門的見地から被告（校長）に幅広い裁量権が与えられており、社会通念に照らして著しく妥当性を欠くなど、裁量権の濫用・逸脱の場合のみ違法となるとして、裁量の範囲内とみなしている。札幌地判昭和56・11・16判時1049号110頁は、「成績評定は……教師の教育的裁量に委ねられている。……もっとも、成績評定の具体的な基準の設定、判断などが、教育的裁量に委ねられるのは、究極的には、生徒の学習権を保障するためであるから、……殊に成績評定が具体的事実に基づかないか、成績評定に影響を及ぼすべき前提事実に誤認がある場合、成績評定の基準を無視し、恣意的に成績評定をした場合……には、その成績評定は、不公正又は不平等な評定というべきであり、これは、教師の成績評価権の教育的裁量権の範囲を逸脱するものとしてその義務の履行を怠るものであると同時に、右の成績評価を受けた生徒の学習権を違法に侵害するものというべきである」「著しく教育的配慮を欠く場合、殊にクラス担当教師が成績不振の生徒に対し、これを全く無視して何らの学習及び生活指導をしなかったようなとき」は教育的裁量の範囲を逸脱するとするが、本件の場合逸脱はなく合法であるとしている。

　単位制高校以外では、原級留置になれば、当該学年のすべての科目をやり直すことになる。この点につき、「わずか1、2科目の不認定で機械的に原級留置きとする規定は、学習権保障の観点から疑問である」、仮進級制度の活用も、弊害を軽減する運用の一つであるとの主張がなされている。判例は、原級留置の場合、当該学年の全科目を再履習しなければならないが、それは「学年制を採用していることからくる必然的結果でもあり」次段階の学習権を奪うことにはならない、高校での単位認定については校長に広範な教育的裁量権が認められる（上述の昭和62年東京高裁判決）、「原級留置とするにあたり、追認考査を経るか否か、又は仮進級制度を採用するか否かは、学校当局の教育的裁量に委ねられて」いる（上述の昭和56年札幌地裁判決）としている。

　なお、学校教育法施行規則103条（「高等学校においては……学年による教育課程の区分を設けないことができる」）により、学年ごとの進級認定を行わないで、

卒業までに一定数の単位を修得すれば卒業を認める単位制高等学校が可能となっている。

　私立高校での原級留置の場合、公立高校の場合のように、原級留置を行政処分とみなし処分の取消を求めるということはできない。そこで、出席時数不足を理由に留年させられた生徒が在学契約上の債務不履行であるとして、地位の確認と慰謝料の支払いを求めた。東京地判平成19・3・26判時1968号148頁・確定は、出席時数を進級の要件とすることは全日制高校の教育運営の基本的事項であるので、債務不履行にはあたらないと結論づけている。

　手続面については、私立明訓高校事件・新潟地決昭和47・4・28教育裁判判例集Ⅱ182頁は、原級留置きの「結果の重大性に鑑みると、原級留置きの決定をなすにあたっては、大多数の教員が出席した職員会議で審議を行なうのが教育条理と考えられるところ」、職員会議には半数の教員しか出席しておらず、適正手続に違反していると述べ、原級留置決定を無効とし、進級判定の職員会議を開きなおすよう命じている。

▶ 中退・留年者数の公開

　情報公開条例に基づいて県立高校の中退・留年者数を学校別に公開することが求められた事件において、福岡地判平成2・3・14判時1360号92頁・福岡高判平成3・4・10判時1391号140頁・確定は、非公開事由に該当しないとして公開を命じたが、その際に、中退・留年者数の多い高校に対して批判・激励等が寄せられるという社会的影響が生じたとしても、多数の中退・留年者の存在することは、それ自体無視しえない社会的問題であるから、そのような反響に応えて、問題の根本的な解決に努力すべきであって、社会的影響を理由に非公開にすることは許されない、と述べている。

(2) 小学校での進級（原級留置）

　「小学校において、各学年の課程の修了又は卒業を認めるに当たっては、児童の平素の成績を評価して、これを定めなければならない」（学校教育法施行規則57条）。出席日数の要件は規定されていないが、実際に原級留置になることはごくまれである。

　公立小学校第5学年の授業を受けていない（年間出席日数が34日）にもかか

わらず第 6 学年への進級を認定された生徒の親が、進級認定処分の執行停止を求めた事件において、神戸地判平成 5・5・11 判自 115 号 45 頁は、「特に、小学校においては、年齢により、精神年齢、運動能力、体格等心身の発達に大きな開きがあり、年齢別の教育が最も適する」といえる、また、当該児童の学力が特に劣っているとの疎明はないので「回復困難な損害」があるとはいえないとして、訴えを斥けている。そして、進級処分の取消を求めた本案においても、神戸地判平成 5・8・30 判タ 833 号 177 頁・確定は、修了認定の判断は高度に技術的な教育的判断であるから、校長の裁量に委ねられている、小学校の段階では年齢により心身の発達に顕著な開きがあるので、年齢別の教育が最も適しており、裁量権の逸脱はないとして、訴えを斥けている。

第 4 節　学校の組織編制

学校教育法 3 条にいう「編制」とは、学校を組織する学級数、学級を組織する生徒数、学校に配置すべき教職員の組織をいう。

1.　学校規模・学級編制
(1)　学校規模

小中学校の学級数は、12 学級以上 18 学級以下を標準とする。ただし、特別の事情のあるときはこの限りではない（学校教育法施行規則 41 条、79 条）。公立高等学校の学校規模は、本校では収容定員を 240 人以上とする（公立高等学校の適正配置及び教職員定数の標準等に関する法律［高校標準法］5 条）。

(2)　学級編制

学級は同学年の生徒で編制することを原則とするが、特別の事情があるときは、数学年の生徒を 1 学級に編制することができる（公立義務教育諸学校の学級編制及び教職員定数の標準に関する法律［義務標準法］3 条 1 項、小学校設置基準 5 条、中学校設置基準 5 条）。

1 学級の生徒数は「法令に特別の定めがある場合」、「特別の事情があり、かつ、

教育上支障がない場合」を除いて40人以下とする（小学校設置基準4条、中学校設置基準4条、高等学校設置基準7条）。ただし、都道府県教育委員会は、特に必要がある場合には、それを下回る数を基準と定めることができる（義務標準法3条2項、高校標準法6条）。学級編制は、都道府県教育委員会の定めた基準に従って、その学校を設置する地方公共団体の教育委員会が行う（義務標準法4条）。実際、ほとんどの都道府県において、小学校低学年を中心に、基準の柔軟化（少人数学級）が図られている。

特別支援学校の小・中学部は、法令に特別の定めのある場合を除き、視覚・聴覚障害児の場合10人以下、知的障害児・肢体不自由児・病弱児の場合15人以下、高等部は、15人以下とする（学校教育法施行規則120条2項）。法令に特別の定めのある場合として、公立の特別支援学校の小・中学部は、6人（重複障害の場合は3人）を標準とする、ただし、都道府県教育委員会は、特に必要がある場合には、それを下回る数を基準と定めることができる（義務標準法3条3項）、高等部は、8人（重複障害の場合は3人）を標準とする、ただし、都道府県・市町村教育委員会が、特に必要があると認める場合は、この限りでない（高校標準法14条）と定められている。

2. 構成教職員

教職員の定数は、基礎定数（全国的に配置される必要がある数・義務標準法6～14条）と加配定数（地域の社会的条件、障害児への特別の指導、多様な教育の実施等によって加算される数・同法15条）から成る。

学校に置かれる教職員の種類としては、校長、教頭、教諭、養護教諭、事務職員（学校教育法37条1項）、副校長、主幹教諭、指導教諭、栄養教諭（同法37条2項）、教務主任、学年主任（同法施行規則44条）、司書教諭（学校図書館法5条1項、附則2項）、学校用務員（学校教育法施行規則65条）、給食栄養管理者（学校給食法7条）、学校医（学校保健安全法23条1項）、学校歯科医、学校薬剤師（同法23条2項）等がある。それらには、校長・教諭・学校医・学校歯科医・学校薬剤師のように、必置のもの、司書教諭のように、一定規模以上の学校に必置のもの、教頭、学

年主任、教務主任のように、特別の事情があるときは置かないことができるもの、副校長、主幹教諭、指導教諭、栄養教諭のように、置くことができるものとがある。

最近、それらに加えて、十分とはいえないものの、スクールカウンセラー、スクールソーシャルワーカー、理学療法士・作業療法士・言語聴覚士（特別支援学校）等の配置が進展し始めている。

3. 校長・管理職
(1) 校長の資格要件

当初、専修免許状又は一種免許状を有し、かつ5年以上教育に関する職にあったことが校長の資格要件とされていた（学校教育法施行規則20条1号）が、平成12年の同施行規則の改正により、免許状を有してなくても「教育に関する職に10年以上あったこと」(20条2号)、「学校の運営上特に必要がある場合」には、教育に関する職についたことがなくても20条の者と「同等の素質を有すると認める者」(22条)と、資格要件が緩和された。同施行規則23条により、副校長・教頭にも準用される。幅広く人材を確保できるようにと資格要件が緩和されたが、他方では、専門性の点で後退しているとの懸念も表明されている。

▶ 校長昇任と労使慣行

福岡県高教組の推薦又は承認に基づいて校長昇任人事を行うという慣行が破られたとして校長着任拒否闘争が行われた事件において、福岡地判昭和56・7・29判時1021号36頁は、慣行は存在しないが、仮に存在しても法的効力を有さないと判断している。二審（福岡高判昭和60・9・27判時1166号34頁）は、社会的事実としての慣行は存在していたが、地教行法34条、教特法(旧)13条[(現)11条]の規定から明らかなように校長の任命権限は県教育委員会にあるから、県教育委員会は同慣行に法的に拘束されるものではない、と判断している。最高裁（最二判平成元・9・8判自72号19頁）は、原審の認定と判断を簡単に是認している。

▶ 民間人校長自殺報告書事件

尾道市初の民間人校長の1人が在任1年足らずで自殺するという事件が、平成15年に起った。教育委員会が原因究明のための報告書を作成・公表したところ、教職

員組合と組合委員長の名誉毀損にあたるとして、国家賠償が請求された。最高裁（最三判平成22・4・27判自333号22頁）は、記載内容自体は真実である、自殺の原因が主に教職員組合にあることを示す趣旨のものとはいえない等として、国家賠償請求を棄却している。

(2) 校長の権限

校長の職務権限は、①学校教育の管理、②教職員の人事管理、③生徒の管理、④学校保健の管理、⑤施設・設備の管理等に区分される。①としては、職員会議の主宰（学校教育法施行規則48条2項）、学校評議員の推薦（同施行規則49条3項）、授業終始の時刻の決定（同施行規則60条）、②としては、所属教職員の進退に関する意見の申出（地教行法36条、39条）、研修の承認（教特法22条2項）、③としては、高校の入学許可（学校教育法施行規則90条1項）、課程修了者の教育委員会への通知（同法施行令22条）、生徒の出席状況の把握（同施行令19条）、指導要録の作成・送付（同法施行規則24条）、生徒の懲戒（同法11条、同法施行規則26条2項）、④としては、感染症による出席停止（学校保健安全法19条）、⑤としては、学校施設の目的外使用の同意（学校施設確保政令3条2項）、社会教育のための学校施設使用許可に際しての意見表明（社会教育法45条2項）等がある。

校長のリーダーシップ

校長の人事権については、従来より、校長は県費負担教職員の任免等に関する意見を市町村教育委員会に申し出ることができる（地教行法39条）とされていたが、平成13年の地教行法の改正により、市町村教育委員会が県費負担教職員の任免等について都道府県教育委員会に内申を行う場合、校長から意見の申し出があればそれを内申に付することとされた（同法38条4項）。その趣旨として、平成13・8・29文科初第571号事務次官通知は、「任命権者である都道府県教育委員会が、校長の意見を考慮し、よりきめ細かな人事を行うことができるようにするとともに、校長のリーダーシップの発揮の観点から、校長の意見を一層反映できるようにする趣旨から行うものである」と説明している。また、学校の経費についても、校長裁量経費の導入が始まっている。これらのことは、学校が一体となり特色をだして教育することへはプラスに作用するが、校長に問題がある場合にはマイナス面が加重される。

(3) 校務分掌権の帰属

　教育法学説上は、教育における人間的主体性と全校的な教育責任性に照らし、校務分掌決定については、職員会議を通ずる教員集団の自治権を認めるべきであり、法令上の根拠は、「教諭は、児童の教育をつかさどる」（学校教育法 37 条 11 項）に求められる（同法 37 条 4 項の「校長は、校務をつかさどり、所属職員を監督する」との文言については、職員会議の決定の校長による対外的表示が「校務をつかさどる」ことになる）とする見解が有力である。

　しかし、判例は、校務分掌権は校長に帰属し校長の裁量に委ねられるとしたうえで、その多くは校長の裁量権の濫用・逸脱はなかったとしている。たとえば、新年度の学級担任から外され専科教諭とされた小学校教諭が国家賠償を請求した事件において、名古屋地判平成 2・11・30 判時 1389 号 150 頁・確定は、「学教法(旧)28 条 6 項［(現)37 条 11 項］は、教諭は自己の担任事項として児童の教育を執り行うことを定めているにすぎず、右規定から教諭の教育権限の独立を導くこともできない。したがって、校内人事の決定が教員集団によって自治的になされるべき法的根拠はなく、学級担任の決定も校務分掌の決定の一つとして、学教法(旧)28 条 3 項［(現)37 条 4 項］により校長の職務権限に属する」、裁判所は、校長と同一の立場に立って判断すべきではなく、校長の裁量が「社会観念上著しく妥当を欠き、裁量権の範囲を逸脱しこれを濫用したと認められる場合に限り、違法であると判断すべき」である、本件の場合、保護者からの苦情の申立てがなされていた、校長の指導を聞き入れようとする姿勢がない、週案提出の職務命令に従わない等の事情から裁量権の濫用・逸脱はなかったとしている。

　他方、裁量権の濫用・逸脱にあたるとした判例も、少数ながら存する。小学校 2 年生の年度途中での担任交替に関する横浜地判平成 10・3・27 判時 1667 号 103 頁は、①担任を命ずる際に、担任が相応との判断が校長によりなされている、②学級運営が 1 年単位で行われる、③小学校低学年ではほとんどの教科を担任が一人で担当しており年度途中での解任は児童への影響が特に大きいので、担任を命じる場合に比してより一層慎重でなければならず、学級の健全な

運営が不可能もしくは著しく困難である場合である等、合理的に説明できるだけの理由がなければならないとの基準を設定する。そして、本件はそのような場合にあたらず裁量権の濫用もしくは逸脱にあたると結論づけ、国家賠償を命じている。二審（東京高判平成11・11・15判自202号35頁・確定）も、ほぼ同様の判断を示している。

校務分掌権の帰属が憲法から一義的に導きだされるわけではない。学校教育法の「校長は、校務をつかさどり」との文言からは、最終的に校長に帰属すると解するのが自然であろう。校務分掌は校長の裁量事項としたうえで、実体面及び手続面で、校長の裁量を統制していくという手法が妥当であろう。

(4) 管理職

平成19年の学校教育法改正により、管理職の拡大がなされ、校長、教頭といった管理職に加えて、副校長、主幹教諭、指導教諭という新たな職を「置くことができる」とされた（37条2項、49条等）。副校長は、「校長を助け、命を受けて校務をつかさどる」（37条5項）、主幹教諭は、校長（副校長）及び教頭を「助け、命をうけて校務の一部を整理し、並びに児童の教育をつかさどる」（37条9項）、指導教諭は、「児童の教育をつかさどり、並びに教諭その他の職員に対して、教育指導の改善及び充実のために必要な指導助言を行う」（37条10項）とされた。

なお、それ以外に、学校教育法施行規則で、小学校には教務主任、学年主任、保健主事を置くものとし（44条、45条）、事務主任、校務を分担する主任を置くことができる（46条、47条）とされ、中学校にはそれらに加えて生徒指導主事、進路指導主事（70条、71条）を、複数の学科を置く高等学校には更に学科主任を置く（81条）こととされ、「校長の監督を受け」職務を遂行するとされている。主任等の選任は校務分掌、人事にあたるので、校長もしくは教育委員会に選任権限があるとされる。もっとも、主任等は、教諭等から昇任させる職ではなく、職務命令による職務の付加であって職ではない。指導助言・連絡調整を行う立場であり自ら職務命令を発することができず、中間管理職ではない。主任手当が支給される。

第 4 節　学校の組織編制　59

4. 職員会議 (⇒『15 講』190 頁)

　職員会議の法的性格については、学校における最高の意思決定機関とみなす議決機関説と、校長の諮問・補助機関とみなす諮問・補助機関説とが、対立していた。教育法学説の多くは、議決機関説の立場であるのに対して、判例は、諮問・補助機関説の立場に立っている。たとえば、福岡高判平成 5・3・22 判タ 813 号 146 頁は、「職員会議を自ら主宰し、教師間における十分な検討を経ることが望ましいといえるが、校長が右手続を経ないでこれ[全校的教育事項]を決定したとしても、右決定が当然に違法・無効のものとなるものではない。その意味において、職員会議は、校長の補助機関たるにすぎないということができる」としている。

　この問題については、平成 12 年の学校教育法施行規則の改正により、「校長の職務の円滑な執行に資するため、職員会議を置くことができる」「職員会議は、校長が主宰する」(48 条) と明示されるに至った。しかし、多くの事件で激しく争われてきた職員会議と校長との関係を、法律ではなく施行規則で定めたことには、憲法 26 条の教育法律主義からみて、問題が残る。また、この規定を、職員会議には・一・切決定権限を認めない趣旨であると解するならば、憲法上疑義が生じる。

5. 学校評議員・学校運営協議会

　平成 12 年の学校教育法施行規則の改正により、「小学校には、設置者の定めるところにより、学校評議員を置くことができる。2. 学校評議員は、校長の求めに応じ、学校運営に関し意見を述べることができる。3. 学校評議員は、当該小学校の職員以外の者で教育に関する理解及び識見を有するもののうちから、校長の推薦により、当該小学校の設置者が委嘱する」(49 条) とされた。なお、同条は、79 条、104 条、113 条、135 条により、中学校、高等学校、中等教育学校、特別支援学校にも準用される。

　更に、平成 16 年の地教行法の改正により、「指定学校」での親や地域住民が学校運営に参画する新たな仕組として、学校運営協議会制度が、創設されてい

る。すなわち、同法47条の5は、①教育委員会は指定する学校に学校運営協議会を置くことができる、②協議会の委員は親、地域住民等の中から教育委員会が任命する、③校長が作成する教育課程の編成等の学校運営の基本方針は、協議会の承認を得なければならない、④協議会は学校の運営に関する事項について、教育委員会又は校長に対して意見を述べることができる、⑤協議会は職員の任用について、任命権者に意見を述べることができ、任命権者はその意見を尊重するものとする、⑥協議会の不適正な運営により学校運営に現に著しい支障が生じたりそのおそれがある場合は、教育委員会は学校指定を取り消さなければならない、等と定めている。

　学校評議員の場合、親の参加の第一歩とも評しうるが、評議員の構成が親を中心にするとは書かれていない、評議員の選任が「校長の推薦」に基づきなされるため、親や地域住民の意向を公正に反映させる保証がない、「校長の求めに応じ」と規定されており、評議員が主体的に意見を述べるとはされていない、校長は評議員の意見に拘束されないため、制度が形骸化する可能性があるとの問題点がある。学校運営協議会の場合、学校評議員制度と比べると権限が強力であるだけに、とりわけ、どのような人がどのようなプロセスで教育委員会によって委員に選任されるのかが問題となる。この点、「地方教育行政の組織及び運営に関する法律の一部を改正する法律の施行について」（平成16・6・24文科初第429号事務次官通知）は、「広く適任者を募る観点から公募制の活用等を工夫すること」等としている。なお、同通知は、生徒の参加についても、「学校運営協議会において必要と認められる場合には、児童、生徒の発達段階に配慮しつつ、当該学校の児童、生徒に意見を述べる機会を与えるなどの工夫を行うことも差し支えない」としている。

(親の参加の進展)

　親の参加としては、自己の子どものみに係わる事項への参加、就学先の学校の運営への参加、国や地方公共団体が行う教育政策策定への参加とに大別される。第1の参加については、小中学校での出席停止に関して、平成13年の学校教育法改正により、事前の保護者からの意見聴取等の手続的保護（[旧]26条2項、3項[現]35条2項、

3項）が規定された。学校指定に関しては、平成15年に、市町村教育委員会は就学すべき学校を指定する場合には「あらかじめ、その保護者の意見を聴取することができる」と定める学校教育法施行規則32条が付加されている。更に、平成18年に付加された学校教育法施行規則32条2項は、学校教育法施行令8条に規定する保護者の学校変更の申立てができる旨を就学通知に示すよう教育委員会に求めている。障害児の学校指定に関して、平成19年の学校教育法施行令18条の2の改正により、保護者からの意見聴取義務が付加されるに至っている。第2の参加としては、上述の学校評議員、学校運営協議会に加えて、「不適切」教員の判定に際しての保護者からの意見聴取（教特法25条の2第5項）等をあげうる。第3の参加については、平成13年の地教行法改正による「委員のうちに保護者である者が含まれるように努めなければならない」（4条4項）との規定の新設等を契機として、教育長・教育委員の公募制を導入する自治体が、現れてきている。その多くは、千葉県流山市のように、応募資格を住民に限定しているが、その中には、東京都八王子市のように、住民である親とするものもみられる。

　参加については、参加に際しての個人と集団との「ずれ」、親と生徒との「ずれ」に留意する必要がある。意見が取入れられたとしても、すべての保護者がその意見に賛成しているわけではない。取入れられた意見に賛成しているのは保護者だけであって生徒は反対である場合がある。決定と意見表明とを区別し、集団としての決定・参加の場面と、個人としての決定・参加の場面とを区別したうえで、生徒・親・住民参加システムをどのように構築すれば、最も適切に、集団としての生徒・親・住民の意向と、個人としての生徒・親・住民の意向を反映しうるのかを、検討することが必要である。

署名活動

　親・住民参加の手法として署名活動がしばしばなされるが、署名活動は憲法16条の請願権に基づくものであり、直接的妨害だけでなく萎縮的圧力も加えられてはならない。この点に関して、学校統廃合反対の署名者へ町長の命により町職員が個別訪問し、いつどこで署名を行ったか、署名は自記したか、誰が署名を頼みにきたか、趣旨についてどのような説明がなされたか、今も統廃合に対する考えに変わりはないか等の質問を行ったことに対して、精神的苦痛を受けたとして国家賠償請求がなされた。岐阜地判平成22・11・10判時2100号119頁は、署名に偽造の疑いがあったり請願の趣旨が明瞭でないときに、署名者や署名活動者に相当な調査を行うことは許されるが、請願を実質的に萎縮させるような圧力を加えることは許されず、本件の場合、署名の真正や請願の趣旨の確認を超えた質問も行われており、不当な圧

力を加えたものであったとして、国家賠償を命じている。

第5節　学校評価

　学校教育法は、「小学校は、文部科学大臣の定めるところにより当該小学校の教育活動その他の学校運営の状況について評価を行い、その結果に基づき学校運営の改善を図るため必要な措置を講ずることにより、その教育水準の向上に努めなければならない」(42条)、「小学校は、当該小学校に関する保護者及び地域住民その他の関係者の理解を深めるとともに、これらの者との連携及び協力の推進に資するため、当該小学校の教育活動その他の学校運営の状況に関する情報を積極的に提供するものとする」(43条)と規定している。更に、学校教育法施行規則が、「小学校は、当該小学校の教育活動その他の学校運営の状況について、自ら評価を行い、その結果を公表するものとする。2. 前項の評価を行うに当たっては、小学校は、その実情に応じ、適切な項目を設定して行うものとする」(66条)、「小学校は、前条第1項の規定による評価の結果を踏まえた当該小学校の児童の保護者その他の当該小学校の関係者（当該小学校の職員を除く。）による評価を行い、その結果を公表するよう努めるものとする」(67条)、「小学校は、第66条1項の規定による評価の結果及び前条の規定により評価を行った場合はその結果を、当該小学校の設置者に報告するものとする」(68条)と規定する（幼稚園、中学校、高等学校、中等教育学校、特別支援学校、専修学校、各種学校に準用）。

　学校評価の進展は、事前規制から事後評価への転換を典型的に示すものであるが、教育目標を誰がどのように設定するのか、評価を誰がどのようにして行うのか、評価結果をどのように公表・利用するのかが問題となる。

　誰による評価なのかについて、平成19年8月27日調査研究協力者会議第一次報告は、学校評価については、自己評価、外部評価、第三者評価により行い、特に自己評価を基本として位置づけるべきである、①自己評価は、校長のリーダーシップの下で、当該学校の全教職員が参加し、予め設定した具体的かつ明

確な目標等に照らして、達成状況の把握や取組の適切さ等について評価する、②外部評価は、当該学校の教職員以外の者で当該学校と密接な関係にあるもの（保護者、地域住民、学校評議員、接続する学校の教職員等）が行う、③第三者評価は、当該学校と直接の係わりをもたない、大学や教育研究機関の職員、有識者などの専門家等による客観的・専門的立場からの評価を行う、としている。

どのような項目・基準で評価するのかについて、文部科学省は平成18年3月27日に、「義務教育諸学校における学校評価ガイドライン」を出している。そこには「学校評価が必ずこれに沿って実施されなければならないことを示す性質のものではない」と付加されているが、平成19年改正の学校教育法が「文部科学大臣の定めるところにより」「評価を行い」(42条)と規定しており、今後、文部科学省が学校評価を通じて教育内容を全国一律に統制していく危険性がないわけではない。

評価結果をどのように公表・利用するのかについて、平成17年10月26日中教審答申が「なお、学校評価の実施に当たっては、学校の序列化や過度の競争、評価のための評価といった弊害が生じないよう、実施や公表の方法に……配慮する必要がある」としている。また、平成19・11・8文科初第849号初等中等教育局長通知は、自己評価結果に加えて、それらを踏まえた今後の改善方策について併せて検討・公表することが適当である、としている。利用については、学校予算、教員給与に結びつく可能性がある。実際、平成19年6月1日教育再生会議第2次報告は、国、教育委員会は、努力する学校、実績を示した学校に予算面でのインセンティブを与え、教育困難校に特別な支援を行うよう提言している。

第6節　学校施設

1. 設　置

学校教育法施行規則1条1項は、「学校には、……校地、校舎、校具、運動場、図書館又は図書室、保健室その他の設備を設けなければならない」、学校図書

館法3条は、「学校には、学校図書館を設けなければならない」、学校保健安全法7条は、12学級以上の「学校には……保健室を設けるものとする」と定めている。

2. 使 用

憲法上の制約として、憲法89条は、「公の財産」を「宗教上の組織若しくは団体の使用」に供することを禁じている。それとの係わりで、公立学校の体育館の「棚」の設置（千葉地判平成4・11・30判タ814号151頁）、神社の祭り実行委員会による運動場と体育館の使用（神戸地判平成12・2・29判自207号72頁・確定）が憲法89条に違反するとして争われたが、いずれも斥けられている（→『15講』68頁）。

法令上の制約としては、学校施設の使用につき、学校施設の確保に関する政令（学校施設令）3条は、「他の法令の規定」に基づく場合を除いて、学校教育目的外の使用を禁じている。「他の法令の規定」として、地方自治法238条の4第7項は、「行政財産は、その用途又は目的を妨げない限度においてその使用を許可することができる」とし、同項の趣旨を学校施設の場合に敷衍した学校教育法137条は、「学校教育上支障のない限り、学校には、社会教育に関する施設を附置し、又は学校の施設を社会教育その他公共のために、利用させることができる」と定めている。また、社会教育法44条1項、スポーツ振興法13条1項は、「学校教育上支障がないと認める限り」、学校施設を社会教育ないしスポーツのために「利用に供するように努めなければならない」と定めている。

学校施設は、一般公衆の使用に供することを目的とする公民館・市民会館等とは異なり、本来学校教育目的に使用されるべきものであるので、目的外使用を許可するか否かは、管理権者である教育委員会（地教行法23条2号、28条1項）の裁量（実際上は、社会教育法47条1項により校長に委任され、その判断に委ねられ、教育委員会は事後的にその判断を追認することが多い）に委ねられていると解され、裁判では裁量権の濫用・逸脱が審査されている。

(1) 外部者による学校施設の使用

部落解放同盟の支部結成大会のための学校使用に関する広島地判昭和50・11・25判時817号60頁・確定は、使用目的からみて学校施設の使用が不相当ではないこと、他の施設の使用が困難であること、使用により学校施設に物的支障が生じないこと、生徒に精神的悪影響を与えるおそれがないこと、との基準を示し、児童への影響につき原告らと地元住民との間で小競り合いが生じるおそれがあり、それが生じた場合「児童に対し精神的に好ましくない影響を与える」ので、裁量権の逸脱はなく不許可処分は適法であるとしている。

(2) 教組による学校施設の使用

下級審では、当初、不許可処分には裁量権の濫用・逸脱はなく合法であるとするものが多かった。たとえば、教職員組合の主任制反対のミュージカル公演のための学校使用に関する鹿児島地判昭和58・10・21訟月30巻4号685頁は、使用を許可することは主任制問題をめぐる深刻な紛争に一石を投じ、校長らと控訴人組合員との間のみならず、教職員間の対立、緊張を一層昂め、紛争が激化増大して学校運営に支障を来たし、ひいては生徒に対する学校教育上の支障を与える蓋然性が高かったものと推認されるので、裁量権の濫用はなく不許可処分は合法であるとしている。二審（福岡高裁宮崎支判昭和60・3・29判夕574号78頁）も、同趣旨の判断を示している。教職員組合のオルグ活動のための学校使用に関する福岡地判平成14・6・25判夕1159号154頁は、「裁量権の逸脱に当たるか否かは、許可を求める権利の内容及び性質、更に申請権が認められているものか否か、許可が与えられなかった場合の弊害、与えた場合の障害等を総合的に判断して決せられる」との枠組を示したうえで、場所的利便を受けられなかったにすぎずオルグ活動の否定でなく、外部からの不審者の侵入に不安を抱いてもやむをえないことから、裁量権の逸脱とはみなしえず、適法な処分であるとしている。

しかし、最近では、違法とみなす判例が増えてきている。上述の平成14年福岡地裁判決の二審（福岡高判平成16・1・20判夕1159号149頁）は、県内の分会会議は特別の事情がない限り当該学校の施設を使用して行われていた、学校施

設を使用する場合と学校外の施設を使用する場合とでは利便性や実効性に相当の差異がある、管理運営上特段の支障が生じる事情はみあたらないこと等を併せ考えると、不許可処分は「不合理で、社会通念上著しく妥当性を欠くものといわざるを得ない」として国家賠償を命じている。

　教研集会のための使用に関する最三判平成18・2・7判時1936号63頁も、次のように述べて、不許可処分を違法と結論づけている。学校施設は、公民館等とは異なり本来学校教育目的で使用すべきものとして設置されているので、目的外使用の許可は原則として管理者の裁量に委ねられている。学校教育上支障があれば使用を許可できない。支障とは、物理的支障に限らず、生徒に精神的悪影響を与え学校の教育方針にもとることになる場合も含まれ、現在の具体的支障だけでなく将来における教育上の支障が生ずるおそれが明白に認められる場合も含まれる。裁量判断は、使用の日時、場所、目的及び態様、使用者の範囲、使用の必要性の程度、許可するにあたっての支障・弊害・影響、代替施設確保の困難性などを総合考慮してなされるものであるが、「その判断が、重要な事実の基礎を欠くか、又は社会通念に照らして著しく妥当性を欠く」場合に限って裁量権の逸脱又は濫用として違法となる。本件不許可処分は、具体的な動きがないにもかかわらず右翼団体による妨害等といった重視すべきでない考慮要素を重視し、他方、過去の教研集会がほとんどすべて学校施設で開催されている、学校施設と他の公共施設とでは利便性に大きな差異がある等といった「当然考慮すべき事項を十分考慮しておらず、その結果、社会通念に照らし著しく妥当性を欠いたもの」となっている。

　最高裁は、妨害行為による危険・集会の政治的性格につき過大考慮、その余につき過小考慮であるとの過大考慮・過小考慮方式をとった。学校施設の目的外使用という、これまで広い裁量が認められてきた分野においても、判断過程審査の枠組を用い、要考慮事項を具体的に検討しつつ積極的に裁量統制を行う姿勢を示した。要考慮事項のチェック等により行政判断過程に対する司法審査の密度を向上させている最近の最高裁判決の一環といえる。

　その後、特別支援学校の教研使用に関する東京地判平成18・8・25判タ

1239号169頁は、上述の平成18年最高裁判決の枠組に従って、案内書面に都の特別支援教育への反対の記載があったことのみを理由として不許可としたものであって、重視すべきでない考慮要素を重視しているうえ、本件教研集会が教育的意義を有していること、備品の備わっている特別支援学校を使用する必要性が高いこと等を考慮の外に置いており、裁量権の逸脱にあたると判断し国家賠償を命じている。二審（東京高判平成19・1・31判タ1263号280頁）も、ほぼ同趣旨の判断を示している。

教研集会の性格について、労働運動としての側面と自主的研修としての側面との二つの側面があることは、最高裁も明言している。すなわち、上述の平成18年最高裁判決は、「労働運動としての側面も強く有するものの……教育現場において日々生起する教育実践上の問題点について、各教師ないし学校単位の研究や取組みの成果が発表、討議の上、集約される一方で、その結果が、教育現場に還元される場ともなっているというのであって、教員らによる自主的研修としての側面をも有している」としている。このような二面性を考慮すれば、学校教育と無関係の一般市民による使用と教研集会とを同じ目的外使用として扱ってよいのであろうかとの疑問が生じる。学校構成員である教職員を主体とする利用申請については、一般市民の利用と比較して、裁量権に制限が課せられるべきであろう。

教組による学校外施設の使用

教組による集会は、学校施設だけでなく、市民会館等の「公の施設」、ホテル等の民間施設を使用しても行われる。「公の施設」の使用については、地方自治法244条が適用され、同条2項は「正当な理由がない限り」使用を拒んではならないとする。鹿児島地判昭和58・10・21訟月30巻4号685頁は、教職員組合主催のミュージカル公演につき、主任制反対運動の一環であることを理由に使用を認めなかったのは、正当な理由なくして公の施設の使用を認めなかったものであって「憲法21条に規定する集会の自由を侵害した違法な行為」である、と判示している（ミュージカル事件では、学校施設の不許可は合法としながら、公民館の不許可は違法とみなし国家賠償を命じている）。

教職員組合の教研集会のための会館等の使用を一旦許可しながら、その後、右翼

団体の妨害による混乱が生じることを理由に、許可を取消すという事件が、かなり生じている。取消処分の執行停止を求めた事件である京都地決平成2・2・20判時1369号94頁は、まず、本件会館は地方自治法244条2項にいう公の施設にあたるから、正当な理由がない限り使用を拒むことはできないとする。そして、集会の自由が憲法のとる民主主義の根幹をなすことに鑑みれば、このような場合、「反対勢力による違法な実力行使を規制し、治安を維持して、集会、言論が平穏裡に行われるようにすることが」国の責務であり、本件取消理由は「正当な理由」にあたらないと述べ、執行停止申立てを認容している。同様の判断を示した決定として、東京高決平成3・1・21判自87号44頁（「それは申立人においてその責めを負うべき筋合いのものではない」）、名古屋地決平成15・1・10判タ1141号160頁（「会合を平穏に行おうとしているのに……使用許可処分を取り消すことができるのは、警察の警備や施設管理者の工夫によっても、なお著しい支障を防止することができないほど特別な事情がある場合に限られる」）等がある。岡山地決平成2・2・19判タ730号74頁も、同様の判断をしているが、その末尾で、「一旦使用を許可した後にこれを取り消す場合には、使用できることを前提に行動した許可申請者の利益を無視することはできないのであるから、その取消処分の違法性の判断も、単なる使用不許可処分の適法性が問題になる場合以上に厳格でなくてはならない」と付言している。これらの判断は妥当といえる。

　民間施設の使用については、右翼団体の妨害のおそれを理由にプリンスホテルが宿泊予約を取消したために、教職員組合の全体集会等が中止に至るという事件が起った。本件は、使用を命じる仮処分命令が裁判所から出されているにもかかわらず、ホテルがそれに従わず使用拒否を継続したという特異な事件であったが、東京地判平成21・7・28判時2051号3頁は、「違法であることは明白であり、かつ、その違法性は著しい」等と述べて、損害賠償請求と謝罪広告掲載請求を認容している。二審（東京高判平成22・11・25判時2107号116頁・確定）も、ホテル側の不法行為を認めたが、賠償額を減額し、謝罪広告は適切な再発防止策ではないとして掲載請求は棄却している。

第3章 教員免許制・任用・服務

第1節 教員免許制

　教員養成は、戦前の師範学校制から、教職課程を置く大学のすべてで教員養成を行うことができる「開放制」に転換された。

1. 免許状の種類

　教員免許状は、都道府県教育委員会から授与される。教員免許状には、普通免許状、特別免許状、臨時免許状の3種類がある。普通免許状は、専修免許状（修士）、一種免許状（学士）、二種免許状（準学士）に区分され、全国で有効である。特別免許状は、優れた知識や技能を有する社会人を教員として迎え入れ学校を活性化し、学校教育を多彩・豊かにすることを目的とし、教育職員検定の合格者に授与される教諭の免許状である。当該都道府県のみで有効である。臨時免許状は、普通免許状を有する者を採用できない場合に、教育職員検定の合格者に授与される助教諭の免許状である。効力は3年間である。また、教員免許状をもたない者が教科やクラブ活動の一部を担当する特別非常勤講師制度が、創設されている（教育職員免許法4条、5条、3条の2）。

2. 免許状の失効と取上げ

　①免許状授与の欠格条件（成年被後見人又は被保佐人、禁錮以上の刑に処せられた者、政府を暴力で破壊することを主張する政党に加入した者等[教育職員免許法5

条〕）に該当するに至ったとき、②公立学校教員が懲戒免職処分を受けたとき、③公立学校教員が分限免職処分を受けたとき（同法10条）、④一定の期限までに免許管理者により更新講習の課程を修了した旨の確認を受けなかったとき（同法平成19年附則2条2項、5項）、免許状は失効する。

　国立・私立学校の教員が、懲戒・分限免職事由に相当する事由で解雇されたときは、免許状を取上げなければならない（教育職員免許法11条1項、2項）。免許状を有する者が故意に法令に違反し、または非行があって、その情状が重いときは、免許状を取上げることができる（同条3項）。免許状取上げに際して「聴聞を行おうとするときは」、その30日前までに、行政手続法の規定による通知をしなければならない（同法12条1項）。審理は当事者から請求があれば「公開により行わなければなら」ず（同条2項）、証人の出席を認めなければならない（同条4項）。利害関係人は聴聞期日までに証拠書類・物を提出することができる（同条3項）。

　免許状の効力が失われた場合、地方公務員としても自動的に失職するか否かが問題となる。肯定説は、失職は教員免許状の失効という事由が発生した時点で公務員としての身分を自動的に失うものであるとする。否定説は、地方公務員としての職を失う旨の規定が地方公務員法にも他の法律にも存在しない以上、免許状が失効した場合に失われるのは教育職員としての地位のみであり、配置転換によって行政職に適職があるかどうかを検討し（困難な場合が多いであろう）、それが不可能な場合に分限免職の手続をとるべきである、とする。

3. 無免許授業

　教育職員免許法は「教育職員は、この法律により授与する各相当の免許状を有する者でなければならない」（3条）、免許状を有しない者を雇用した者及び教育職員となった者は、30万円以下の罰金に処する（22条）と規定しており、無免許授業は、教育職員免許法違反として刑事処罰や行政処分の対象となる。

　生徒との関係については、教育職員免許法は行政法規又は取締法規であり生徒との関係で当然に不法行為が成立するものではないとの私立学校側の主張に

対して、秋田地判平成 9・12・19 判時 1656 号 134 頁は、免許を有する教員による授業が行われるのは当然であるとの認識が一般的であり、授業料を支払っていることからすれば、「適法な資格を有する教師から授業を受けることは、単なる反射的利益にとどまるものではなく、保護されるべき法的利益となっている」として、無免許教員による授業を受けた私立高校の生徒からの慰謝料請求を認容している。

4. 免許更新制

平成 19 年の教育職員免許法及び教育公務員特例法の一部を改正する法律により、以前に授与された免許状も含めてすべての免許状に 10 年間の有効期間が設けられ、免許状更新講習で修了認定を受けねばならないことになった（ただし、校長、副校長、教頭、主幹教諭、指導教諭、表彰を受けた優秀教員等は免除対象者—同法施行規則 61 条の 4）。更新講習は「教員の職務の遂行に必要なものとして文部科学省令で定める事項に関する最新の知識技術を修得させるための課程」であり（教育職員免許法 9 条の 3 第 1 項 1 号）、教育の最新事情に関する事項（12時間）、教科指導、生徒指導その他教育内容の充実に関する事項（18時間）を大学等で開設される更新講習で受講し、修了認定を受けることが必要である。

免許更新制の導入に対しては、更新の可否を判断する客観的指標がつくられず、恣意的に運用される可能性が高く、教員が萎縮する、有効期間を敬遠して教員志望者が減少する、不適格教員は分限免職により排除すれば済むことであるといった危惧が表明されている。

第 2 節　公立学校教員の任用

任用とは、特定の人を特定の職や地位につけることをいい、地方公務員法17 条 1 項は、職員の職に欠員を生じた場合においては、採用、昇任、降任又は転任のいずれか一の方法により、職員を任命することができると定めている。

1. 採 用

(1) 選 考

　一般公務員の場合は原則として競争試験によって行われる（地方公務員法17条3項）が、教育公務員の場合は「選考による」ことになっている（教特法15条）。「選考」とは、職務遂行能力があるかどうかを一定の基準によって判定することであり、競争試験によらなくてもよいとされる。実際には、教員としての適格性を教育長が判断する選考の一手段として、教員採用選考試験が広く行われている。採用選考の基準と手続が問題となる。選考基準の公開は進展してきているが、公開している教育委員会でも、部分公開、抽象的基準の公開にとどまっているところが多い。

(2) 欠格事由

　国公私立学校の教員の欠格事由として、学校教育法9条は、①成年被後見人又は被保佐人、②禁錮以上の刑に処せられた者（一般公務員の場合は、禁錮以上の刑に処せられその執行を終わるまで又はその執行を受けることがなくなるまでの者と規定されており［地方公務員法16条、国家公務員法38条2号］、教員の場合よりも緩やかになっている）、③免許状失効の日から3年を経過しない者、④免許状取上げ処分を受けた日から3年を経過しない者、⑤日本国憲法又はそのもとに成立した政府を暴力で破壊することを主張する政党その他政治団体を結成し、又は加入した者、と定めている。

▎自動失職▎

　公立学校教員は、禁錮以上の刑に処せられた場合、執行猶予つきであっても、条例に特別の定めがある場合を除いて、自動的に失職する（地方公務員法16条2号、28条4項）。交通違反（赤信号進入による交通事故）で執行猶予つきの禁固刑を科せられた結果失職することが憲法13条、14条に違反するとして争われた事件において、一審（高松地判平成9・1・20判タ983号71頁）・二審（高松高判平成10・3・27判タ983号187頁）とも、違憲の主張を斥けた。最高裁（最三判平成12・12・19判時1737号141頁）も、当該規定は公務に対する住民の信頼の確保を目的としており、禁錮以上の刑に処せられたことに対する一般人の感覚に照らせば合理性がある等として、憲法13条、14条に違反しないとしている。しかし、禁錮以上の交通違反がすべて住民の信頼を

失うと言い切れるのであろうか。悪質でない軽微な交通違反にまで適用される限りで、憲法13条違反とされる余地があろう。ちなみに、教育委員会職員の酒気帯び運転に関する大分地判平成9・6・23判時1613号161頁は、公務員としての身分まで失わせることになる刑を科することは酷にすぎるとして罰金刑を選択している（しかし、二審［福岡高判平成10・2・17判時1644号167頁・確定］は、以前にも酒気帯び運転で罰金刑に処せられていること等を理由に、執行猶予つきの懲役刑3月を科している）。

(3) 条件附採用

　条件附採用期間は、一般公務員の場合、6ヶ月とされ、その期間「職務を良好な成績で遂行したときに正式採用になる」（地方公務員法22条1項）が、教育公務員の場合、教特法12条1項により、1年とされている。その趣旨は、判例によれば、「競争試験もしくは選考の方法……がなお職務を遂行する能力を完全に実証するとはいい難いことにかんがみ、試験又は選考により一旦採用された職員の中に不適格者があるときはその排除を容易にし、もって、職員の採用を能力の実証に基づいて行うとの成績主義の原則（地公法15条参照）を貫徹しようとすることにある」（福岡高裁宮崎支判昭和55・5・26判時981号127頁）とされる。

　その法的性格については、判例によれば、「その職に必要な適格性を有するかどうかを検討すべき選択過程の途上にある職員」（千葉地判昭和46・9・20判タ271号241頁）、「条件附期間を良好な勤務成績で経過したときは、あらためて、特別の手続を要することなく、当然に正式採用となる」（高松高判昭和37・11・27行集13巻11号2108頁）とされる。なお、最高裁は、労働事務官に関する事例においてではあるが、「いまだ正式採用に至る過程にあるもの」（最三判昭和49・12・17判時768号103頁）と述べるにとどまっている。

(4) 臨時的任用

　①緊急の場合、②臨時の職に関する場合、③任用候補者名簿がない場合に、6ヶ月を超えない期間で臨時的任用を行うことができ、更新は1回（6ヶ月以内）できる（地方公務員法22条2項）。任用制度の正常な運営を阻害するおそれがあるので、法文上厳格な制限が設けられているが、最近、臨時的任用が増加している。すなわち、臨時的任用職員につき更新を行い、計1年経過した時点で1

日空白期間を設け、その後同様に1年間臨時的任用を行うという形で実質的に常勤化する運用がみられる。本来の趣旨にはそぐわないといえる。

なお、福岡高判平成10・1・30判タ987号178頁は、県採用試験に不合格の者を臨時講師に採用しても違法ではない、採用試験の結果は教育長が行う選考の際の判断資料の一つとされるにすぎないから、試験に合格しなかった者を選考により臨時講師に採用しても、違法の問題は生じないとしている。

(5) 再任用・再雇用

高齢者等の雇用の安定等に関する法律9条に基づき、民間企業での定年後の再雇用が進展してきているが、公立学校の教員についても、地方公務員法28条の4が定める定年退職者の再任用、同法3条3項3号が定める非常勤嘱託員としての定年退職者の再雇用等が進展してきている。

なお、最近、卒業式等で君が代斉唱等の職務命令に従わなかったことを理由とする再任用・再雇用の拒否の合憲性・合法性が、幾つかの事件で争われている（第4章第4節1参照）。

私立学校での期限付き契約

私立学校の場合、明文規定はないが、雇用・解雇権限は学校法人にあると解される。神戸弘陵学園での1年の期限付き契約書につき、一審（神戸地判昭和62・11・5判タ669号143頁）・二審（大阪高判平成元・3・1民集44巻4号713頁）とも、契約は1年の期間満了により当然終了するとしたが、最高裁（最三判平成2・6・5判時1355号148頁）は、当然終了するとの明確な合意が成立している場合を除き、試用期間、解約権留保付き雇用契約と解すべきであり、解約権の行使は、客観的に合理的な理由があり社会通念上相当として是認される場合に許されるとして、差し戻している。

2. 転 任

同一地方公共団体内での異動に加えて、県費負担教職員の他市町村への異動（地教行法40条参照）も「転任」とよばれる。訴訟としては、転任により不利益を被ったとしての取消訴訟と国家賠償請求訴訟が提起されている。なお、最近では、東京都立学校教員公募制人事実施要綱にみられるように、教員公募制を導入する地方公共団体も出てきている。

(1) 勤務内容の変更を伴う転任

　高知地判平成5・3・22判自116号14頁は、高校教諭の社会教育主事への異動は、社会教育と学校教育との交流連携のためであり、裁量権の濫用・逸脱にはあたらないとしている。東京地判平成8・9・19判タ941号164頁は、勤務校の変更のみでなく日本語学級担当から小学校全科担当への変更につき、勤務内容に不利益を伴うものであることは明らかであるが、異動要綱、運用細目に基づき、同一校での長期勤務（本件の場合、14年）解消のために行われたやむをえないものであり、裁量権の逸脱にはあたらないとしている。

(2) 降任を伴う転任

　小学校教頭から中学校教諭への転任につき、岐阜地判昭和41・9・12行集17巻9号987頁は、教頭から教諭になったことは、教頭には管理職手当が支給され、校長になるには教頭を歴任しておかねばならないことから、地方公務員法56条の「不利益」にあたる（なお、通勤時間の増加は公務員の転任に通常伴うもので「不利益」にはあたらない）、職員団体のために正当な行為をしたこと（地方公務員法56条）の故をもって行われた差別的取扱いであるとして、転任を取消している。他方、熊本地判昭和40・1・20行集16巻1号64頁は、教頭が平教諭になる異動は原告以外にもあったので、地方公務員法56条に違反しないとしている。二審（福岡高判昭和42・2・15判例集未登載）は、一審判決が正当とのみ述べる。

(3) 校長の転任

　校長の転任につき、一審（松江地判平成2・3・30労判593号47頁）・二審（広島高裁松江支判平成3・5・31労判593号42頁）とも、国家賠償請求を斥けたが、その際に、二審判決は、校長は教育面を含む学校の対外代表者、校内指導者等として学校運営の管理職的・中核的地位を占めること、転補処分は制度上の地位、待遇に変更を伴わないことに鑑みれば、一般教諭の場合に比して、人事の適正配置を期するためのより広汎な裁量権が肯定される、と述べている。

(4) 職員団体活動の故をもっての転任

　地方公務員法56条は、「職員は、職員団体の構成員であること、職員団体を

結成しようとしたこと、若しくはこれに加入しようとしたこと又は職員団体のために正当な行為をしたことの故をもって不利益な取扱を受けることはない」と規定する。労組役員の転任人事に関する高知地決昭和45・2・12行集21巻2号109頁は、学校の計画的教育活動を過度に阻害し、組合活動を抑制する等、非教育的目的のために行われたもので、裁量権を逸脱したものである等として、執行停止の申立てを認容している。神戸地判平成11・9・30判自232号58頁も、教諭から指導主事ないし指導員への転任処分は不利益処分にあたり、本件転任処分には必要性・合理性が乏しく職員団体活動を嫌悪したもので裁量権を逸脱したものであるとして、転任処分を取消している。二審（大阪高判平成13・10・19判自232号51頁）も、同趣旨の判断を示している。他方、神戸地判昭和34・7・13行集10巻8号1572頁、福岡高裁宮崎支判昭和61・11・10労判492号63頁等の多くの判決は、組合活動を抑制する等の非教育的目的のために実施されたとは認められないとしている。

(5) 思想の故をもっての転任

校長による教員の思想調査書の発見に端を発した赤間小事件・札幌地判昭和46・11・19判時651号22頁・確定は、「僻地、非僻地間の交流を図る等の目標を名目に、当該教員の思想、信条を理由として人事異動を行った場合、その転任処分は思想、信条による差別の面からは憲法14条、19条に、処分の目的の面からは教育基本法の精神にいずれも反するものとして違法といわざるをえない」として、転任処分を取消している。本件の場合、校長が行っていた思想調査の書面が偶然発見されたため、思想差別と認定されたが、多くの場合は、そのような証拠は抹消されてしまっており、思想差別を正面から立証することは困難である。そこで、この問題については、合理的な人事というるための基準を定立し、当該人事がその基準からみて不合理とはいえないか否かを問う——たとえば、平等取扱の原則（地方公務員法13条）に反している、行政上の必要性を欠いている、社会通念上著しく妥当性を欠いているかを問うとか、当該転任を行う必要性（一般的必要性）とその転任を当該教員に命じる必要性（個別的必要性）の両者を満たしているかを問う——アプローチをとり、結果的に思想

差別の立証につなげていく手法が有用であろう（この手法は、職員団体活動の故をもっての転任の場合にも、同じく有用であろう）。

▶同和教育と転任

　吹田市立第二中学校において、同和教育のあり方を巡って、部落解放同盟と一部教員とが対立し、同盟員が多数学校におしかける等し、同校が混乱状態に陥った。市教委は、混乱を防止するため、それらの教員を吹田市内の他の中学校に転任させる処分を行った。そこで、それらの教員が転任処分の取消しを求めて出訴した。一審（大阪地判昭和 51・6・21 判時 823 号 30 頁）は、解放同盟の行動の評価にあたっては「同和地区のおかれた歴史的社会的背景からこれを考察する必要がある」としたうえで、「本件転任処分は最善の方法として積極的に妥当なものといえないまでも、次善の方法としてやむをえない処置というべき」であるとして、本件転任処分を合法とみなした。その際に、憲法 19 条、14 条 1 項違反の主張については、各自の言動そのもののみを理由としてなされたのなら同条違反といえようが、混乱収拾、再発防止のためになされたのであるから同条違反とはいえない、としている。二審（大阪高判昭和 55・3・26 判時 969 号 114 頁）は、解放同盟支部長の推薦をうけて採用されながらその後解放同盟と対立するに至った一名の教員については転任処分を適法とみなしたが、それ以外の教員については、「勤務場所、勤務内容について不利益があるとは認められない」が、年度途中という「異例の転任処分は控訴人らが大混乱の責任者であり、吹田二中での教育につき不適格者であることを示すものと解され」「したがって本件転任処分は控訴人らの名誉を著しく傷つけるものであるから、転任処分の内容が不利益とならなくても、転任処分をなしたこと自体が不利益処分となる」として、転任処分を違法とみなした。最高裁（最一判昭和 61・10・23 判時 1219 号 127 頁）は、「勤務場所、勤務内容等においてなんらの不利益を伴うものでない」ときは、他に特段の事情がない限り、転任処分の「取消しを求める法律上の利益を肯認することはできない」として、二審判決を破棄している。名誉侵害については、事実上の不利益であって、本件転任の直接の法的効果ということはできないので、国家賠償法に基づく損害賠償請求によるべきである、としている。

(6)　個人的事情と転任

　転任処分が不利益処分にあたるか否かを判断するに際して、家庭等の個人的事情を考慮すべきか否か、考慮すべきならば、どの程度どのように考慮すべきかが、問題となる。この点が争点の一つとなった東京高判昭和 36・11・14 行

集12巻11号2303頁は、「地方公務員たる公立学校の教員としての控訴人の地位を標準として考察すべきであって、公務員たる立場と関係のない個人的な事情をみだりに導入すべきではない」としたうえで、本件での個人的事情、すなわち、自宅から通勤できなくなること、自己所有の農地を管理耕作できなくなること、病父を看護できなくなることから生じる不利益については、公務員たる立場上受忍すべきであるとして、取消請求を斥けている。

(7) 異動実施要綱違反

多くの地方公共団体では、「東京都立高等学校教員の定期異動実施要綱」のような要綱を定めて、転任の公平性、客観性を担保しようとしている。そこにおいては、同一校での標準的勤務年数、通勤可能時間の上限、対象除外者（出産・育児休業中の者）等が定められている。東京地判平成17・10・31判時1930号158頁は、異動実施要綱に「定める基準に合致しない転任処分は、特段の事情のない限り、裁量権の逸脱があるものと推認され」るとの基準を提示したうえで、本件には、過員解消のための転任であり、家庭科教員の配置を希望する学校は数校しかなかったとの特段の事情があるとしている。東京地判平成8・9・19判タ941号164頁は、転任処分は教育委員会の裁量に委ねられているが、異動要綱、運用細目の趣旨を逸脱し、あるいはこれと同視しうる重大な手続違背が存する場合には裁量濫用となるとの基準を提示したうえで、本件転任は異動要綱、運用細目に基づき、同一校での長期勤務解消のために行われたやむをえないものであって、裁量権の逸脱はないとしている。

(8) 手続的保護

公立中学校間での転任処分に関する東京地判平成17・10・31判時1930号158頁は、告知・聴聞を規定する行政手続法は適用されず、また、「任命権者は、職員に対し、懲戒その他その意に反すると認める不利益な処分を行う場合においては、その際、その職員に対し処分の事由を記載した説明書を交付しなければならない」と規定する地方公務員法49条1項は、転任処分それ自体は不利益を課する処分ではないので適用されない、としている。二審（東京高判平成18・6・21判タ1274号138頁）も、ほぼ同趣旨の判断を示している。

傷病（うつ病）教員の転任に関する鳥取地判平成16・3・30労判877号74頁・確定は、傷病者を配転しようとする場合、その者の健康状態についてより慎重に判断すべき義務（配慮義務）を負うとしたうえで、本人の意思を十分に確認せず、医者の意見を聴取することなく行った配転と病状悪化とに因果関係があるとして、県と市に賠償を命じている。

▶ 私立学校での配置転換

私立高校の数学科教諭の事務職員への配置転換につき、東京地判平成19・2・23判タ1272号177頁・確定は、就業規則上職種の変更を拒みえないとの定めがあるが、「教員という職業は高度の専門性を有するものであり、教員として労働契約を締結した原告に対して事務職員への配置転換を命ずることは、解雇にも匹敵するほどの重大な処分であるから、これを行うためには、解雇にも匹敵するほどの高度の必要性がある場合であって、かつ適正な手続を経た場合でなければならない」との原則を示したうえで、「解雇に匹敵するほどの高度の必要性があるとはいえないばかりか……指導したり処分を課したりして改善を促すなど……適正な手続も経ていない」として、配置転換命令を無効としている。資格を前提とし職種が限定されている場合は職種変更は一方的命令によってはなしえないとの一般民間企業での判例法理にのっとった判旨といえる。

同一学校法人が経営する学校間（姉妹校間）での配置転換に関する静岡地判昭和56・6・23労判371号43頁は、労働契約で勤務場所についての合意がなされていない限り、使用者は裁量で勤務場所を決定でき、特に私学においては、建学の精神に基づく教育を行うためにいかなる配転を行うかは原則として学校の裁量に任せられており、明らかに教育効果を著しく阻害するような場合に限り裁量権の濫用となるとして、配転を有効とみなしている。

第3節　公立学校教員の評価

1. 勤務評定

「任命権者は、職員の執務について定期的に勤務成績の評定を行い、その評定の結果に応じた措置を講じなければならない」（地方公務員法40条1項）。ただし、県費負担教職員の勤務成績の評定は、任命権者は都道府県教育委員会であるが、

服務の監督は市町村教育委員会が行うため、「都道府県委員会の計画の下に、市町村委員会が行う」（地教行法46条）。

これらを根拠条文として、勤務評定が、昭和32年の愛媛県での実施を皮切りとして、昭和33年より全国に拡がっていった。勤務評定への反対闘争の過程で、いわゆる「勤評裁判」が生じている。「勤評裁判」は、①勤務評定反対の争議行為、②校長の勤務評定提出拒否、③勤務評定への「自己観察」記入をめぐって争われた。①としては、都教組事件・最大判昭和44・4・2判時550号21頁をはじめとして、多くの判決が、③としては、長野勤評事件（長野地判昭和39・6・2判時374号8頁・東京高判昭和41・2・7判時445号25頁・最一判昭和47・11・30判時689号14頁）が出されているが、勤務評定そのものの合法性を正面から判断したものではなかった。②としては、伊藤校長勤評提出命令事件・東京地判昭和47・3・24判時661号8頁が初めて、勤務評定の合法性を正面から肯定し、校長の提出義務を認め、提出を拒否した校長に対する懲戒免職処分を有効とみなした。その際に、教育基本法（旧）10条違反の主張に対しては、勤務評定は「教職員の勤務実績並びに執務に関連して見られた性格、能力及び適性を評定し、これを記録することにすぎないし、評定の結果たる記録は人事管理上の資料の一つであるにとどまるものであるから……本件勤務評定規則自体がただちに職員の権利・利益を侵害する筋合のものでない」等と述べ斥けている。二審（東京高判昭和49・5・8行集25巻5号373頁）も、一審判決を支持するに際して、「教員の勤務成績の評定は、教員の教育活動を観察、評定の対象とするものであっても、これにより教育行政が教員の教育活動に直接介入するものとはいえないが、それが被評定者を心理的に拘束し、ひいてはその教育活動に間接的に影響を及ぼす可能性のあることも考えられ、従って教職員の勤務成績の評定の内容、方法如何によっては、行政権の限界を超え、教育基本法（旧）10条の精神に反することもありうる」が、本件評定の内容、方法が「客観的明白に法令に違反するものとは認められない」と述べている。最高裁（最三判昭和53・11・14判タ375号73頁）も、「正当として是認することができ」ると簡単に原審の判断を支持している。

2. 新人事考課制度

　従来の勤務評定は、校長の観察内容による評定であって、自己申告・自己評価、教頭等の意見を聞く、評定結果を本人に告知するといった制度とはなっておらず、昇給・昇格に反映されない運用がなされ、形骸化していったが、最近、新しい人事考課制度が地方公共団体に導入されてきている。その皮切りとなった平成12年施行の東京都新教員人事考課制度は、①自己申告制度、②業績評価制度、③人事管理制度から構成される。すなわち、自己申告は、校長が定める学校経営方針を踏まえて職員自らが職務上の目標を設定し、その目標についての達成状況について自己評価するものである。業績評価は、職員の職務遂行上の能力及び情意並びに職務の実績を評価するものである（東京都立学校教育職員の人事考課に関する規則2条）。業績評価は、絶対評価と相対評価により行われ（同規則9条）、絶対評価は、職員の指導育成に活用するために第一次評価者（教頭）と第二次評価者（校長）によって、相対評価は、職員の業績を当該職員の給与、昇進その他の人事管理に適切に反映させるために教育長によって行われる（同規則10条、11条）。業績評価の評価者は、自己申告書を参考にして、職員の業績を公正に評価する（同規則12条）。教育長は、人事管理上支障がないと認めた場合において、評価結果を本人に開示し（同規則15条2項）、開示された評価結果に関する被評価者からの苦情について適切な措置を講ずるものとする（同規則15条3項）。東京都では業績評価が定期昇給に結びつけられている。おおむね、絶対評価のAとBで6ヶ月または3ヶ月短縮の可能性があり、Dでは3ヶ月延伸となる。

　類似の制度は、鳥取県、愛媛県、高知県、兵庫県等でも導入されていっているが、香川県では、評価者である校長を評価対象者である教員が評価する「校長評価」（校長の管理・統率力、指導育成力、職務遂行能力を五段階評価）を行っている。

　自己申告票の提出等を内容とする大阪府教職員評価育成システムの違法性・違憲性が争われた事件において、大阪地判平成20・12・25判タ1302号116頁は、勤務評定制度の内容をどのようなものにするかは、教育委員会の裁量に委

ねられており、その裁量権の濫用・逸脱があった場合にのみ当該制度は違法になるとする。そして、①学級崩壊・指導力不足教員等といった現状からすれば、教員の資質能力の向上、学校の活性化等を図ることができる制度として、本件システムを導入する必要性は高かった、②被評価者は結果を開示され苦情申立てができる等にみられるように、評価の適正性、公正性、透明性を図ろうとしておりシステムの内容は合理的である、③年功序列的な給与体系を改め、真摯に職務を行っている教職員に適正な給与上の処遇をすることによって、組織の活性化を図ろうとするもので、システムの目的も合理的である、等の点から裁量権の濫用・逸脱はないと結論づけている（憲法23条、26条、19条等違反の主張も斥けている）。

　教員だけでなく国家も公教育に責任を負っているので、国家が教員を評価すること自体が違憲、違法になるわけではない。恣意的な評価により不利益が発生した場合に、違憲、違法となるにとどまる。評価が恣意的にならないためには、事前に客観的で公正な評価基準を公表したうえで、場合によっては評価結果を本人に開示し、不服申立てを認めることが、必要となろう。

ILO・ユネスコ「教員の地位に関する勧告」

　同勧告は、「教員の仕事についての直接評価が必要とされる場合、その評価は客観的なものとし、かつ、当該教員に知らされるものとする。教員は、不当と考える評価に対して不服を申し立てる権利を有するものとする」（64条）、「教員の職務遂行に関する職業上の基準は、教員団体の参加の下に定められ維持されるものとする」（71条）、「給与決定を目的としたいかなる勤務評定制度も、関係教員団体との事前協議およびその承認なしに採用し、あるいは適用されてはならない」（124条）としている。

人事評価関連文書の公開・本人開示

　一方では、人事評価の公正を担保し、親・住民の関心を高め学校運営への参加を促すために、情報公開条例・個人情報保護条例に基づく公開・本人開示が必要であると主張される。しかし他方では、記述の形骸化が問題となる。実際、大阪地判平成19・3・27判自294号35頁は、校長が作成する教職員の評価・育成シート、教職員が作成する自己申告表の非公開を、記述の形骸化のおそれを理由に支持している。二審（大阪高判平成20・10・30判例集未登載）は、評価・育成シートのうち「次年度に向けた課題」「今後の育成方針」等の公開を認めた。最高裁（最一判平成22・2・25判

時2084号3頁）は、一審と同様、教職員の評価・育成シート、自己申告表の非公開を、記述の形骸化のおそれを理由に支持している。大阪地判平成17・3・15判自276号84頁・確定は、人事異動関連文書のうちの校長所見の非開示につき、本人に開示すれば「意見ないし評価を率直に記載することを差し控え」るようになると述べ、記述の形骸化を理由に、非開示を適法とみなしている。また、校長への評価に関する事例であるが、大阪地判平成19・6・29判タ1262号201頁も、自己申告票、面談個票、評価・育成シートの非公開を、記述の形骸化のおそれを理由に支持している（二審の大阪高判平成20・3・6判例集未登載もほぼ同趣旨）。この問題については、対象文書ごとの個別・具体的検討が必要であり、公開・開示が妥当な場合も生じうるであろう。たとえば、校長による自己申告票記載の学校経営のビジョン、当該年度の学校教育目標等は、記述の形骸化のおそれは少なく、また、目標と結果との対比によって地域社会の中で検証されるべきものであるので、公開されるべきであろう。また、数値等による段階評価の場合には、記載せざるをえないのであるから、記載すべきことを記載しないという意味での形骸化は生じない。それ故、数値化された段階評価は本人に開示されるべきであろう。

3. 「不適切」教員

　平成13年の地教行法改正により、都道府県教育委員会が、生徒への指導が不適切で研修等によっても効果がない県費負担教職員を免職し、都道府県の教員以外の常勤職に採用できることとされた（47条の2第1項）。この「不適切」教員の「異動」制度に対しては、「不適切」教員であるということは、地方公務員法28条1項3号に規定されている分限免職の要件「職に必要な適格性を欠く場合」を満たすことにもつながるので、改正によって生じたのは、教員の雇用の保障ではなく、「分限免職」という排除のプロセスの作動が容易になったことである、等の批判がだされていた。

　更に、平成19年の教特法改正により、生徒に対する「指導が不適切である」（25条の2第1項1号）教員に対する「指導改善研修」制度（研修期間を定め、改善の程度に関する認定を行い［25条の2］、研修後「改善が不十分でなお児童等に対する指導を適切に行うことができないと認める」ときは「免職その他必要な措置」［25条の3］をとる）を設けた。指導改善研修後の処遇としては、①職場に復帰、②

研修の継続（研修の期間は1年以内であるが、特に必要がある場合は、1年以内で延長できる[25条の2第2項]）、③行政職への異動、④分限免職、⑤自主退職のいずれかになる。

また、平成19年に成立した教育職員免許法及び教育公務員特例法の一部を改正する法律9条の3第4項は、指導改善研修を「命ぜられた者は、その指導改善研修が終了するまでの間は、免許状更新講習を受けることができない」とした。

「不適切」教員については、「不適切」教員の定義、判定者を含む判定手続が問題となろう。教特法は、不適切教員の認定にあたっては「教育委員会規則で定めるところにより、教育学、医学、心理学」その他の専門家、及び「区域内に居住する保護者」の「意見を聴かなければならない」(25条の2第5項)、そのほかの「認定の手続に関し必要な事項は、教育委員会規則で定める」(25条の2第6項)と規定している。

平成19・7・31文科初第541号事務次官通知は、「不適切」教員として、①教科に関する専門的知識、技術等が不足し、学習指導が適切でない、②指導方法が不適切で、学習指導が適切でない、③生徒の心を理解する能力や意欲に欠け、学級経営や生徒指導が適切でない場合をあげている。判定手続については、①判定委員会の設置、②精神疾患等が係わっている場合は精神科医等の意見聴取、③必要に応じ校長などからの授業状況の報告、④必要に応じ本人の意見陳述の機会の提供、等をあげている。また、「本人から書面又は口頭により意見を聴取する機会を設けること」を教育委員会規則に規定すること、としている。

47都道府県17指定都市教育委員会への文部科学省調査によれば、平成19年4月1日現在で、「不適切教員」の定義、判定委員会、本人からの意見聴取手続は、（平成19年度から指定都市となり現在整備中である新潟市・浜松市を除く）すべての教育委員会で設けられている。判定委員会の構成は、25教育委員会で外部委員として、医師、弁護士、有識者、保護者が、27教育委員会で外部委員として、医師、弁護士、有識者が、構成員となっている。6教育委員会では、外部委員が構成員に含まれていない。判定基準を設けている教育委員会が55、

今後設ける予定の教育委員会が4、未定が1となっている。

　「不適切」教員への2年間の研修命令につき、仙台地判平成18・3・28判例集未登載は、研修命令の究極の目的は当該教員からの教育を受ける立場にある子どもの学習する権利を擁護し、教育の機会均等を実現することにあるので、教員の教育内容に必要かつ合理的な限度で介入することは、憲法26条、教育基本法（旧）10条に違反するものではないとしている。また、適正手続（憲法31条）違反の主張に対しても、「事前の告知、弁解、防御の機会を与えるかどうかは、行政処分により制限を受ける権利利益の内容、性質、制限の程度、行政処分により達成しようとする公益の内容、程度、緊急性等を総合較量して決定されるべきものであって、常に必ずそのような機会を与えることを必要とするものではない」（成田新法事件・最大判平成4・7・1判時1425号45頁）との枠組に基づき、研修命令が教員としての身分・給与それ自体に影響を与えるものではないのに対して、研修目的は上述のような公益性と緊急性を有するので、告知、弁解の規定がなくても、憲法31条に違反するものではないとしている。

　地方公務員法28条1項3号に基づく「不適切」教員の分限免職処分につき、岡山地判平成21・1・27労判981号170頁は、公立学校教員は、教員たる地位と地方公務員たる地位とを併有しており、地教行法47条の2第1項各号に該当する場合には、教員としての適格性を欠くこととなり、一般職への「転任」が許容されるが、免職とするためには、転任可能な他の職についての適格性をも検討することが必要である、しかるに、本件ではその点の検討をしておらず、考慮すべき事項を考慮せず、裁量権の濫用にあたるとして、分限免職処分を取消している。二審（広島高裁岡山支判平成21・12・24公判速報396号28頁）は、教員に必要な適格性を欠くとはいえず、また、地方公務員としての職に必要な適格性を欠くとはいえないとして、控訴を棄却している。最高裁（最三決平成22・9・21判例集未登載）は、上告不受理の決定を行っている。

第4節　公立学校教員の研修

　一般の地方公務員については、地方公務員法39条が「職員には、その勤務能率の発揮及び増進のために、研修を受ける機会が与えられなければならない」(1項)、「前項の研修は、任命権者が行うものとする」(2項) と規定している。それに対して、教育公務員については、教特法21条が「教育公務員は、その職責を遂行するために、絶えず研究と修養に努めなければならない」(1項)、任命権者は研修計画を樹立し、その実施に努めなければならない (2項)、同法22条が「教育公務員には、研修を受ける機会が与えられなければならない」(1項)、「教員は、授業に支障のない限り、本属長の承認を受けて、勤務場所を離れて研修を受けることができる」(2項)、「教育公務員は、任命権者の定めるところにより、現職のままで、長期にわたる研修を受けることができる」(3項)と規定している。

　研修には、行政・任命権者が計画・実施する行政研修と、個々の教員・教員集団が自主的に計画・実施する自主研修とがある。行政研修としては、初任者研修 (教特法23条)、10年経験者研修 (同法24条)、指導改善研修 (同法25条の2、3) 等がある。自主研修としては、民間団体主宰の研究会、学会、教研集会等がある。

　なお、私立学校や国立大学法人附属校の教員には、教特法は適用されないが、「教員については……研修の充実が図られなければならない」とする教育基本法9条2項は適用される。

1.　行政研修

　行政研修は職務そのものとして行う研修であるので、公務出張として旅費が支給され、研修中の事故は公務災害として認定される。県費負担教職員の研修は、都道府県教育委員会だけでなく市町村教育委員会もなしうる (地教行法45条1項)。市町村教育委員会は、都道府県教育委員会が行う県費負担教職員の研

修に協力しなければならない（同法45条2項）。

(1) 発令権者

行政研修の発令権者について、広島地判昭和 61・11・19 労判 492 号 52 頁は、校長は「所属職員を監督する」権限（学校教育法[旧]28条3項[現]37条4項）の行使として、教諭に職務命令として研修を命じることができるが、研修のために勤務場所が変わり、かつ長期間にわたる場合には、「児童の教育をつかさどる」（学校教育法[旧]28条2項[現]37条11項）という職務内容が著しく変更されることになるから、発令権限は、地教行法 23 条 8 号（「校長、教員その他の教育関係職員の研修に関すること」を教育委員会が管理、執行する）等に照らして教育委員会にあるとしている。

(2) 研修命令の限界

教育法学説上、教員の研修の自主性を尊重する必要性を強調して研修を強制できないとする見解が有力である。しかし、教特法が研修の権利と義務を定めているのは、究極的には生徒の教育を受ける権利の充足のためであるので、「不適切」教員の場合等、研修を強制せねばならない場合はありうる。判例も教育法有力学説のような立場をとっていない。たとえば、仙台地判平成 18・3・28 判例集未登載は、「研修を命ずるに当たっては、当該教員の教育内容にある程度介入せざるを得ない場合もあり得よう。しかし、普通教育を受ける年代の子どもにとって、普通教育に充てられる時間は、可塑性に富み、様々な事象に対する関心を広げ、自己の能力を開発するのに最も適した、その子どもの人生の中でも限られた貴重な時間である。このような貴重な時間を、教育指導力の不足した教員によって失うことがあるとすれば、その子どもにとってこれによる損失は計りしれない」と述べている。東京地判昭和 55・1・29 判時 971 号 114 頁は、「研修効果を高めるために本人の意向を徴することが望ましい場合もありうるが、このようなことから、直ちに任命権者は本人の同意がない限り職務命令として研修を命ずることができないと解することは相当でない」としている。

もっとも、研修命令が裁量権の濫用・逸脱にあたる場合には違法となるので、

判例上その点の判断がなされている。たとえば、1年間の長期研修命令の取消が求められた事件において、仙台地判平成15・2・17判タ1148号204頁・確定は、学校の現場を離れて長期にわたり研修を命じる場合には、不利益の程度も大きいから、研修の必要性がないことが明らかである場合や、研修の目的に照らしてその実施内容が著しく不相当である場合には、裁量権の濫用・逸脱にあたり違法になるが、本件ではそのような事情はないとして請求を棄却している。手続違反の主張については、研修目的を告知し自覚を促したうえで研修を行い効果を高めるという観点からは配慮に欠ける面があったが、研修を命じる際に研修理由の詳細な説明がなかったからといって手続的適正を欠くとまではいうことはできない、命令の性質や不利益の程度等に鑑みれば事前に弁明の機会を与えなかっても、その当否はともかく違法とまではいえないと述べ斥けている。松江地判昭和44・3・5判時574号74頁は、研修命令が「社会観念上明らかに合理性を欠いている場合、例えば、行政目的に妥当する処分理由を欠いているような場合は裁量権の範囲を逸脱したものとして違法性を帯びる」との基準を設定したうえで、真の理由は上司にとってけむたい存在であり、他校での受け入れ先もないことから、特殊教育振興に名を借りて、養護教育の研修を命じたものであり、裁量権を濫用した違法な処分であるとして、研修命令を取消し、国家賠償を命じている。

　また、教員の内心の思想まで統制しようとする研修は、内心の思想の自由を絶対的に保障している憲法19条、および、研修の目的を「勤務能率の発揮及び増進」と定める地方公務員法39条1項に違反するといえる。教職員組合の役員選挙に立候補した際に配布した「あいさつ状」が差別文書であるとして紛争が生じ、配布した教員等に市教育委員会より、同和教育の推進への意欲をもたせるためとして研修命令と転任処分がなされた矢田中事件において、一審（大阪地判昭和54・10・30判時963号111頁）は、「命令研修は本来教職員が通常修得しておかなければならない児童生徒の心理、学習展開の方法などに関する基本的な教育技術、知識が欠けている場合に行われるべきもの」であるが、本件処分の「真の目的は原告らの意識を変革させてあいさつ状を差別文書と認める

ことにあった」と認定する。そして、本件処分は、その「本来的目的を欠き、教職員の思想、信条の自由、内心の自由を侵」す恣意的なものであり違法であるとしている。二審（大阪高判昭和 55・12・16 労判 484 号 18 頁）・最高裁（最一判昭和 61・10・16 判自 36 号 15 頁）とも、一審判決と同様の判断を示している。君が代斉唱時に起立しなかったために戒告処分や減給処分を受けた教員が、服務事故再発防止研修を受けるよう命じられるという事件において、研修命令の効力停止に関する一審（東京地決平成 16・7・23 判時 1871 号 142 頁）は、研修の具体的内容が明らかではない現段階では「回復困難な損害の発生を回避するために緊急の必要があるときに該当するものと認めることはできない」として訴えを斥けたが、その際に、研修を命じそこで指導をなしうるが、「それは、あくまでも公務員としての職務行為の遂行に必要な範囲内のものに限定して許されるものであり、個人的な内心の自由に不当に干渉するものであってはなら」ず、「自己の思想、信条に反すると表明する者に対して、何度も繰り返し同一内容の研修を受けさせ、自己の非を認めさせようとするなど、公務員個人の内心の自由に踏み込み、著しい精神的苦痛を与える程度に至るものであれば、……合理的に許容されている範囲を超えるものとして違憲違法の問題を生じる可能性がある」としている。

2. 自主研修

　校長の承認を得ての勤務時間内の自主研修の性格について、自主的職務研修説と職務専念義務免除研修説とがみられる。自主的職務研修説は、校外で行われるものであっても、職務に属する教育研究活動であるから、校務出張として扱われ旅費の支給がなされ、研修中の事故は公務災害として扱われるべきとする。義務免除研修説は、職務命令によらない自主的研修を職務行為そのものと解することはできないので、旅費の支給はなされず、研修中の事故は公務災害としては扱われないとする。なお、校長の承認が得られない場合は、年次有給休暇を取得して、もしくは勤務時間外に、自主研修に参加することになる。

(1) 校長の承認

　教育法学説の多くは、教特法22条2項は、授業に支障がない限り勤務時間内の自主研修を職務として行う具体的権利を保障したものであって「授業への支障」つまり本務への支障の有無を学校として確認するための裁量の余地のない行為（覊束行為）であるとして、授業に支障があるか否かという一点だけを要件とする確認的な覊束行為であるとみなしている。

　しかし、ほとんどの下級審は、授業への支障だけで判断するのではなく、授業を含む校務全般についての支障の有無、程度、当該研修の目的、内容を総合考慮して、承認すべきか否かを決すべきであり、この判断は本属長の裁量に委ねられていると解したうえで、裁量権の濫用・逸脱の有無を判断している。たとえば、名古屋地判平成14・5・22判タ1116号167頁・確定は、授業に支障がない場合に限らず「研修の内容、場所等に照らして当該研修が職務に関連し、教員の資質、人格の向上に寄与するものであるか否かの見地、さらには、研修を承認した場合に生じる校務運営上の支障の有無、程度等を総合的に考慮してその許否を決すべきであり、その判断は学校長の一定の裁量に委ねられている」、授業に支障がない限り研修は承認されるべきとの原告の主張は採用できない、校長が半日単位の研修では実効性に乏しいとして承認しなくても裁量濫用・逸脱にはならないとしている。札幌地判平成2・12・26労判578号40頁は、①研修期間内に授業が予定されている場合、②研修による欠務が授業準備や授業と密接に関連する教育課程の編成・指導計画の作成への参画に差し仕えを来し、または、欠務ないし研修への参加そのものが教員と生徒との人格的触れ合いに影響を及ぼす場合以外は、特段の事由のない限り承認を拒絶できないとし、一部教員への不承認を違法とみなしている。また、海外自主研修の場合、山形地判昭和59・8・27判タ554号285頁は、担当教科との関連性を重視し、国語担当教員の海外語学研修を研修とは認めていない。

　この問題を判断した最初の最高裁判決である最判平成5・11・2判時1518号125頁は、「研修予定日に実施される定期考査やその他の校務の円滑な執行に支障が生じるおそれがないとはいえない上、本件各研修を各研修予定日の勤務

時間内に勤務場所を離れて行うべき特別の必要性があったとも認め難い」と述べ、下級審の大勢と同じ解釈を前提としている。

この問題については、校長側がまず、不承認の具体的理由を提示することを前提としたうえで、授業を含む校務全般への支障の有無、当該教員が参加する研修と職務との関連性等を、個別的に判断すべきであろう。

(2) 教研集会

ほとんどの下級審は、教研集会が自主研修としての側面と組合活動としての側面という両方の側面を有していることを認めている（札幌高判昭和52・2・10判時865号97頁、札幌地判平成2・12・26労判578号40頁等）。最高裁（最三判平成18・2・7判時1936号63頁）も、学校施設の使用にかかる事件であるが、教研集会は労働運動としての側面も強く有するものの、教員らによる自主研修としての側面をも有しているとしている（第2章第6節2(2)参照）。それらの中で、平成2年札幌地裁判決は、「一面教員の自主的研修の場たる意義を有するとともに、他面、教職員組合の実践活動としての面を有している」ので、組合活動の面を有していることのみでは、承認しない理由とはなしえないとし、校務運営に支障が生じないにもかかわらず不承認とすることは違法であるとしている。両方の側面を有する以上、教研集会であることのみを理由に不承認とすることは、平成2年札幌地裁判決が判示するように、教特法22条2項違反といえよう。授業を含む校務全般への支障の有無、当該教員が参加する分科会と職務との関連性等を、総合的に判断すべきであろう。もっとも、実際には、1960年ごろまでは、教研集会への参加も校務出張として認められていたが、その後、職務義務免除扱い、そして最近では、年休扱いへと後退してきている。

第5節　公立学校教員の勤務条件

公立学校教員の給与その他の勤務条件は、一般地方公務員の場合と同一であることが多いが、他方で、一般地方公務員とは異なり、学校教育の水準の維持向上のための義務教育諸学校の教育職員の人材確保に関する特別措置法（人材

確保法）に基づく義務教育諸学校特別手当と、公立の義務教育諸学校等の教育職員の給与等に関する特別措置法（給特法）に基づく教職調整額とが設けられている。

1. 給　与

人材確保法3条は、「義務教育諸学校の教育職員の給与については、一般の公務員の給与水準に比較して必要な優遇措置が講じられなければならない」と定める。同法に基づき、昭和49年から53年までに、教員給与の計画的改善が行われた。

なお、公立学校の教員の給与については、国立学校準拠制がとられてきた（教特法[旧]25条の5）が、平成16年の国立大学の法人化以降、同条が削除され、都道府県が主体的に定めることができるようになった（同法13条）。今後、都道府県間での格差が生じてくることもありうる。

私立学校教員の給与

私立学校の中には、人事院勧告に準拠して給与や手当を決定するところが少なくない。人事院は長い間増額を勧告し続けてきたが、平成14年に初めて減額を勧告した。そのため、人事院勧告に準拠しての私立学校の期末手当の遡及的引き下げの合法性が争われた。一審（福岡地判平成16・12・22労判902号88頁）は合法、二審（福岡高判平成17・8・2労判902号81頁）は違法との判断を示した。最高裁（最三判平成19・12・18判時1996号137頁）は、給与の増額の場合にのみ遡及的調整が行われ、減額の場合にこれが許されないとするのでは衡平を失する等と述べ、合法と結論づけている。

国立大学附属校教員の給与

平成16年の国立大学法人化に伴って、国立大学附属の教職員は、別に辞令を発せられない限り、国家公務員としての身分を失い、法人職員としての身分を有することになる（国立大学法人法附則4条）ので、給与は各法人ごとに決定される。

2. 超過勤務手当

給特法は、「教育職員の職務と勤務態様の特殊性に基づき」（1条）、公立小・中・高等学校・中等教育学校・特別支援学校・幼稚園の教員については「時間

外勤務手当及び休日勤務手当は、支給しない」とし、その代償として校長、副校長、教頭を除く教員へ給料月額の百分の四を基準として、条例で定めるところにより、教職調整額を支給しなければならず（2条1項、3条1項、2項）、①校外実習等の生徒の実習、②修学旅行等の学校行事、③職員会議、④非常災害等のやむを得ない場合に必要な業務を臨時又は緊急にやむを得ず行う場合を除き（公立の義務教育諸学校等の教育職員を正規の勤務時間を超えて勤務させる場合等の基準を定める政令）、時間外勤務を命じないこととした。

　しかし、実際には、長期間の時間外勤務が行われることも少なくない。そのため、実際の時間外勤務について、上述の限定4項目以外の時間外労働が存在した場合は、事前に三六協定を締結する必要があり、時間外労働に対しては25％以上、休日労働に対しては35％以上の割増賃金が支払われなければならないとして、手当の支給を求める訴訟が提起されている。

　仕事の自発性・創造性の必要性、夏休み等の長期の休業期間の存在等といった教員の特殊性を強調して給特法は教員への超勤手当の支給を一切否定したと解して請求を棄却する判決（札幌地判平成16・7・29判例集未登載）も存するが、多くは、超勤手当が支給される場合を極端に限定し、当該事案はそのような場合にあたらないとする。たとえば、名古屋地判昭和63・1・29判時1286号46頁・確定、東京地判平成17・1・13判時1186号122頁等は、原則として超過勤務手当は支払われないが、当該教職員の自由意志を極めて強く拘束するなど、給特法が超過勤務を命じ得る場合を限定した趣旨を没却するような場合には例外的に支給されねばならないが、本件は例外的な場合にあたらないとしている。措置要求の対象となるかが争われた事例であるが、最高裁（最三判平成10・9・8判自181号57頁）も、本件の場合には手当を支給する余地はないとするが、「一切例外が認められないかどうかはともかくとして」と述べており、例外を認める余地を残している。

　なお、最近新たな手法をとる判決が現れている。すなわち、京都地判平成20・4・23労判961号13頁・大阪高判平成21・10・1労判993号25頁は、従来の判例の枠組に従って、時間外勤務手当の請求を斥けているが、設置者は勤

務が加重になり健康を害することがないように管理する義務があったにもかかわらず必要な措置を採らなかった点で安全配慮義務に違反しているとして、精神的苦痛への慰謝料としてそれぞれ55万円、50万円の国家賠償を命じている（もっとも、最三判平成23・7・12判例集未登載は、健康状態の悪化を校長が認識・予見するのは困難であったとして、原審の賠償認容部分を取消している）。

第6節　公立学校教員の服務

　公立学校教員の義務としては、職務上の義務と身分上の義務とがある。職務上の義務とは、職務遂行にあたって遵守すべき義務であって、①服務の宣誓（地方公務員法31条）、②法令及び職務命令の遵守義務（地方公務員法32条、地教行法43条2項）、③職務専念義務（地方公務員法35条、教特法17条）がある。身分上の義務とは、職務遂行とは関係なく、その身分を有する限り当然に遵守すべき義務であって、①信用失墜行為の禁止（地方公務員法33条）、②守秘義務（地方公務員法34条）、③政治的行為の制限（教特法18条、義務教育諸学校における教育の政治的中立の確保に関する臨時措置法[中立確保法]）、④労働基本権の制限（地方公務員法37条）、⑤営利企業等の従事制限（地方公務員法38条）がある。

1.　服務の宣誓

　地方公務員法31条は「職員は、条例の定めるところにより、服務の宣誓をしなければならない」と定める。各地方公共団体での宣誓文の文言は、ほぼ同じである。たとえば、多摩市学校職員の服務宣誓に関する条例では、「私は、ここに主権が国民に存することを認める日本国憲法を尊重し、かつ、擁護することを固く誓います。私は、地方自治及び教育の本旨を体するとともに公務を民主的かつ能率的に運営すべき責務を深く自覚し、全体の奉仕者として誠実かつ公正に職務を執行することを固く誓います」との宣誓文になっている。

2. 法令及び職務命令の遵守義務

地方公務員法32条、地教行法43条2項は「上司の職務上の命令に忠実に従わなければならない」と定める。命令は、職務に関することであり、職務上の上司から発せられることが必要であるが、内容が違法な職務命令への服従義務が問題となる。

実際には、上司の命令に従わずに不利益処分を受けた場合、不利益処分に対する不服申立てや訴訟において、職務命令の違法の抗弁を出せるのかという問題として現れることが多い。かつては、適法性の推定を受け、重大かつ明白な瑕疵があるときのみ無効となるとする重大かつ明白な瑕疵説が通説であったが、その後、訓令的職務命令―非訓令的職務命令区分説が有力となっている。区分説は、行政組織間の指揮監督権としてなされ行政機関を名宛人とする訓令的職務命令（例、校長に対する勤務評定命令）と、公務員自身の規律としてなされ公務員個人を名宛人とする非訓令的職務命令（例、服装・居住地域の指定、研修命令）とに区分する。そして、前者については、行政組織の統一性を確保する必要性があるため、重大かつ明白な瑕疵がある場合を除いて服従義務があるが、後者については、違法性をチェックできるのは当該公務員だけであり（前者の場合には、職務命令の結果としてなされる行政作用の相手方がその違法性を争いうる）、公務員の基本的人権とも係わりうることから、服従義務はなく、違法の抗弁を認めるべきであるとする。

判例は、一般に、重大かつ明白な瑕疵があるときのみ無効になるとの立場に立っている。たとえば、「戦争を永久に放棄する　日本国憲法9条」「せんそうはいやだニャー」と記載したポロシャツを研究発表会で着用することを禁ずる職務命令にかかる憲法9条ポロシャツ事件・福岡地裁小倉支判平成12・7・13判自211号54頁は、「職務に関して権限ある上司から発せられ、実行可能な職務命令は、明白かつ重大な瑕疵がない限り、当該公務員を拘束する」としたうえで、ポロシャツの字句を目にした者が特定の政治勢力の主張を連想する可能性が極めて高かったので、職務命令には合理性があり、本件職務命令に明白かつ重大な瑕疵があったとはいえないとしている。二審（福岡高判平成13・12・13

判自237号87頁）も、一審判決を支持している。伊藤校長勤評提出命令事件・東京地判昭和47・3・24判時661号8頁は、客観的に違法であることが明瞭でない場合である以上、職務命令に拘束されるとし、二審（東京高判昭和49・5・8行集25巻5号373頁）も、形式要件又は実質要件に「重大かつ明白な瑕疵」がない限り、職務命令に服従する義務があるとしている。最高裁（最三判昭和53・11・14判タ375号73頁）は、原審は正当として是認できるとしている。

職務命令に従わなかった部下に対する上司の有形力の行使がどこまで許されるのかについて、上述の憲法9条ポロシャツ事件一審判決は、「違法行為を直ちに制止しなければ重大な損害をもたらすなど特段の事情のない限り」、有形力の行使は上司の職務権限内の行為とは認められない、事後的な懲戒処分で対処するのが原則であるとしている。二審判決も、一審判決を支持している。

▶ 私立学校での業務命令

使用者は、労働契約、就業規則によって定められた範囲で、業務命令を発することができるが、その範囲を超えた場合は、命令権の濫用・逸脱となる。東京地判平成4・6・11判時1430号125頁・東京高判平成5・11・12判時1484号135頁・確定は、私立高校教員に対する授業その他一切の校務分掌の取上げ、一人部屋への席の移動、自宅研修等が、業務命令権の濫用・逸脱であるとして、学校法人に慰謝料の支払いを命じている。

3. 職務専念義務

地方公務員法35条は、法律又は条例で定める例外を除いて、勤務時間及び職務上の注意力のすべてを職務遂行のために用いなければならないと定める。法律上の例外としては、育児休業（地方公務員の育児休業等に関する法律2条）、職員団体のための在籍専従（地方公務員法55条の2第1項ただし書き）等がある。条例上の例外としては、研修、厚生計画実施への参加（鎌倉市職員の職務に専念する義務の特例に関する条例）等がある。

4. 信用失墜行為の禁止

地方公務員法33条は、「職員は、その職の信用を傷つけ、又は職員の職全体の不名誉となるような行為をしてはならない」と定める。

(1) 性的関係

教員が女子生徒や生徒の母親と性的関係をもったことを理由に、懲戒処分を受けた事件が幾つかみられる。大阪地判平成2・8・10判タ795号162頁は、妻子がありながら女子高生と交際し卒業直後に肉体関係をもつに至った行為が、地方公務員法33条の信用失墜行為にあたるとして、教員への懲戒免職処分を合法と判示している。その際に、同判決は、「原告は社会生活上の倫理はもとより教員に要求される高度の倫理に反し、教員に対する社会の期待と信頼を著しく裏切ったものであり、池田高校の生徒をはじめ保護者及び地域住民に与えた不信感は容易に払拭しがたい」と述べている。また、女生徒へのセクハラ（数回にわたってのキス）が信用失墜行為にあたるとしての懲戒免職処分を合法とみなした判決として、宮崎地判平成22・2・5判タ1339号97頁がある。

> **私立学校教員の性的関係**
>
> 私立学校教員と生徒の母親との性的関係についても、大阪地判平成9・8・29労判725号40頁は、「毎日のように指導を受けていた妻子ある教師と自分の母親が情交関係を持っていたことを知った生徒が受ける打撃は計り知れないものがあり」「原告の行為は単なる私生活上の非行とはいえず、社会生活上の倫理及び教育者に要求される高度の倫理に反して」いると述べ、妻子がありながら生徒の母親と数回にわたり情交関係を結んだ民族学校教員への懲戒解雇を、合法と判示している。

(2) 飲酒運転

津地判平成19・4・26判タ1246号107頁・名古屋高判平成20・2・20判自307号65頁は、公立高校教員の酒気帯び運転による交通事故と事故報告の3ヶ月の遅れを理由とする懲戒免職処分を、教職員としての職の信用を著しく傷つけるもので懲戒事由にあたると述べ、懲戒権者に広範な裁量を認め、事故報告の遅延を処分の加重事由として考慮した場合はなおさら、考慮しなくても本件処分が著しく妥当を欠く結果になっているとはいえないとして本件処分を支持

している。

　他方、佐賀地判平成20・12・12判例集未登載は、「教員については、児童生徒と直接触れ合い指導する立場にあるから、とりわけ高いモラルと法及び社会規範遵守の姿勢が強く求められている」が、「他方、懲戒免職処分は……停職以下の処分とは質的に異なり、公務員にとっていわば『死刑宣告』にも等しい究極の処分であるから、その選択が慎重にされるべきである」と述べたうえで、道路交通法上の酒気帯び運転には至らない程度のアルコールを身体に保有した状態による運転をしたにすぎない原告を懲戒免職処分にしたことは、重きに失し、社会通念上著しく妥当性を欠き、裁量権を濫用・逸脱したものであるとして、懲戒免職処分を取り消している。

　教員の飲酒運転をすべて懲戒免職とするならば、苛酷にすぎる場合も生じてこよう。酒酔い運転か酒気帯び運転かアルコール保有運転か、交通事故を起こしたか否か、人身事故か物損事故か等といった点を考慮して個別的に判断する必要があろう。

(3)　逮　捕

　成田空港反対闘争に参加し逮捕され、15日間勾留された（結局不起訴となった）ことが信用失墜行為にあたる等として懲戒免職処分を受けた事件において、仙台高判平成4・8・27労判618号27頁は、過激派集団が暴力行為に及ぶことを知りながらヘルメットをかぶりデモに参加し現行犯逮捕されたのであって、このことが児童や父兄に動揺を与え、地域社会に大きな反響をよんだのであり、信用失墜行為にあたるとして懲戒免職処分を合法とみなしている。

　成田空港反対闘争に参加し逮捕され、20日間勾留され、結局起訴猶予処分となったことが信用失墜行為にあたる等として懲戒免職処分を受けた事件において、大阪地判平成元・7・6労判546号32頁・大阪高判平成3・1・25労判585号138頁・最一判平成3・11・21労判605号6頁は、本件諸事実からすれば、凶器準備集合罪、公務執行妨害罪を犯したと推認するのが相当であり、仮にそうでないとしても、少なくとも、右各犯罪を犯した疑いは充分であって、これを理由に懲戒処分をすることは妨げられないとして、懲戒免職処分を合法とみ

なしている。

　不当逮捕もあることから、逮捕されたことだけで懲戒事由になるわけではない。当該集団が違法行為を行うことを知りながら参加して逮捕されたとの点を重視した判決と理解すべきであろう。

5.　守秘義務

　地方公務員法34条1項は、「職員は、職務上知り得た秘密を漏らしてはいけない。その職を退いた後も、また、同様とする」と定める。違反者は、懲戒処分（同法29条1項）、刑事罰（同法60条2号）の対象となるが、退職者の場合には、懲戒処分をなしえないので刑事罰のみとなる。「秘密」は、形式的に秘密指定されているのみでは足らず、非公知の事実であって実質的にも秘密として保護に値するものでなくてはならない（徴税虎の巻事件・最二決昭和52・12・19判時873号22頁）。また、法令による証人、鑑定人等となり職務上の秘密に属する事項を発表する場合には、任命権者の許可を受けなければならず（同法34条2項）、県費負担教職員の場合は、監督者である市町村教育委員会の許可を受けなければならない（地教行法47条）。

> **教職員の児童虐待通報義務**
>
> 　児童虐待の防止等に関する法律（児童虐待防止法）上、児童福祉施設の職員、医師等とともに、学校の教職員は「児童虐待を発見しやすい立場にあることを自覚し、児童虐待の早期発見に努めなければならない」（5条1項）、児童虐待を発見したすべての者は福祉事務所等に通報しなければならない（6条1項）とされている。職務上の守秘義務よりも通報義務の方が優先される（6条3項）。

6.　政治的行為の制限

(1)　人事院規則

　公立学校の教育公務員は、国家公務員と同様地域の限定なく（地方公務員は当該地方公共団体の区域外では投票勧誘・署名運動等が許容されている―地方公務員法36条2項ただし書）政治的行為を禁止されるが、地方公務員と同じく刑事罰は

科せられず（教特法18条）、懲戒処分が課せられる。国家公務員法102条は、制限される政治活動の内容のほとんどを、人事院規則に白紙的に委任し、人事院規則14-7は、勤務時間の内外、働きかけの相手方、活動形態等を問うことなく、特定の内閣、政党、候補者の支持等の「政治的目的」での寄附集め・署名活動、政治的団体の刊行物の配布等の日常の政治活動を広範に禁止している。このような公務への実際の影響を問うことなしの広範な規制については、過度に広範故に違憲無効と判示するか、教員の政治活動が具体的な教育障害を予想させる限りにおいて適用するにとどめるべきであろう。

なお、上述の憲法9条ポロシャツ事件において、一審・二審とも、人事院規則に違反する行為でなくても、それが政治的色彩を帯び教職員の政治的中立性に疑義を生じることが懸念される行為についても、職務命令による規制の対象となるとしている。

(2) 中立確保法

特定の政党を支持させる等の教育を行うよう義務教育諸学校の教員に対して教唆・せん動を行った者を、教員に限らず広く処罰対象とする法律として、中立確保法がある。同法3条は、「何人も、教育を利用し、特定の政党その他の政治的団体（以下「特定の政党等」という。）の政治的勢力の伸張又は減退に資する目的をもって、学校教育法に規定する学校の職員を主たる構成員とする団体（その団体を主たる構成員とする団体を含む。）の組織又は活動を利用し、義務教育諸学校に勤務する教育職員に対し、これらのものが、義務教育諸学校の児童又は生徒に対して、特定の政党等を支持させ、又はこれに反対させる教育を行うことを教唆し、又はせん動してはならない」と規定する。特定の政党等を支持するための教育は、教育基本法14条2項も禁止するところであり、そのような教育を禁止すること自体は、正当である。しかし、同法は、実行段階ではなく、教唆・せん動段階で処罰するものであり、同法の合憲性には疑問が残る。もっとも、同法による教唆・せん動罪が実際に適用されたことはない。

(3) 教育上の地位利用の選挙運動

公職選挙法は、選挙運動の一般的制限に加えて、137条において、私立学校

を含めての学校教育法上の学校の教員に対して、「学校の児童、生徒及び学生に対する教育上の地位を利用して選挙運動をすること」を、罰則をもって禁止している。

「地位を利用」の範囲について、東京高判昭和45・1・28高刑集23巻1号31頁は、公立小学校の担任が生徒宅を家庭訪問した際に、教育上の問題にあわせて参院選では○○さんをよろしく等の選挙運動を行ったことを、「教育上の地位を利用して選挙運動をすること」にあたると判示している。また、大阪高判昭和62・4・16判タ645号261頁は、「教育上の地位を利用して」とは「教育者による選挙運動が、教育者としての立場を離れ、純然たる個人の資格としてなされるのではなく、教育者としての地位に結びつけ、それに伴う影響力又は便益を利用してなされることを指す」としたうえで、公立小学校の教員が担任する又は担任したことのある生徒宅を家庭訪問し投票を依頼したことがそれにあたると判示している。

他方、福岡高判昭和50・5・27判時801号108頁・確定は、地位利用の選挙運動といいうるかについては、「教育者の意思、教育者と相手方との関係、その行為の態様、相手方が教育者の選挙運動により影響を受けるような状態にあったかどうか等個々の事例に即して具体的に判断しなければならない。ことに、教育者がその担任する生徒の父兄に働きかける場合は、単にその相手が担任生徒の父兄という関係にあるというだけでは足りず、父兄に対しその生徒のことで何らかの利益又は不利益な影響を及ぼし得る地位にあるのを幸いに、その影響力を利用……して選挙の公正と自由を阻害するおそれのある選挙運動」でなければならないと述べる。そして、影響力は口頭よりも書面、手書よりも印刷、全文よりも添書の方が弱いので、後者の方が地位利用にはなりにくいとしたうえで、公立中学校の担任がよろしくとの推薦文と自己の姓のみを添え書きした候補者の選挙運動用ハガキを生徒の親に郵送したことを、「教育上の地位を利用して選挙運動をすること」にあたらないと判示している。

この点、公選法137条が設けられたのは、成績評価、懲戒等の権限を有する教員と、生徒・親との地位の対等性の欠如を鑑みてのことであるので、教員が

在職する（権限を行使しうる）学校の生徒・親への選挙運動を、その実効性の有無や程度を問うことなく、一律に禁じていると解すべきであろう。また、公選法137条をこのように解釈しても、生徒・親の教員への「従属的」地位を考慮すれば、同条を違憲とはみなしえないであろう。

7. 労働基本権の制限

私立学校の教職員、国立大附属校の教職員、公立学校の非常勤講師・単純労務職員（用務員、給食調理員等）には、労働組合法が適用されるが、それ以外の公立学校の教職員（再任用教職員を含む）には、地方公務員法が適用され、地方公共団体の非現業一般職員と同様の制限を受けている。以下、後者の教職員について論じる。

> 私立学校での不当労働行為

前者の教員に対して組合活動故の不利益扱い等の不当労働行為がなされた場合、労働組合法7条違反となる。多くの判例がみられる。たとえば、仙台高判昭和60・6・28労判459号66頁は、生徒への組合文書配布に対しての警告は、教育的配慮からなされたものであって不当労働行為ではないが、新任教諭へ組合不加入勧誘は、不当労働行為にあたるとしている。最高裁（最二判昭和61・7・14労判484号25頁）は、正当として是認できると簡単に原審を支持している。

(1) 団結権

団結権については、職員団体への加入と不加入の自由（オープンショップ制）が保障されている（地方公務員法52条3項）。職員団体から脱退するには支部委員会の議決を要するとする規約につき、金沢地判昭和55・8・22判時982号150頁は、「職員団体は、その意思や行動が多数決原理によって決せられる存続期間の定めのない社団であり、すべての構成員に対し制裁権を含む統制力を有しているのであって、構成員の個人としての自由を強度に拘束しているものというべきである。このような職員団体の性格に照らして考えれば、構成員は脱退の自由を有するものと解すべきであり脱退の自由そのものに対し制約を加えることは、たとえ職員団体の規約によるも公序良俗に反し許されず、そのよ

うな規約は無効のものといわなければならない」と判示し、二審（名古屋高判昭和 56・11・11 労民集 32 巻 6 号 815 頁・確定）も、原審をほぼそのまま支持している。

(2) 団体交渉権

団体交渉権については、地方公共団体の当局は登録職員団体（地方公務員法 53 条参照）からの交渉「申入れに応ずべき地位に立つ」（55 条 1 項）が、「交渉は、団体協約を締結する権利を含まない」（55 条 2 項）。ただし、法令等に反しない限り「書面による協定を結ぶことができ」（55 条 9 項）、それを双方が「誠意と責任をもって履行しなければならない」（55 条 10 項）。交渉対象は、「職員の給与、勤務時間その他の勤務条件」であり、管理運営事項は対象外である（55 条 1 項、3 項）。この点、大阪高判昭和 61・7・29 労判 491 号 74 頁は、人事異動は管理運営事項であるが、人事異動命令に伴う職員住宅の支給は勤務条件であり、それが職員住宅支給の基準に関連して問題がある場合には、これを交渉の対象としうるが、人事異動そのものを交渉の対象とすることはできないとしている。最高裁（最一判平成 3・11・28 労判 600 号 8 頁）は、原判断は正当であるとのみ述べている。

(3) 争議行為

争議権については、地方公務員法 37 条 1 項により、「同盟罷業、怠業その他の争議行為」が一律禁じられ、争議行為を「そそのかし」「あおり」等した者は 61 条 4 号により処罰される。また、37 条 1 項に違反する行為は 29 条 1 項による懲戒処分の対象にもなる（37 条 2 項参照）。初期の最高裁判決は、公共の福祉・全体の奉仕者論により、公務員の争議行為一律禁止を合憲としていたが、昭和 41 年の郵便職員に関する全逓東京中郵事件・最大判昭和 41・10・26 判時 460 号 10 頁が限定合憲解釈をとり、国家公務員の労働基本権を基本的に承認した。昭和 44 年の都教組事件・最大判昭和 44・4・2 判時 550 号 21 頁が、争議行為と「あおり」行為の両方にしぼりをかける限定解釈により、その立場を地方公務員にも及ぼした。すなわち、地方公務員法 37 条 1 項と 61 条 4 号の合憲性につき、これらの規定を文字どおり一切の争議行為を禁止処罰する趣旨と解するならば違憲の疑いを免れないが、法律の規定は可能な限り憲法と調和す

るように解釈されねばならないと述べる。そして、これらの規定にいう「争議行為」を違法性の強いものに限定し、更に「あおり」等も争議行為に通常随伴する行為を超えるものに限定するとの限定合憲解釈（二重のしぼり）を施したうえで、これらの規定を合憲とみなした（本件行為はそれにあたらないとして被告人を無罪とした）。佐賀地判昭和46・8・10判時640号10頁、静岡地判昭和47・4・7判タ277号91頁等の下級審はそれを踏襲した。しかし、昭和48年の農林省職員に関する全農林事件・最大判昭和48・4・25判時699号22頁は、限定解釈を斥け、国家公務員法上の争議行為一律禁止を、①国民全体の奉仕者としての地位の特殊性と職務の公共性、②勤務条件法定主義と議会制民主主義論、③市場の抑制力の欠如、④代償措置の見地から、合憲と判示した。そして、岩教組事件・最大判昭和51・5・21判時814号73頁は、全農林判決の法理は地方公務員の場合にも妥当するとして、都教組事件最高裁判決を変更し、地方公務法37条1項、61条4号の各規定は、あえて……限定解釈を施さなくてもその合憲性を肯定することができるとした。すなわち、公務は公共の利益のためになされるという公共的性質を有する、地方公務員の勤務条件は団体交渉によってではなく条例によって定められる、人事・公平委員会といった代償措置が講じられているので、地方公務員法37条1項は憲法28条に違反するものではなく、また、「あおり」等は「争議行為の原動力をなすもの」であるのでそれらを処罰する地方公務員法61条4号は憲法28条に違反するものではないとした（被告人を有罪とした）。なお、岸、天野、団藤の三裁判官の補足意見は、代償措置が本来の機能を果たしていない場合には適用違憲となる余地があることを示唆している。

　その後も、最一判昭和63・1・21判時1284号137頁、最三判平成2・4・17判時1346号4頁（園部反対意見は、都教組事件最高裁判決の基調に従い、無罪を言い渡すべきとする。すなわち、全一日の同盟罷業につき、「必ずしも小規模のものであるとはいえないが、他方、その目的は、主として賃金の大幅引上げの点にあったものと認められること、右同盟罷業がいわゆる単純不作為にとどまるものであって、暴力の行使などの行き過ぎた行為を伴わないものであったこと、学校教育とい

う職務は一定の弾力性を有するものであるから、右同盟罷業によって年間計画の実施に一日間の空白をもたらしたことが、直ちに国民生活に重大な支障を及ぼすことになったとまではいえないこと等の諸点を考慮すると、右同盟罷業が強度の違法性を帯びたものであったとは認められない」としている）、最一判平成4・9・24労判615号6頁、最一判平成5・4・8労判639号12頁、最二判平成12・12・15労判803号5頁等、刑事罰もしくは懲戒処分に関する最高裁判決がだされていくが、そこにおいては、地方公務員法37条1項、61条4号の合憲性は岩教組事件最高裁判決に依拠して肯定され、代償措置は本来の機能を喪失していたとはいえないとされ（例外的に、代償措置の機能喪失を認定し本件争議行為を適法とみなす下級審判決として、大分地判平成5・1・19判時1457号36頁等がある）、裁量権の行使としての懲戒処分は「社会観念上著しく妥当を欠いて」行使されたとはいえないとされた（例外的に、裁量権の濫用とみなす下級審判決として、札幌地判平成11・2・26判タ997号113頁等がある。同判決は、本件争議行為は2時間の単純な職務放棄である、当局が人事院勧告の完全実施に向けた真摯誠実な努力を尽くしたかについて疑問が残る等の点を考慮すれば、減給6ヶ月という懲戒処分は重きに失するとみなす）。

　争議行為については、一律に教員の争議行為を違法とみなし、それへの刑事罰・懲戒処分を支持するのではなく、当該争議行為ごとに、その目的、手法、教育活動への支障の程度、生徒への精神的影響等を、具体的に検討していくべきであろう（もっとも、現在の最高裁は、そのような捉え方をしていない）。そのうち、教育活動への支障については、年半日又は1時間の本件争議行為は「年間を通してみた場合に、右各争議行為は授業の進度の遅れという面からみる限り、その弾力性ゆえに、カリキュラムの授業計画の大綱にさしたる影響を与えることはないといえるが、そもそも、被控訴人ら教員があえて違法な争議行為に参加等して児童、生徒に対する授業を積極的に放棄しておきながら、その責任を回避するためにカリキュラムや授業計画の弾力的性格を援用するのは右の弾力的性格が認められる本来の趣旨に著しくもとるものといわなければならない」（札幌高判昭和60・6・25判時1159号28頁）とみなすのではなく、「学校におけ

る年間授業計画は、適宜修正・変更されることを考慮して、ある程度の余裕を残して立てられるもので、柔軟性・弾力性に富む」「したがって、争議行為による授業の支障が軽度であれば、ある程度回復することはできるわけであり、障害の違法性の程度は低いことになる」（和歌山地判昭和48・9・12判時715号9頁）とみなすべきであろう。

　生徒への精神的影響については、「教育に携わることをその職務とする被控訴人らが法に違反し、その職務を放棄してでも、実力で問題を解決しようとの姿勢を示した以上、そのことが児童、生徒に対し、精神的に相当の混乱や動揺を招いたことは容易に推認し得るところであって、これも本件各争議行為が児童、生徒にもたらした深刻な影響の一つである」（上述の昭和60年札幌高裁判決）とみなすのではなく、「現実に生成、発展し、絶えず動揺、対立を繰り返している社会事象一般の影響から学校教育が全く無縁であり得ることは到底不可能であるし、……現実の社会も生きた教材そのものといえる。……児童・生徒に対する精神的悪影響の面は、もとよりないとはいえないけれども、これのみを余りに強調することは、必ずしも当を得たものではない」（和歌山地判昭和50・6・9判時780号3頁）とみなすべきであろう。

　なお、政治ストにつき、判例、多数説とも、政治ストは憲法28条の保障の範囲外であるとの立場をとっているが、政府の教育政策に反対してのストを行った場合、政治ストとして違法になるのか、という論点がある。学テ反対のための争議行為に関する上述の岩教組事件最高裁判決（旭川学テ事件と同日にだされた）は、「争議行為は、その目的が文部大臣の文教政策に対する反対という政治的性格のものであり、また、市町村教委の管理運営に関する事項に属する学力調査の実施に対する反対の主張の貫徹をはかるためのものである点において」正当な争議権の行使とはいえないとしている。他方、その原審である仙台高判昭和44・2・19判時548号39頁は、争議行為の目的については、「岩教祖の大多数の組合員は、自らの教育実践を通じて、つとに学力テスト体制のもたらす弊害、すなわち、……点取りのための競争……等々を認識しており、かかる非教育的な学力テストに反対し、教育を守ることこそ教師に与えられた

義務であるとして自らの意思により本件学力調査阻止の統一行動にでたものであって、……その目的において単なる政治目的に過ぎないものということはでき」ないとみなしている。

　教員組合によるストライキは、国家の教育政策に反対してのものが多いが、そのことのみをもって政治ストであり違法であるとみなすのは妥当ではない。教育法学説上、学力テスト反対のストにつき、「政府の政治的イデオロギー（国防教育・人材開発教育）に反対するという要素を備えていても、教員労働運動の特殊性として『真正政治スト』と見るべきではないのではなかろうか。なぜなら、それはあくまでも教育労働者が教育条件のあり方について自己の人間的生活上ののっぴきならない課題としてとりくむ行動なのであって、教育労働者にとって高次の生存的利益にかかわるストライキだからである。このような教育条件に関する対決ストは『教育条件スト』とよばれてよいであろう」との見解が有力である。

8. 営利企業等の従事制限

　地方公務員たる公立学校教員は、地方公務員法38条1項により、営利企業等への従事が制限されている。ただし、本務の遂行に支障がないと任命権者が認めるときは、教育に関する他の職を兼ねることができる（教特法17条1項）。

　許可を得ることなく勤務時間外に私塾を経営していたことが地方公務員法38条1項に違反するとして、公立高校教員に減給処分が課せられた事件において、①勤務時間外の行為も地方公務員法38条1項の対象となるか、②農業、僧侶、神官等との兼職事例と比較して、本件教員だけを処分するのは、地方公務員法13条の平等扱いの原則に違反しないか、との二点が争点となった。徳島地判昭和58・4・27判自5号67頁は、前者につき、38条1項の趣旨は職務への専念、職務の公正の確保、職の信用の確保にあるとみなし、「かかる法の趣旨に照らせば、右38条1項が制限している営利企業への従事は、職員が勤務時間内に行うものはもちろんのこと勤務時間外に行うものをも含むことは明らか」であるとする。後者については、「これらが地公法38条1項によって制

限された兼職に該当するか否かは画一的に決せられるべきでなく、右法条の趣旨に照らし、その態様、規模、報酬性等を総合し社会通念に従って個別、具体的に判断すべきものである。そうだとすれば、単に他にも前記のような兼職事例があることのみを挙げて、平等取扱原則に反するものと言うことはで」きない、としている。そして、60名以上の中学生を対象として給与に匹敵する収入をあげていた本件の場合は「営利を目的とする私企業を営む場合に該当するとともに、原告の地位、右私塾の性格等に照らし、教育公務員として、その職の信用を傷つけるもの」である等と述べ本件処分を合法と結論づけている。

校長等の監督責任について、東京地判昭和55・9・24判時986号31頁は、兼職を疑うべき日常行動がない場合、教員の兼職に気づかなくても、校長・教頭に過失はない、としている。

第7節　公立学校教員の懲戒・分限処分

地方公務員法27～29条は、地方公務員の懲戒・分限処分について定めている。懲戒処分は、公務員関係における規律・秩序の維持を目的とするのに対して、分限処分は、職務の能率の維持と向上を目的とするものである。分限免職処分と懲戒免職処分とでは法的効果に差異があるため、双方の要件を満たす場合、どちらを選択するかが問題となる。懲戒免職にしなかったことが違法となれば、懲戒権者は住民訴訟で責任を追及されることがありうる。

懲戒、分限処分とも、処分基準をあらかじめ、できるだけ具体的に定め、公表しておくことが必要である（東京都「教職員の主な非行に対する標準的な処分量定」をはじめとして、少なからぬ地方公共団体で定められている）。そうすることによって、教員に予測可能性を与え、恣意的処分が抑制され、処分後の司法審査の際の手がかりとなる。

1. 懲戒処分

(1) 種　類

懲戒処分には、戒告、減給、停職、免職がある（地方公務員法29条）。停職の期間、給与は支給されず、退職手当の計算の基礎となる期間から除算される。懲戒免職の場合、退職金は支払われず、退職年金につき不利益を被る。

▎諭旨免職▎
　上司の指導に応じて職員が辞職を願い出、承認するという形をとるもので、職員の軽度の非違を非難する意味が含まれているとしても、その法的性質は依願退職（辞職）であり、懲戒処分でも分限処分でもない。ただし、勧告に従わなければ懲戒免職になる可能性を示唆し、意思決定の自由が事実上制約されているような場合は、手続保障に欠けるとして違法と判断する余地がある（ちなみに、校長からの「強制」により退職願を提出せざるをえなくなったとして、教員が国家賠償を求めた事件である前橋地判平成14・6・12判例集未登載は、勧告に従わない場合には懲戒免職処分を受ける可能性があることが示唆され、意思決定の自由が事実上制約される面があったので、合理的な手続を履践することが要請されるとする。もっとも、本件の場合は調査や弁明の機会の付与に適切を欠いた点はないとしている）。なお、訓告、厳重注意、口頭注意、始末書の提出も、事実上の措置であって、懲戒処分ではない。

(2) 懲戒事由

懲戒事由としては、①法令等に違反した場合、②職務上の義務に違反し、又は職務を怠った場合、③全体の奉仕者たるにふさわしくない非行のあった場合（地方公務員法29条）、が規定されている。これらの懲戒事由、とりわけ、③全体の奉仕者たるにふさわしくない非行のあった場合については、抽象的にすぎるとの批判がある。

(3) 教員を厳しく処分

判例や人事委員会裁決の多くは、教員に対して、高度の倫理的責任を要求している。たとえば、ディスク紛失と酒気帯び運転を理由とする中学校教員の懲戒免職処分に関する福岡高判平成18・11・9判タ1251号192頁は、「教員については、児童生徒と直接触れ合い、これを教育・指導する立場にあるから、とりわけ高いモラルと法及び社会規範遵守の姿勢が求められる」ので、一般公務

員よりも重い処分基準で臨むことは、それなりの理由があり、そのような指針が無効であるとまではいえない（もっとも、当該基準のもとでも、懲戒免職は重すぎる）としている。また、学説上も、教員は高度の規範性を要する職業であり、人間としての信頼関係を基盤としているので、教育公務員は、私生活においても、一般市民よりはもとより一般行政職員たる他の地方公務員に比べても高度の倫理と厳しい自律心が求められる、窓口で住民に対応する一般行政職員に個人としての裁量が許されないのに比べ、教室で児童・生徒に授業する教育公務員には、教職の専門性を担保として一定の裁量を認められている、したがって、児童・生徒や保護者が教育公務員の人間性や専門性に深い関心を示すのはむしろ当然であるとの見解が有力である。

しかし、教員といえども、市民、被用者であり、基本的には、一般の市民、被用者と同様の扱いを受けるとの前提から出発することが必要である。生徒への「精神的悪影響」と抽象的に述べ、それを過度に強調するのは妥当ではなかろう。違法行為といっても多様であるので、どのような性格の違法行為により、どのような悪影響が、どの程度、どの範囲の生徒に生じるのかを具体的に論ずるべきであろう。

(4) 加重処分

上述の平成18年福岡高裁判決は、複数の非違行為をした公務員につき、各非違行為ごとの標準処分（停職）よりも重い処分（免職）を課すること（加重処分）は、当該職員をめぐる「あらゆる事情を総合考慮した上」で、停職処分では足りないという場合にのみ許されるとの判断枠組を示し、本件免職処分は厳しすぎ違法であるとしている。他方、その一審（熊本地判平成18・3・27判タ1251号198頁）は、標準例に掲げる「複数の非違行為等に該当する場合は、標準例より更に重い処分を行うこともある」との定めがあることに照らせば、違法ではないとしている。

過去の処分の考慮（累犯加重）について、札幌高判昭和60・6・25判時1159号28頁は、「懲戒処分歴の有無を考慮し得ることはもとより当然であって、その結果、過去に懲戒処分等何らかの処分を受けた者がそうでない者より重い懲

戒処分を受けることとなっても、このことは何ら合理性を欠くものではない」としている。君が代起立拒否に関する東京地判平成21・3・26判タ1314号146頁も、「同種の非違行為による懲戒処分が重ねて行われる場合に、過去の懲戒処分歴に応じ、より重い懲戒処分を科すという考え方は相当と認められ」るとしている。

(5) 処分の程度

処分すること自体は正当であるが、懲戒免職は厳しすぎ裁量権の濫用・逸脱にあたるとして取消した判例が、幾つか存する。たとえば、上述の昭和60年札幌高裁判決は、「公務員関係から全面的に排除するだけでなく、退職手当や退職年金等についても著しい不利益をもたらすものであって」格段に厳しい処分であるので、「免職処分を選択するに当たっては、停職等他の種類の処分を選択する場合に比して、その広範な裁量権の行使にもおのずから制約が存する」として違法と判断している。広島高判昭和52・10・7判時871号92頁も同趣旨で、違法と判断している。最高裁（最三判昭和59・12・18労判443号23頁）も、山口学テ事件において、懲戒免職処分をもって臨んだことは、苛酷に失し、社会通念上著しく妥当を欠き、裁量権を逸脱していると判示している。

|私立学校での懲戒解雇|

懲戒解雇の場合、解雇権の濫用として争うことになる。濫用とみなした判例として、東京地判昭和46・8・23判時633号16頁、ノーネクタイ訴訟・東京地判昭和46・7・19判時639号61頁、大阪地判平成22・5・14労判1015号70頁等がある。他方、解雇を有効とみなした判例として、東京地判昭和47・7・4労判159号18頁、福岡高判平成14・12・13労判848号68頁等がある。なお、常勤講師の雇い止めにつき、解雇に関する法理を類推すべきとし権利の濫用にあたるとした判例として、仙台高判平成22・3・19労判1009号61頁がある。

2. 分限処分

(1) 種類

分限とは、身分保障の限界を意味し、公務員への分限処分としては、降任、免職、休職、降給がある。地方公務員法は、降任・免職については、その事由

をもっぱら地方公務員法で定める場合に限定している。休職については、同法で定める場合のほか、条例でも定めうるとし、降級については、もっぱら条例で定めるとしている（27条2項）。休職の場合、通常給与の全部又は一部が支給され、退職手当の計算の基礎となる期間には休職期間が通算される。分限免職の場合、退職金、退職年金につき不利益を受けることがない。

(2) 分限事由

降任又は免職の事由としては、①勤務成績が良くない場合、②心身の故障のため、職務の遂行に支障があり、又はこれに堪えない場合、③職に必要な適格性を欠く場合、④職制もしくは定数の改廃又は予算の減少により廃職又は過員を生じた場合、休職の事由としては、①心身の故障のため、長期の休養を要する場合、②刑事事件に関し起訴された場合が、規定されている（地方公務員法28条1項、2項）。

(3) 分限免職処分

適格性の欠如を理由とする分限免職処分が支持された事例としては、研修を拒否する、指導要録中の観点別学習状況の評価を行わない（長崎地判平成2・12・20労判652号66頁・福岡高判平成5・9・30労判652号66頁）、授業はほとんど教科書を板書するだけ、無断早退を繰り返す、学級担任を受け持つことを拒否する（東京地判平成7・6・20労働経済判例速報1586号16頁）、生徒へ暴行を加える、授業のやり方が不誠実（横浜地判昭和59・9・27判自11号69頁）等がみられる。

予算減を理由とする教員の分限免職は、安易に行うべきではないが、行わざるをえない場合には、客観的基準に基づいて公正に行われなければならない。この点、定年制導入前の事件である大阪高判昭和43・10・31行集19巻10号1701頁は、過員を解消する方策として高年齢順に整理することは、最も一般的な手段方法であり、客観的にも公平な措置であるとしている。

私立学校での整理解雇

私立学校での整理解雇の有効性については、民間企業での訴訟で形成されてきた整理解雇の4要件—①人員削減の必要性、②解雇回避努力義務の遂行、③解雇対象者選定の合理性、④解雇手続の相当性を、考慮して判断することになる（大阪地裁堺

支判平成21・12・18労判1006号73頁、大分地判昭和54・10・8労判333号61頁・福岡高判昭和56・11・26労民集32巻6号865頁等参照)。

(4) 校長から教諭への降任

校長の分限降任処分の理由の一つとして、勤務評定の提出遅延があげられたが、その点について、広島地判昭和41・7・12判時454号23頁は、「それは原告なりの信念に発したことであり、かつ、右信念は原告独自のものでもなくこれを支持する見解も少なくなかったのであるから、これが懲戒事由に該当するかどうかはさておき、そのことから原告が校長としての適格性を欠くものとは到底解しえない」としている。二審(広島高判昭和43・6・4民集27巻8号1061頁)も、請求を認容したが、最高裁(最二判昭和48・9・14判時716号27頁)は、「免職の場合における適格性の有無の判断については、特に厳密、慎重であることが要求されるのに対し、降任の場合における適格性の有無については……裁量的判断を加える余地を比較的広く認めても差支えない」と述べ、事実関係を審理しなおすよう原審に差戻している。

他方、東京地判平成20・2・25判例集未登載は、都立養護学校校長から教諭への降任という分限処分を、最も違法性が高いと主張された処分理由の事実を認めることができない以上、それ以外の認めうる処分理由を考慮しても、社会観念に照らして重きに失し、社会観念上著しく妥当を欠き、裁量権の濫用にあたるとして、取消している。

> 私立学校での降職

たびたびの遅刻、学校の教育方針を批判する文書の配布等を理由とする教諭から期間1年の非常勤講師への降職につき、高松地判平成元・5・25判タ713号159頁は、終身雇用が予定された契約から予定しない契約に変更するものであって、労働契約の同一性を有するとはみなしえないので、就業規則を根拠に本件降職をすることは許されないとして、教諭としての地位確認、賃金の差額請求を認容した。二審(高松高判平成9・12・19労民集48巻5・6号660頁)は、労働契約の同一性を有するとはみなしえないが、懲戒解職事由を具備し懲戒解職を行うことができるときは、例外的にこれを緩和する措置として、教諭から非常勤講師への降職も許されるが、本件降職はそのような場合に該当せず無効であるとしている。

(5) 分限休職処分

地方公務員法28条2項は「心身の故障のため、長期の休養を要する場合」「刑事事件に関し起訴された場合」に、職員の「意に反してこれを休職することができる」と定めている。

起訴休職については、その合憲性と裁量権の濫用・逸脱が争われている。公立高校教員がメーデー行進の際に騒擾附和随行罪で起訴された事件である東京地判昭和32・10・4判時138号14頁は、その合憲性につき「起訴されその犯罪の嫌疑が或程度客観的に高められている職員が、依然として公共の利益のため国民の奉仕者として職務に当たることは、その職員のたずさわる職務の性質上その公訴事実如何によっては甚だしく不当なことにもなる。そしてまた被告人は原則として公判廷に出頭する義務を負い、或いは場合によっては勾留せられることがあるため全力を挙げて職務に専念できないこともある」ので、不合理な差別とはいえないとする。裁量権の逸脱については、「起訴がなんら職務に悪影響を及ぼさず、その公訴事実につきたとえ有罪となっても職務を続けることに差障りがなく、休職にすることが甚だしく不当と認められる場合とか、職務になんら影響がないのに、他の目的のために休職処分をするとかの場合には、その権限の範囲を逸脱したものというべきである」との基準を提示し、本件処分はそれに該当せず合法であるとしている。二審（東京高判昭和35・2・26行集11巻4号1059頁）も、ほぼ同様の判断を示しているが、たとえ破廉恥罪でないにしても「起訴されたこと自体によりその責務遂行に支障を生ずることがあり得べく、又生徒に悪影響を及ぼすことがないとはいえず更に父兄及び国民に教育に対する危惧の感を抱かせないとは保し難い」と述べ、教員の特殊性を付加している。

(6) 条件附採用職員、臨時的任用職員

条件附採用職員、臨時的任用職員には、地方公務員法の分限条項は適用されず（懲戒条項は適用される）、条例で定めることができるとされている（同法29条の2）。ただし、「すべて職員の分限及び懲戒については、公正でなければならない」と規定する同法27条1項は適用除外とはされていない。それ故、地

方公共団体はこれらの職員に対して無限定に分限処分をなしうるわけではなく、処分は公正でなくてはならず、条例での手続上の定めがある場合はそれに従ってなされねばならない。

実際には、条例が制定されていない状況下での事件が多いが、そこでは、正式採用職員の場合よりも広い裁量が認められるとしつつも、人事院規則（国家公務員法は、条件附採用職員の分限につき必要な事項の定めを人事院規則に委任し〔81条2項〕、これを受けた人事院規則11-4の9条、10条が、心身の故障のため職務遂行に支障がある場合、勤務成績がよくない場合等といった分限事由を定めている）に準じる等して裁量権の濫用・逸脱が実質的に審査されている。たとえば、福岡高判昭和55・5・26判時981号127頁・確定は、選考の過程を経て勤務し、現に給与の支給も受け正式採用になることの期待を有しており、純然たる自由裁量ではなく、合理性をもつものとして許容される限度を超えた場合は違法となるとしたうえで、条例がない場合、人事院規則11-4の10条に準じるのが相当であり裁量濫用はないとしている。

他方、裁量権の濫用・逸脱とみなす判例も、少数ながら存する。千葉地判昭和46・9・20判タ271号241頁は、条件附採用職員は選択過程の途上にあり、正式職員と同様に身分を保障されているものではないから、不適格事由の裁量についてより弾力性が認められ、裁量の幅は正式採用の場合よりも広いが、選考の段階を経て次の選択過程に進んでいるので、「その目的を達するために必要な限度を超えない合理的な範囲にとどめなければならない」とする。そして、本件の場合、解職事由の大部分につき事実誤認があり、それ以外の「処分事由となり得る事実は、いずれも、原告がそれらの点を深く反省して努力し、教員としての経験を重ねることによって容易に矯正することができる程度のものであ」ると判断している（なお、教員の場合は免許状を授与されているので、正式採用を拒否しうる範囲が一般公務員よりも限定されるとの原告の主張に対しては、免許状授与は資格を有することを意味するにとどまり「教員としての適格性を裏付けるものではない」と述べて斥けている）。もっとも、二審（東京高判昭和51・1・29判タ342号199頁）は、正式採用職員の場合よりも広い裁量が認められるが、条

件附採用職員といえども、選考という過程を経て勤務し正式採用への期待を有するものであるから、純然たる自由裁量ではなく、客観的に合理的な理由が存し、社会通念上相当であることを要するとの基準を示すが、裁量権の濫用にはあたらないとする。一審判決と二審判決とで結論が逆になったのは、肯認した解職事由の範囲の違いによるものであろう。最高裁（最判昭和53・6・23判タ366号169頁）は、原審は正当とのみ述べる。大阪高判平成21・6・4判例集未登載は、今後研鑽等に努めて成長していく過程の者であるから、当該期間中の成績が経験のある者と比した場合、必ずしも十分でなかったとしても、直ちに、分限免職の対象となるとはいえず、今後の経験、研鑽によっても、教員としての適性が備わることが困難であるかどうかを検討するのが相当であるとして、分限免職処分を取消している。

　なお、条件附採用期間を終えた市事務職員が市立学校教員として採用された場合、再度条件附採用期間が適用されるのかという問題につき、大阪高判平成20・8・29判時2033号125頁は、市長が職員に任命した者を6年後に教育委員長が小学校教員に任命した場合、その任命は地公法上の採用には該当せず、その内容に応じて昇任、降任または転任のいずれかにあたり、公立学校教員に条件附採用されたものではないとしている。

3. 手続的保護

　公務員の懲戒・分限処分には、行政手続法（条例）の適用はない（行政手続法3条1項9号）。しかし、それは、手続的整備が不必要だからではなく、別途の考慮事項が多いため、さしあたり対象から除外されたものである。適正手続に関する憲法上（13条もしくは31条）の要請は残るし、「すべて職員の分限及び懲戒については、公正でなければならない」と定める地方公務員法27条1項も妥当する。地方公務員法上の処分事由説明書の要件（同法49条）も妥当する。更に、懲戒・分限の「手続及び効果は、法律に特別の定めがある場合を除く外、条例で定めなければならない」（地方公務員法28条3項、4項）、県費負担教職員の懲戒・分限の手続および効果は都道府県の条例で定める（地教行法43条3項）

に基づいて制定される条例での手続要件も妥当する。

(1) 事前の告知・聴聞

手続違反の主張の多くは斥けられているが、手続違反となる余地があること自体は肯定されている。たとえば、日の丸掲揚妨害等を理由とする減給、戒告処分に関する大津地判平成13・5・7判タ1087号117頁は、地方公務員法、懲戒条例・規則に事前手続規定がないことに照らすと、相手方に告知、弁解の機会を与えるか否かは、原則として懲戒権者の裁量に委ねられており、ただ当該処分により与える不利益の程度が著しいなど、相手方の権利保護のため告知、弁解の機会を与えるべき特段の事情があるにもかかわらず、その機会を与えなかった場合に裁量権の逸脱があるとみなしうるが、本件の場合、戒告、給与の10分の1を3ヶ月減給という処分の内容に照らせばそれにはあたらない、としている。酒気帯び運転と光磁気ディスクの紛失を理由とする懲戒免職処分に関する福岡地判平成18・3・27判タ1251号198頁は、条例には弁明についての規定は存せず、したがって告知・聴聞の手続をとるか否かは処分庁の裁量に委ねられているが、懲戒免職処分は重大な不利益を及ぼすものであるから、「告知・聴聞の機会を与えることにより、処分の基礎となる事実の認定に影響を及ぼし、ひいては処分の内容に影響を及ぼす可能性があるときに限り、上記機会を与えないでした処分は違法となる」としている（ただし、本件の場合は事情聴取を数回行っているので、それにあたらないとしている）。二審（福岡高判平成18・11・9判タ1251号192頁）は、免職は厳しすぎるとして免職処分を取消したが、手続に関しては、「いやしくも、懲戒処分のような不利益処分、なかんずく免職処分をする場合には、適正手続の保障に十分意を用いるべきであって、中でもその中核である弁明の機会については例外なく保障することが必要であ」り（事情聴取では弁明の機会とはいえない）、「適正手続の保障という意味においても重大な問題を含んでいる」と述べている。

他方、手続違反の主張を認容した判例も、少数ながら存する。たとえば、高校入試選抜の際に不正行為を指示したとして校長が懲戒免職処分を受けた事件において、甲府地判昭和52・3・31判タ355号225頁は、地方公務員法27条

1項の趣旨に鑑みると、公務員にとって極刑ともいうべき懲戒免職処分をするにあたっては、事前に「事件の内容を具体的に告知し、当局が嫌疑の根拠としている資料の実質的内容を知らせ、弁明と防御の機会を与えること」が要請されるのであって、仮に告知と聴聞の手続を履践しても実体的判断を左右するような弁明と資料が提出される可能性が全くないような特別の事情がない限り、処分自体が違法となるとの基準を示す。そして、本件の場合には特別の事情はないとして、懲戒免職処分を取消している（もっとも、二審［東京高判昭和54・2・26判タ386号111頁］は、教育長が校長に対して2日にわたって事情聴取を行っており、これによって防御の機会を与えられており、合法であるとしている。なお、原審は、事情聴取は学校の責任者としてなのか、容疑者としてなのか不明確であって、公正な告知と聴聞があったとは認められないとしている）。宇都宮地判昭和34・12・23行集10巻12号2597頁は、釈明の機会を与えずかつ十分な調査なしの懲戒免職処分は公平を欠き、地方公務員法27条1項「分限及び懲戒については、公正でなければならない」に違反するとして、懲戒免職処分を取消している。

(2) 処分事由説明書

地方公務員法上、懲戒や不利益処分を行う場合には、任命権者は「処分の事由を記載した説明書」を職員に交付しなければならず（49条1項）、職員は不利益処分を受けたと思うときは、任命権者に「処分の事由を記載した説明書」の交付を請求できる（2項）。その立法趣旨は、処分権者の判断の慎重と公正妥当を担保してその恣意を抑制するとともに、処分理由を被処分者に知らせることによって、その不服申立てに便宜を与えることにある（青色申告に関する最一判昭和49・4・25判時742号23頁、校長着任拒否事件・福岡地判昭和56・7・29判時1021号36頁も同趣旨）。

どの程度具体的に記載すればよいのかが、問題となる。上述の昭和56年福岡地裁判決は、「……校長の着任、登校及びその職務の遂行を実力をもって阻止……」等との記述で「概括的ではあるが自己のいかなる行為を理由として本件処分がなされたかを知り、かつ、これに対して不服申立てをすべきかどうかの判断をすることができる」ので理由不備の違法があったとはいえないとして

いる。

(3) 処分事由の追加

処分事由説明書に記載されていない事由を処分事由として、懲戒処分の取消訴訟において主張できるかが、問題となる。学説上、理由付記制度の空洞化をもたらすから無制限には認められないが、他方、理由不備を理由に行政処分を取消しても改めて理由を付して同一内容の処分を行うことを必ずしも妨げられないから全く認めないことも現実的ではない、処分事由説明書記載の処分事由と密接な関連関係にあることが認められるものは追加主張が許されるとの説が有力である。

判例の多くは、「処分理由説明書記載の具体的事実と同一性のない別個の事実をあらたに主張することはもはや許容されない」（和歌山地判昭和50・6・9判時780号3頁）との同一性の基準によっている。同一性判断の基準として、上述の昭和50年和歌山地裁判決は、「処分理由書に記載された具体的事実と時間的、場所的に比較的近接して行われたかどうか、手続、行為、態様、結果等が相互に関連しているかどうか等の諸事実を総合し、基本的事実に同一性があるか否かを客観的に評価しなければならない」としたうえで、処分理由として第一波休暇闘争の指導が記載されている場合に、その20日後の第二波休暇闘争の指導を処分理由として追加することは許されないとしている。他方、毛語録事件・広島高判昭和60・5・31行集36巻5号760頁は、処分理由として昭和44年2月からの担任する生徒への毛語録の解説が記載されている場合に、昭和43年4月から44年3月までの英語・特別活動の授業中の中国共産主義思想の植え付けを追加することを、日時的に重なる部分があり実質的内容も密接に関連するので、同一性ありとして認めている。

(4) 医師の関与

懲戒・分限処分の原因となった行為に病気が係わっている可能性がある場合には、処分手続への医師の参加が問題となる。この点、国家公務員の場合、人事院規則11−4の7条2項によって指定医2名による診断を要すると規定されている。地方公務員法では医師の診断の規定はないが、条例上、指定医2名に

よる診断を要すると規定されているところがある（兵庫県、東京都等）。本人が任意に依頼した医師によることはできないのは、診断書の信憑性に問題が生じる場合があるからである。

判例としては、飲酒運転による交通事故を理由とする懲戒免職処分である名古屋高判平成20・2・20判自307号65頁が、「医師からの控訴人のうつ病の状態を人事委員会として直接確認することが望ましかった」としている（もっとも、被処分者側がカルテの事前提出に応じなかったため審理不尽の違法があるとはいえないと結論づけている）。また、精神分裂病のために休職を繰り返していた公立学校教員が、指定医師の受診を拒否したものの休職期間を更新され、その後免職処分を受けた事例において、東京地判平成17・10・27労判908号46頁は、指定医の診断のないまま処分をしたのは当該教員がそれを拒否したためであって、違法とはみなしえないとしている。

(5) 手続違反の効果

手続違反があれば当然に処分は無効となるのかが、問題となる。学説は、①手続的に違法であれば、それだけで処分は取消され又は無効と扱われるとする説、②手続違反があっても当然に処分は取消され又は無効と扱われるわけではなく、手続違反が実体問題に影響を及ぼす限りにおいて処分は取消され又は無効と扱われるとする説、③基本的な手続原則（告知・聴聞、文書閲覧、理由提示、審査基準設定）に反する行政処分は違法となるが、それ以外の手続に反する行政処分が直ちに違法となるわけではないとする説等に分かれている。

最高裁は、教育に関する事例ではないが、聴聞手続の瑕疵が結果に影響を及ぼす可能性がある場合にのみ処分の違法をもたらす（個人タクシー事件・最一判昭和46・10・28判時647号22頁、群馬バス事件・最一判昭和50・5・29判時779号21頁）、法律が理由付記を明示している場合の理由付記の瑕疵は独立の取消事由になる（青色申告事件・最二判昭和38・5・31判夕146号151頁、旅券法事件・最三判昭和60・1・22判時1145号28頁）としている。

第4章　教育活動

第1節　教育課程・学習指導要領

1. 教育課程
(1) 教育課程の内容

教育課程とは、文部（科学）省によれば、「児童がどの学年でどのような教科の学習や教科以外の活動に従事するのが適当であるかを定め、その教科や教科以外の活動の内容や種類を学年別に配当したもの」（昭和26年版・学習指導要領）、「学校教育の目的や目標を達成するために、教育の内容を児童の心身の発達に応じ、授業時数との関連において総合的に組織した学校の教育計画」とされる。

小学校の教育課程は、国語等の各教科、道徳、特別活動、総合的な学習の時間によって編成される（学校教育法施行規則50条1項）。中学校の教育課程は、必修教科、選択教科、道徳、特別活動、総合的な学習の時間によって編成される（同施行規則72条1項）。高等学校の教育課程は、各教科、特別活動、総合的な学習の時間によって編成される（同施行規則83条）。特別支援学校では、それに自立活動が付加される（同施行規則126条、127条1項、128条）。

教育課程の特例として、私立学校では、宗教を加えて教育課程を編成することができ、この場合には、宗教をもって道徳に代えることができる（同施行規則50条2項）。また、特別支援学校（同施行規則132条）、特別支援学級・通級指導（同施行規則138条、140条）、不登校児への教育（同施行規則56条）、地域の特色

を生かした特例校（同施行規則55条の2）―教育特区の全国展開、研究開発校（同施行規則55条）では、特別の教育課程によることができる。

> 研究開発校

文部（科学）省は、昭和51年から、学校教育法施行規則（旧）26条の2〔（現）155条、55条の2〕等に基づき、教育課程の「改善に資する研究を行なうため特に必要があり、かつ、児童の教育上適切な配慮がなされていると文部科学大臣が認める場合」には、学習指導要領等の現行の基準によらない教育課程の編成・実施を認める研究開発校の制度を設けている。また、平成12年度からは、各学校や地域の創意工夫をこれまで以上に生かすため、従来の、文部科学省が研究開発課題を定めたうえで都道府県教育委員会等に学校の推薦を依頼していた方式を改め、学校の管理機関が主体的に研究開発課題を設定し、文部科学省に申請することとしている。

(2) 教育課程編成権の帰属

学校教育法33条は、「教育課程に関する事項は……文部科学大臣が定める」と規定している。文部科学大臣が定めるとしているのは、専門的事項であり、かつ時代の進展に応じて適宜改善を要すること、及び、教育の機会均等のために全国的基準が必要であることのためであるとされる。文部科学大臣の定めとしては、学校教育法施行規則、文部科学大臣が別に公示する学習指導要領がある（同法施行規則52条）。更に、地教行法33条1項は「教育委員会は……教育課程……について、必要な教育委員会規則を定める」と規定している。学習指導要領は「各学校においては、法令およびこの章以下に示すところに従い……教育課程を編成するものとする」としている。これらの規定から、教育課程の基準を文部科学大臣が、基本的事項を教育委員会が定め、それらに従って、各学校において具体的に決定されると解される。

そこにいう「学校」が何を意味するのかについて、教員集団と捉える説と校長と捉える説とが対立している。教員集団説は、「教諭は、児童の教育をつかさどる」（学校教育法37条11項）ので、教員集団に編成権限がある、職員会議の審議決定による教育課程の編成を校長が学校を代表して対外的に表示することになるとする。校長説は、教育委員会の学校管理権限（同法5条）に教育課程編成権限も含まれ、それが校長に委任されている、学校は教育活動を行う機関

であるから本来的に教育課程編成権限をもっており、「校務をつかさどる」校長（同法37条4項）に編成権限があるとする。

2. 学習指導要領

学習指導要領は、教育課程基準として、教育課程の編成要素である教科・道徳（小中学校）・特別活動について学年ごとにその目標、内容、内容の取扱い、時間配当等を定めている。研究開発校や研究指定校での研究実践、教育課程実施状況調査、中教審教育課程部会への諮問と答申を経て、ほぼ10年ごとに改訂され、改訂後、新学習指導要領に沿った新しい教科書の検定・発行が行われる。

なお、当初、「教科に関する事項」と規定されていたが、「教科に関する事項」の委任であるにもかかわらず学習指導要領には道徳や学校行事に関する事項まで含まれているとの批判もあって、平成19年の学校教育法改正により、「教科に関する事項」（[旧]20条、38条）が「教育課程に関する事項」（[現]33条、48条）に改められた。

(1) 法的拘束力

学習指導要領の法的拘束力についての学説は、①全面肯定説、②大綱的基準説、③学校制度的基準説、④全面否定説に大別される。①全面肯定説は、学習指導要領は法規であり全面的に法的拘束力を有すると解する。行政解釈でもある。②大綱的基準説は、学習指導要領は大綱的基準に限り法的拘束力があると解する。③学校制度的基準説は、「大綱」の曖昧さを是正すべく、大綱的基準は入学・卒業資格、教科目名、それ以外の教育課程編成要素、授業時数に限られるとする。④全面否定説は、国家の権限は内的事項には及ばないので法的拘束力は一切認められないとする。

学説の多くは、「学習指導要領の法的拘束力を全面的に認めることは妥当ではない。それは、教育の内容は、子どもの教育にとって何が必要かという専門的な判断に基づいて決定されるべきであって、国の行政機関である文部科学省ないし文部科学大臣が一方的に決定すべきではないからである。更に、学習指

導要領の作成にあたって、その内容について国会で議論がなされておらず、文部科学大臣がコントロールを受けずに作成したものであって、それを『法的拘束力』があるとして学校・教師に実施を義務づけているという重大な問題がある」、「非高等教育機関での教育は、真理教育ではなく、教師団の試行錯誤を通してなされる実践活動である。各学校における具体的な教育課程編成は、教師団の実践知のなかで練り上げられなければならない。……(伝習館一審判決が指摘したように)学習指導要領のうち、学校制度に関連する教育課程の条項(教科科目の別、単位数、授業時間等)は法的拘束力を有するとはいえるものの、個別科目の目標・内容に関する部分は、教員の参考書・手引書……であり、法的拘束力を有しない」等として、全面肯定説には批判的である。

下級審での判断は分かれていた。①全面肯定説の立場をとる判例としては、盛岡地判昭和41・7・22判時462号4頁等が「学習指導要領は、法規命令としての効力をもち、学校及び教育に対し、事項により、強弱はあるが、法的拘束力がある」、②大綱的基準説又は③学校制度的基準説の立場をとる判例としては、札幌高判昭和43・6・26判時524号24頁等が「大綱的な基準の限度を超える事項については、法的拘束力がなく単に指導助言的な意味を有する」、④全面否定説の立場をとる判例としては、福岡高判昭和42・4・28判時490号34頁等が「法的拘束力はなく、指導助言としての効力しか有しない」としている。

最高裁は、旭川学テ事件・最大判昭和51・5・21判時814号33頁において、なかには詳細にすぎ法的拘束力を認めるのが適切でない事項も含まれているが、全体としてはなお全国的な大綱的基準としての性格をもつので、全体としては法的拘束力を認めるのが相当であると述べているが、全面肯定説、大綱的基準説のうちどちらの立場をとったのか、必ずしも明らかではなかった。

旭川学テ最高裁判決後の伝習館事件・一審(福岡地判昭和53・7・28判時900号3頁)は、学校制度に関連する教育課程の規則に関する条項(教科科目の別、単位数、授業時間等)は法的拘束力を有するが、個別科目の目標・内容に関する部分は、法的拘束力を有しないとした。二審(福岡高判昭和58・12・24判時1101号3

頁）は、「機会均等と一定水準の維持の目的のための教育の内容及び方法についての必要かつ合理的な大綱的基準を定めたものと認められ、法的拘束力を有する」として全面的に法的拘束力を認めたが、学習指導要領違反の認定には厳格なしぼりをかけている。すなわち、学習指導要領違反に明白性を要求し、その判定に際しては、専門職たる教員の自主性を尊重すること、教育の機会均等の確保と一定水準の維持という目的に限定されること及び不必要な画一化は回避すること、懲戒事由となる教育の内容及び方法を学校教育法の定める目的・目標からも審査すること、指導要領が政治的中立の規制基準ではないこと、といった4つの考慮事由を提示する。最高裁（最一判平成2・1・18 判時1337号3頁）は、理由を示すことなく、「学習指導要領は法規としての性質を有するとした原審判決は、正当として是認することができ、右学習指導要領の性質をそのように解することが憲法23条、26条に違反するものではない」ことは旭川学テ最高裁判決の趣旨とするところである、とした。

　この問題は、これまでは、教科に関して争われてきたが、国旗・国歌条項に関しても争われている。ココロ事件・一審（福岡地判平成17・4・26 判例集未登載）は、大綱的基準説の立場に立ったうえで、大綱的基準にあたるか否かを判断する際には、「子どもの教育が教師と子どもとの間の直接の人格的接触を通じ、子どもの個性に応じて弾力的に行なわなければならず、そこに教師の自由な創意と工夫が要求されることを踏まえ、教師による創造的かつ弾力的な教育の余地や地方ごとの特殊性を反映した個別化の余地が十分に残されているかといった点を考慮すべきである」とする。そして、「我が国の国旗と国歌の意義を理解させ、これを尊重する態度を育てる」といった部分については法的拘束力を認めたが、他方、「入学式や卒業式などにおいては……国旗を掲揚するとともに、国歌を斉唱するよう指導するものとする」といった部分については法的拘束力を否定した。二審（福岡高判平成20・12・15 判例集未登載）も、ほぼ同趣旨の判断を示している。

　教育内容といっても、平等原則の要請から全国一律の水準に定められるべき部分と、直接生徒と接触する教員の創意工夫に委ねられるべき部分とがある。

基本的には、両者を区分する大綱的基準説が、妥当であろう。

なお、21世紀に入り、文部科学省は、学習指導要領は「最低基準」であり、内容を十分理解している児童生徒には「発展的な学習指導が求められている」として、現行の学習指導要領の最低基準としての性格を明確にしており、各学校での発展的な学習の導入が可能となっている。また、検定基準の改正により、学習指導要領には示されていない事項（発展的な学習内容）についても、一定条件のもとで教科書に記述できるようになった。

(2) 告　示

学習指導要領は、文部科学省告示という形式によって官報に掲載される。このことを理由に法的拘束力を否定する学説がみられる。しかし、告示については、単に通知するにすぎないものだけでなく、実質的に法規命令の補充たる性格をもつ場合もあれば、行政法規としての性格をもつこともあるので、法的拘束力を有するか否かは、その内容によって決まり、具体的に判断することが必要である。技術家庭科講習会に関する福岡高判昭和39・5・4高刑集17巻4号329頁は、「告示は……各種行政措置の公示の形式に外ならないから……その効力は専ら表示内容の法的性質による」としている。伝習館事件一審判決は、告示は一般的には法規命令の性格をもたないが、なかには実質的には法規の補充として、それ自身法規たる意味をもつものもあるので、告示という形式をとったことのみを理由として法規命令でないとすることも誤りであるとしている。

第2節　授　業

1. 授業内容

教員による授業に対して、校長、教育委員会、政治家等から、職務命令、処分、直接的圧迫が加えられることがある。

校長との関係では、校長は職務命令（地教行法43条2項）等によって授業内容にまで介入しうるかが問題となる。行政解釈は、「校務」（学校教育法37条4項）は教員の教育活動を含む学校の仕事のすべてを意味し、教員の教育活動にも校

長の監督権限は及ぶとして、その点を肯定する。他方、教育法学説上は、「校務」は各教員の教育活動を含まない全校的学校業務をいい、教育活動の内容について校長は指導助言権をもつにとどまり、監督権限は及ばず、職務命令を発することは教育基本法（旧）10条1項〔(現)16条1項〕の禁ずる「不当な支配」にあたる、教員に授業内容編成権があるとして否定する見解が有力である。

　中学校の担任が設けた「落書きコーナー」に生徒が「国会議事堂をぶっこわせ」「学校を封鎖せよ」「校長の口にセロハンテープを」等の書き込みをしたのを発見した校長が、同コーナーを撤去した事件において、長崎地裁佐世保支判昭和48・3・19判時709号82頁は、「教諭が生徒を教育する目的で教室内に展示した物を、第三者が当該教諭に無断で持ち去ることは原則として違法な行為といわなければならない。しかし、右展示物が社会通念に照らして教育の場としての教室に展示するのにふさわしくないと考えられる物であるなど特別な事情があるときは、校務全般について責任を負い、教諭を指導監督する立場にある校長自らの判断で右展示物をとりはずしても、これをもって違法ということはできない」としている。

　社会科の授業中に「教育委員会に密告」「アサハカな思い上がり」等といった特定の保護者を攻撃する文面のプリントを生徒に配布したために、今後プリントを生徒に配布するには管理職の許可を得るよう職務命令によって命じられた事件において、東京地判平成15・2・19労働経済判例速報1849号3頁は、校長はプリントが個人攻撃、人権問題になっているため職務命令を発したのであって、このような職務命令も教育管理の一方法として許されるとして、「日本列島どっこいしょ」とのプリントの社会科の授業での無許可配布と最初のプリント配布を理由とする減給処分を合法とみなしている（なお、当該教員は、その後も類似の行為を繰り返し分限免職処分を受けたが、東京地判平成21・6・11判例集未登載は、分限免職処分を合法と判示している）。

　教育委員会との関係では、授業内容を処分事由としうるかが問題となる。公立中学の授業中に、毛語録を解説し、その立場から時事問題を解説し、担任する生徒に毛語録を配布したことが、教育基本法（旧）8条2項、地方公務員法

32 条（法令遵守義務）、33 条（信用失墜行為の禁止）に違反するとして懲戒免職処分を受け、その取消訴訟が提起された。一審（山口地判昭和 52・7・21 判時 861 号 117 頁）は、教育基本法及び学校教育法に定める教育の根本精神が「教育において特定の政治思想乃至特定の政治勢力の主義主張を一方的に価値高いものとして教えこみ或いはそのように理解するよう教育指導すること」を排している等と述べ、処分を合法とみなした。二審（広島高判昭和 60・5・31 行集 36 巻 5 号 760 頁）も、「中学生は未だ十分な批判力を持たない年代であるから、教師の持っている思想、主義を常にそのまま教示できるとは限らず、おのずから一定の抑制を求められる」、我が国の「特定の政党の一部には毛沢東思想と緊密な思想的関係を持つ者もあるのであって、毛沢東思想と中国共産党の主義による政治教育は、教育基本法（旧）8 条 2 項の特定の政党を支持する政治教育をしてはならないとの趣旨に抵触する」等として、処分を合法とみなした。最高裁（最判平成 2・2・20 判例集未登載）は、原審が正当というのみである。

　政治家との関係では、個々の授業への直接的圧力の違法性が問題となる。都立高校の倫理の授業中に、教員が創価学会の会員である生徒に挙手を命じ創価学会を批判したところ、公明党都議会議員から教育委員会に抗議が寄せられ、教育委員会が議員に教員を非難、叱責する機会を提供したことに対して、教員が精神的苦痛を受けたとして国家賠償を請求するという事件において、一審（東京地判昭和 49・7・26 判時 754 号 64 頁）・二審（東京高判昭和 50・12・23 判時 808 号 57 頁）とも、特定の教員に対する特定の政党の党派的圧力は、教育基本法（旧）10 条 1 項の禁止する「不当な支配」に該当するにもかかわらず、そのような機会を教育委員会が提供したことは違法であるとして、国家賠償請求を認容している。また、都立養護学校性教育事件・東京地判平成 21・3・12 判例集未登載は、養護学校での性教育教材視察時の都議の言動が、高圧的な態度で一方的に批判し教員としての資質や人格を否定したものであり、名誉感情を違法に侵害するものであるとして、都議に民法に基づく賠償（議員としてではなく個人としての立場で行ったため）を命じた。都に対しては、随行した都職員が都議による「不当な支配」にあたる言動から教員を保護すべきであるにもかかわらず、

それを行わなかった都教委職員の不作為は、教育条件整備義務を定める教育基本法（旧）10条2項に違反するというべきであり、また、不適切な性教育を行ったとして厳重注意とした点は、創意工夫による実践実例の開発を萎縮させないような配慮を欠いており、裁量権を濫用したものとして違法であるとして、都に国家賠償を命じている。

　この問題については、憲法上「教育裁量」が認められ、学校教育法上「児童の教育をつかさどる」（37条1項）権限を付与されている教員に、授業内容についての広範な裁量が認められ、それが濫用された場合に限り、校長が職務命令、教育委員会が監督権限に基づき介入できる（政治家には、個々の教員を直接監督する権限は付与されていない）と解すべきであろう。

私立学校での校長による盗聴

　私立目黒高校教員の授業内容を校長が盗聴しそれを根拠に解雇した事件において、東京地判昭和47・3・31判時664号23頁は、教育基本法（旧）10条1項は教育権の独立を宣言しており、それは私立学校にも妥当する、校長による授業内容の盗聴録音は教育基本法（旧）10条の「不当な支配」にあたる、このような方法を容認すれば、「教育の自由の空気は失われ、教員の授業における自由および自主性が損なわれることは否定できない」、教員の教育の具体的活動の内容に立入って命令、監督することは避けなければならず、そのなし得ることは教員に対する適正な手段による援助ないし助成でなければならない、右の援助ないし助成を現実に行なった後においてもなお、その効なしと認められるとき、はじめて解雇その他の是正手段をとり得ると述べ、解雇権の濫用と結論づけている。

授業での政治の扱い

　教育基本法14条1項は、「良識ある公民として必要な政治的教養は、教育上尊重されなければならない」と規定し、学校教育法51条3号は「社会について、広く深い理解と健全な批判力を養い、社会の発展に寄与する態度を養うこと」を高校教育の目的として掲げている。他方、教育基本法14条2項は「法律に定める学校は、特定の政党を支持し、又はこれに反対するための政治教育その他政治的活動をしてはならない」と規定している。これらの条項のもとで、授業をはじめとする学校教育にどの程度、どのような形態で「政治」を取り入れうるのかが、問題となる。

　その中でもとりわけ、現実の具体的な政治的事象の取扱いが、問題となりうる。この点、「高等学校における政治的教養と政治的活動について」（昭和44・10・31文初

高第483号初等中等教育局長通達）は、「現実の具体的な政治的事象は、内容が複雑であり、評価の定まっていないものも多く、現実の利害の関連等もあって国民の中に種々の見解があるので、指導にあたっては、客観的かつ公正な指導資料に基づくとともに、教師の個人的な主義主張を避けて公正な態度で指導するよう留意すること」「現実の具体的な政治的事象については、種々の見解があり、一つの見解が絶対的に正しく、他のものは誤りであると断定することは困難であるばかりでなく、また議会制民主主義のもとにおいては、国民のひとりひとりが種々の政策の中から自ら適当と思うものを選択するところに政治の原理があるので、学校における政治的事象の指導においては、一つの結論をだすよりも結論に至るまでの過程の理解がたいせつであることを生徒に納得させること」「いやしくも教師としては中立かつ公正な立場で生徒を指導すること」等を求めている。

　生徒といえども、成人になるまでに徐々に政治的見解に触れ政治的素養を身に着けていく必要がある、日常的に新聞、テレビ、知人等を通じて政治的見解に接せざるをえない、授業とりわけ社会の授業で政治が取り上げられている、「政治的中立性」の維持の名のもとにかえって教育への政治的介入がなされる場合がある等の点を考慮すれば、教員は生徒に対して政治的表現を一切行ってはいけない、との帰結が生じるわけではない。①生徒の成熟度─小学生か中学生か高校生か等、②受領の強制度─生徒がその表現を事実上受領せざるをえない状況に置かれているか否か等、③表現提示の手法─複数の見解の一つとして並列的に提示されているのか、それともそれが唯一正しい見解として教え込もうとしているのか等、④生徒との係わり─生徒の教育条件と係わる事項についての政治的表現であるか否か等、に応じて、禁止される政治的表現の範囲を画定していくべきであろう。

2.　**教科書・教材の使用**（⇒『15講』120頁）

　教科書の使用義務については、学校教育法34条1項が、「小学校においては、文部科学大臣の検定を経た教科用図書又は文部科学省が著作の名義を有する教科用図書を使用しなければならない」（49条、62条、70条、82条により中学校、高等学校、中等教育学校、特別支援学校に準用）と規定している（なお、文部科学省著作教科書は、需要数が少ないために民間で発行が困難な分野の教科書等を発行する場合に利用される。現在では、職業科関係の特定科目の教科書、通信教育関係の教科書等がこれに該当する）。ただし、高等学校、中等教育学校の後期課程、

特別支援学校・学級では、検定・文部科学省著作教科書がない（高等学校、中等教育学校）もしくは適切でない（特別支援学校・学級）場合には、他の適切な教科用図書を使用できる（学校教育法附則9条、同法施行規則89条、131条、139条）。

学校教育法34条1項の解釈として、二つのものがみられる。第1は、学校では必ず教科書を使用しなければならず、その場合、検定教科書又は文部科学省著作教科書を使用しなければならない、との解釈である。これは行政解釈でもある。第2は、学校で教科書を使用するか否かは任意であって、使用する場合には、その教科書は検定教科書又は文部科学省著作教科書でなければならない、との解釈である。

伝習館事件・一審（福岡地判昭和53・7・28判時900号3頁）は、学校教育法（旧）21条1項〔(現)34条1項〕の「文言上」教科書を「使用しなければならないことは明らかであ」り、このことは「教育の機会均等の要請、全国的な一定水準維持の要請、子どもの側から学校や教師を選択する余地が乏しいこと等からも裏付けられる」とし、二審（福岡高判昭和58・12・24判時1101号3頁）・最高裁（最一判平成2・1・18判時1337号3頁）とも、それを支持している。

学校教育法34条1項の文言からは第1説のように解釈せざるをえないが、そのように解釈された同項の合憲性が問題になる。この点、伝習館事件最高裁判決は、そのように解しても憲法26条、教育基本法（旧）10条に違反しないことは旭川学テ最高裁判決の「趣旨に徴して明らかである」としている。学説上は、教科書使用義務は教員の教える自由を不当に制限するものとして憲法違反になるとの見解も存するが、当該教科書の検定と採択が憲法に適合してなされているならば、当該教科書の教員への使用義務も合憲ということになろう。なぜならば、そのような検定に合格した教科書は抽象的な生徒にとっての政治的中立性、発達適合性等を満たしている以上、教員は自己の主観的信念を理由にそのような教科書の使用を拒否しえないからである。

なお、生徒との関係では、学校教育法34条1項は「学校」を名宛人としているので、生徒にまでは使用義務を課していないと解されるが、自己の思想や信教に反する教科書が授業で使われた場合には、当該生徒にはその使用を拒否

し、代替教材を使用する自由が認められなければならない。

　教科書の使用義務を肯定した場合、いかなる場合に教科書を使用したといえるのかという教科書の使用形態が問題となる。伝習館事件一審判決は、優れた教科書のみでは教育の成果は期待できず教員の創意工夫が要請される、教科書に絶対的な価値を認めることは戦前の国定教科書の例に照らしても危険を内包していることから「教科書の教え方や補助教材との使用上の比重等は教師の教育方法の自由に委ねられている」と、使用形態の自由をかなり広範に認めている。それに対して二審判決は、「教科書使用義務を認めるのは……教育の一定水準の維持等という目的と教授技術の有効性にあるのであるから、教科書のあるべき使用形態としては、授業に教科書を持参させ、原則としてその内容の全部について教科書に対応して授業することをい」い、「このことをなした上、その間に、教師において、適宜、本件学習指導要領の教科、科目の目標及び内容に従って、教科書を直接使用することなく、学問的見地に立った反対説や他の教材を用いての授業をすることも許される」と述べ、教科書に対応するとの原則により使用形態の自由を限定している（最高裁判決はこの点については言及していない）。

　補助教材の使用に関しては、学校教育法34条2項が「教科用図書以外の図書その他の教材で、有益適切なものは、これを使用することができる」と規定し、その使用を認めている。同法は、誰がそれを決定しうるのかについては明示していないが、地教行法23条は、教育委員会の職務権限の一つとして「教科書その他の教材の取扱いに関すること」（6号）をあげ、33条1項は、教育委員会が教材の取り扱い等についての規則を定めるとし、33条2項は、「教育委員会は、学校における教科書以外の教材の使用について、あらかじめ、教育委員会に届け出させ、又は教育委員会の承認を受けさせることとする定を設けるものとする」としている。文部（科学）省も、昭和49・9・3文初小第404号初等中等教育局長通達において、「1、学校における補助教材の選択に当たっては、その内容が教育基本法、学校教育法、学習指導要領等の趣旨に従い、かつ児童生徒の発達段階に即したものであるとともに、ことに政治や宗教について、

特定の政党や宗派に偏った思想、題材によっているなど不公正な立場のものでないよう十分留意すること」「2、教育委員会規則の定める補助教材の事前の届出又は承認に関する手続の励行に留意する」こと、等としている。

しかし、伝習館事件二審判決のように教科書使用形態の自由をほとんど認めず、届出・承認が必要な「補助教材」の範囲を広く捉えるならば、担当する生徒の実状に応じて教員が創意、工夫する余地はほとんどなくなってしまうであろう。

なお、公立中学校長が道徳副読本を採択したことに対して、同校の教員が教育権の支分権たる教材選定権が侵害されたとして、採択の取消と国家賠償を求めた事件において、名古屋地判平成17・2・24判例集未登載は、「教員の教材選定権なるものが独自の権利ないし法的利益として認められない」として、取消請求を却下し、国家賠償請求を棄却している。

教科書検定の合憲性・合法性　(⇒『15講』109頁)

教科書検定の合憲性については、家永、高嶋訴訟で、教科書執筆者によって争われたが、杉本判決（東京地判昭和45・7・17判時604号29頁）のみが当該検定を「検閲」（憲法21条2項）にあたるとして違憲と判断しているが、それ以外の判決はすべて、合憲と判断している。裁量権の濫用・逸脱については、その主張の多くは斥けられたが、家永一次訴訟一審、家永三次訴訟一審・二審・最高裁判決等は、一部であるが裁量権の濫用・逸脱を認めている。その際、判決の多くは、「看過し難い過誤」の基準、すなわち、学説・教育状況についての認識や検定基準違反の認識等に看過し難い過誤がある場合には、裁量権の濫用・逸脱があるとの基準を用いている。この基準によれば、検定意見は相応の根拠を示すだけではだめで、学界の客観的な学説状況を踏まえたものでなければならないことになり、「相応の根拠」論よりも厳格な基準といえる。この基準のもとでは、裁判所は学界の状況を認定するのであって、歴史的事実の真否や学説の優劣を判断するわけではない。

教科書採択権限の所在　(⇒『15講』113頁)

現行法令は教科書採択権限の所在を必ずしも正面から明示していない。そのため、採択権限の所在が、問題となっている。この点、「教諭は、児童の教育をつかさどる」（学校教育法37条11項）等を根拠に、採択権限は教員（集団）にあるとする学説もみられる。しかし、「教育委員会並びに国立及び私立の義務教育諸学校の校長の行う採

択に関する事務」（義務教育諸学校の教科用図書の無償措置に関する法律［無償措置法］10条）、採択地区が2以上の市町村にまたがる場合「教育委員会」は協議して「同一の教科用図書を採択しなければならない」（同法13条4項）、「指定都市の教育委員会」は「種目ごとに一種の教科用図書を採択する」（同法16条2項）等の条項からすれば、採択権限は、公立の場合には教育委員会に、国立・私立の場合には校長に存すると解さざるをえないであろう。もっとも、このことは、決定権限の所在を示すものであって、決定に至るプロセスからの教員、生徒、親、住民の排除を要請するものではない。平成2・3・20文初教第116号初等中等教育局長通知は、選定審議会委員に「保護者の代表を委員に加えていくことが望ましい」としている。参加の進展が望まれる。

第3節　生徒の評価

1.　調査書・指導要録・通知表
(1)　調査書（内申書）

調査書とは、出身学校から進学志望校へ送られる進学用資料をいい、中学の場合、中学校長が高校等の校長に送付しなければならない（学校教育法施行規則78条）。

調査書については、公正な記載、秘密の保持が求められる。この点が問題となったのが、麹町中内申書事件である。本件では、内申書の「備考」「特記事項」欄に「校内において麹町中全共闘を名乗り、機関紙『砦』を発行した。学校文化祭の際、文化祭粉砕を叫んで他校の生徒とともに校内に乱入し、屋上からビラをまいた。大学生ML派の集会に参加している。学校当局の指導説得をきかないでビラを配ったり、落書きをした」旨記載され、また「欠席の主な理由」欄には、「風邪、発熱、集会に参加して疲労のため」という趣旨の記載がなされていたため、高校に不合格になったとして国家賠償が請求された。

一審（東京地判昭和54・3・28判時921号18頁）は、思想・信条によって差別されるべきではない（教育基本法［旧］3条1項）とされていることにかんがみれば、公立中学校においても、生徒の思想、信条の自由は最大限に保障されるべきであって、生徒の思想、信条のいかんによって生徒を分類評定することは違法で

ある、生徒の言論、表現の自由もしくはこれにかかる行為も、最大限に尊重されるべきであるから、生徒の精神的発達に伴う自発的行為であるときには、「学校の正常な運営もしくはその教育環境が破壊されるおそれがあるなど学校側の教育の場としての使命を保持するための利益が侵害されるおそれのある場合」以外は、マイナスの要因として評定することは違法であるとする。そして、本件行為は中学生としての真摯な政治的思想・信条に基づく言論、表現の自由にかかる行為であり、それにより直接もしくは多数の同調者がでるなどして、中学校の教育活動に混乱支障が生じたとまではいえないので、本件記載は教員の教育評価権の裁量の範囲を逸脱した違法なものであると、結論づけている。

二審（東京高判昭和 57・5・19 判時 1041 号 24 頁）は、本件記載は「被控訴人の思想信条そのものを問題とし、これにマイナスの評価を加えたものではなく、被控訴人の中学生としては明らかに異常な行動面を問題としたものである」、仮にその行動が思想信条から発したものであるとしても、被控訴人が「生徒会規則に反し、校内の秩序に害のあるような行為にまで及んで来た場合において、中学校長が高等学校に対し、学校の指導を要するものとして、その事実を知らしめ、もって入学選択判定の資料とさせることは、思想信条の自由の侵害でもなければ、思想信条による教育上の差別でもない」等と述べ、本件記載は憲法 19 条、教育基本法（旧）3 条 1 項に違反するものではないと結論づけている。

最高裁（最二判昭和 63・7・15 判時 1287 号 65 頁）は、本件記載は上告人の思想、信条そのものを記載したものではなく、右の記載に係る外部的行為によっては上告人の思想、信条を了知しうるものではないし、上告人の思想、信条自体を入学者選抜の資料に供したものと解することができないから、憲法 19 条、教育基本法（旧）3 条 1 項に違反するものではない、また、教育上のプライバシーを侵害するものでもない、等としている。

麴町中内申書事件については、次の点を指摘しうる。第 1 は、中学生の思想、信条の自由の位置づけである。一審判決は、基本的には教育基本法の枠組の中ではあるが、中学生の自我形成過程の不安定性にもふれつつ、中学生にも思想、信条の自由は最大限に保障されるべきであるとしており、評価に値する。他方、

二審判決と最高裁判決は、思想、信条の自由そのものと表現、行動の自由とを切り離してしまっている。しかし、後者を尊重しない限り前者も尊重されえない。両者の関係は、一審判決のように、密接不可分のものとして捉えられるべきである。第2は、裁量論である。従来の判決の多くは学校側の裁量を広く認めてきたが、一審判決は、裁量の限界を厳格に捉えている。憲法上の精神的自由権が問題となっている本件の場合には、厳格に限定すべきであろう。第3は、思想、信条の推知である。最高裁が、思想、信条を了知しうるものではないとしたことには、疑問が残る。本件記載内容から左翼的思想が推知されると捉えるのが自然であろう。第4は、本件で侵害される権利の捉え方である。本件の場合、憲法26条の学習権、憲法19条の思想、信条の自由の侵害の問題よりはむしろ、プライバシー権（自己情報コントロール権）侵害の問題に焦点をあてて論じるべきであった。最高裁は、当該情報の開示は特定小範囲の人に対するもので情報の公開には該当しないから、プライバシー侵害の問題にはならないとしている。しかし、プライバシー権の侵害は、特定小範囲の人に対する開示についても生じうる。思想、信教、社会的差別等に係わるセンシティブ情報は、やむにやまれざる事由がない限り、収集、提供してはならないとの前提から出発し、内申書に記載しうる限界を探っていくべきであろう。

　私立中学生の評定が、都立高校を受験しないにもかかわらず、区教委、都教育長に提出された事件において、東京地判平成20・10・24判時2032号76頁は、評定には「学習指導要領の実現状況、学習態度、技能等の当該生徒の外面のほか、学習意欲及び資質等の当該生徒の内面をも推知することができ」プライバシー情報にあたる、したがって、当該生徒の継続的な教育の目的に基づき開示される場合等を除いて開示は許されないが、都立高校へ出願しない生徒については、継続的な教育とは無関係であるので、プライバシーの侵害にあたるとして、賠償を命じている。

(2) 指導要録

　指導要録とは「児童等の学習及び健康の状況を記録した書類の原本」をいい、①入学、転入学、卒業等といった学籍に関する記録、②教科の学習、特別活動、

行動、出欠等といった指導に関する記録から構成される。「校長は……指導要録……を作成しなければなら」ず（学校教育法施行規則24条1項）、進学・転学先にその写しを送付しなければならない（同施行規則24条3項）。保存期間は5年間であるが、そのうちの「入学、卒業等の学籍に関する記録」は20年間とされている（同施行規則28条2項）。作成権者について、教育法学説上、同施行規則24条は対外的表示権と保管義務を定めたものであり、教育評価記載は各教員ないし教員集団に委ねられているとの見解が有力である。

なお、調査書、指導要録への公正な記載を担保するためには、それらの本人開示が有用であるが、他方で記載の形骸化が問題となる（⇒『15講』97頁）。

(3) 通知表

通知表の一律評価が処分事由の一つとされた伝習館事件において、「生徒の進歩、変化の度合いを測定する必要がある。その測定活動が評価であって、教育上重要な意味を有するものと考えられる。生徒の成績評価権は教師の職務権限に属するが、右重要性に鑑み、教師の恣意的、独善的な行使が許されないことは教育条理に照らし首肯し得る」（一審）、一律評価は生徒心得に違反するのみならず「教師及び生徒にとって教育上も不相当である」（二審）として、一律評価は否定されている。

公立小学校校長が全教員に対し通知表の下書きの事前提出を指示したところ、一人の教員がそれに従わず、再度の指示後通知表の原本を提出したが記載内容の修正指示に従わず、通知表のコピーを校外（教組事務所）に持ち出したために、職務命令遵守義務違反、守秘義務違反として戒告処分を受けたため、処分の取消と国家賠償が求められるという事件が発生した。仙台地判平成23・1・20判例集未登載は、校外持ち出しと下書きの事前提出の拒否を併せ考慮すれば裁量権の濫用とは認めがたいとして、戒告処分を合法とみなした。修正命令に従わなかったことについては、同判決は、通知表の記載は「教師の教育活動の中でも、教師の裁量を尊重すべき要請が相対的に大き」く「不当な上司の職務命令や公権力行使から法的に保護されるべきものである」が、他方、学校は「一定の教育目標を実現するため各構成員が一体となって活動する有機的な

組織体」であり「一定の水準を維持する要請が強い」ことに照らせば、校長らが「合理的な手段、方法をもって」教員の権利に制限を加えることも許容されるとの基準を示す。そして本件での修正命令は、漢字の使用を常用漢字に限定せよ、難しい漢字にルビをうて等といったものであって、「子供の学習権を充足するという目的に照らして合理的な手段、方法であると認めるに足りない」ので、本件修正命令に従わなかったことを懲戒事由とはなしえないとしている。

通知表での評価は、教科を含む学校生活全般の評価であるので、その評価権限は、生徒の教育をつかさどり（学校教育法37条11項）日常的に生徒と接触する教員に帰属し、校長等が介入しうるのは、伝習館事件のように教員による評価が明らかに生徒の発達を阻害する場合等に限られよう。

通知表不交付へのビラ攻撃

公立小学校において、通知表の様式と評定記載方法をめぐり校長と一部教員が対立し、児童に通知表が交付されないという事態が生じた。それに対して、「教育正常化父母の会」を名乗るY（当該学校の父母ではない）が、教員50名の氏名、住所、電話番号を記載し当該教員を批判したビラ約5000枚を繁華街等で配布した。その後、教員の自宅に多くの嫌がらせ電話・ハガキが寄せられ、自宅付近で右翼団体のスピーカーによる連呼等がなされた。そこで、教員は精神的苦痛に対する慰謝料と謝罪広告の掲載をYに求めて出訴した。

一審（長崎地判昭和58・3・28判時1121号106頁）は、本件ビラは「通知表をめぐる学校教育問題についてのものであるから、公共の利害に関するものと一応はいえ」るが、「組合教師に対する反感ないし敵意の表出というべきものであって、到底主として公益を図る目的の下になされた公正な論評ないし真摯な意見の陳述ということはできない」として、名誉毀損による不法行為の成立を認め、慰謝料（自宅等への攻撃を引き起こしたことも含めて）の支払いと謝罪広告の掲載を命じた。二審（福岡高判昭和60・7・17判タ567号180頁）も、一審判決が相当であるとして、控訴を棄却した。

しかし、最高裁（最一判平成元・12・21判時1354号88頁）は、名誉毀損については、「一般市民の間でも大きな関心事になっていた小学校における通知表の交付をめぐる混乱という公共の利害に関する事項についての批判、論評」であり、「本件ビラを全体として考察すると、主題を離れて被上告人らの人身攻撃に及ぶなど論評としての域を脱している」とはいえないこと等から「本件配布行為が専ら公益を図る目的に出たものに当たらないということはできず」、「その主要な点において真実であるこ

との証明があったものとみて差し支えないから、本件配布行為は、名誉侵害の不法行為の違法性を欠く」としている。しかし、人格的利益については、「上告人の本件配布行為に起因して私生活の平穏などの人格的利益を違法に侵害されたものというべきであり、上告人はこれにつき不法行為責任を免れない」とし、結局、人格的利益を侵害されたことのみによる精神的苦痛に対する慰謝料の支払いを命じている。

　刑法230条の2は、名誉を毀損する行為であっても、それが「公共の利害に関する事実」に係るもので、「公益を図る」目的でなされた場合、「真実であることの証明があったとき」は、処罰されないと定めているが、その趣旨は、不法行為上の名誉毀損の場合にも妥当する（最一判昭和41・6・23判時453号29頁等参照）。名誉毀損につき、一審・二審判決と最高裁判決とで結論が異なったのは、公益目的の有無についての捉え方の違いによるものであった。

2. 学力調査

(1) 旧全国学力調査

　旧全国学力調査は、昭和31年度に小中高等学校を対象として抽出方式で始まり、昭和36年度から昭和39年度の間は、中学2、3年生全員参加を前提として実施されたが、反対運動の高まりもあり、昭和41年度を最後に中止された（その後、昭和56年度から、1割以下の抽出方式で「教育課程実施状況調査」が学習指導要領の改訂に合わせて行われるようになった）。

　旧全国学力調査の合法性については、刑事事件（旭川学テ事件等）、行政事件（山口学テ事件・最三判昭和59・12・18労判443号16頁等）として、手続面と実体面の両面で争われている。すなわち、全国学力調査を行う根拠規定はどこに求められるのか、全国学力調査の実施が教育基本法（旧）10条1項の「不当な支配」にあたり同条項に違反するかが、旧全国学力調査での主要な争点であった。下級審では、違法判決と合法判決とに分かれていた。

　最高裁は合法と判断した。すなわち、第1の点について、最高裁は、旭川学テ事件において、①文部大臣は、地教行法54条2項によっては、教育委員会に対して学力調査の実施を義務づけることはできないが、②教育委員会は本来同法23条17号（「教育に係る調査及び指定統計その他の統計に関すること」）を教

育委員会の職務権限の一つと定める）により学力調査実施の権限を有しているので、文部大臣の要求に応じて学力調査を行っても手続上違法となるわけではない、としている（これに対して学説からは、①と②に整合性がない、調査の実施を義務づけた文部大臣の要求が「動機」にすぎないと解し、地教委が独自の立場で判断し決定したとの構成は、いささか苦しい、強力な行政指導も「動機」にすぎないとするのは全くの形式主義であるといった批判がなされている）。

第2の点について、最高裁は、①調査目的において文部大臣の所掌とされている事項と合理的関連性を有するか、②その目的のために本件のような調査を行う必要性を肯定することができるか、③本件の調査方法に教育に対する不当な支配とみられる要素はないか、との3点を検討しなければならないとする。そして、①学習の改善に役立つ教育条件を整備する資料とすること等といった学力調査の目的と、教育水準を維持する等の文部大臣の権限とは合理的関連性を有する、②全国の中学生の学力の程度を知ることは、教育水準を維持する等のための資料として必要かつ有用である、③本件調査は、個々の生徒の成績評価を目的とするものではなく教育活動そのものとは性格を異にし、指導要領の遵守を教師に間接的に強制するためのものではないので、不当な支配とはみなしえない、としている。この点、親・教員だけでなく国も教育責任を負っているので、国が子どもの学力を調査すること自体は、「不当な支配」にあたるとはいえないであろう。ただ、最高裁が、「成績競争の風潮を生み、教育上必ずしも好ましくない状況をもたらし、また、教師の真に自由で創造的な教育活動を畏縮させるおそれが絶無であるとはいえず、教育政策上はたして適当な措置であるかどうかについては問題がありうべく」として一定の懸念を表明していることに、留意する必要がある。

(2) 地方公共団体レベルでの学力調査

地方公共団体レベルでは、平成14年開始の荒川区、平成15年開始の東京都を始めとして、最近全員を対象とした学力調査が、行われるようになってきている。たとえば、広島県では、平成14年から毎年、公立校のすべての小学5年生と中学2年生を対象とした県独自の学力調査を実施し、結果を市町村別に

第3節　生徒の評価　141

公表している。足立区では、平成17年から毎年、区立の小学2年生から中学3年生までのすべての生徒を対象とした区独自の学力テストを実施している。各科目とも目標値を定め、平均到達度として全校分が公表される。品川区では、小学4年生、中学1年生（小中一貫校では7年生）全員を対象として、品川区独自の国語と算数（数学）の学力定着度調査を年度末に実施し、学校ごとに具体的な数値結果を、課題や解決方策とともに、公表している。これらの区では学校選択制を導入しており、成績上位校に入学希望者が集中する傾向にある。

このように、新全国学力調査の実施前に、「既にほぼ全都府県が独自の学力テストを導入している状況」にあり、「都道府県単位で『標準学力テスト』が急速な勢いで導入され、今回の文部科学省による全国一斉学力テストは、その総仕上げ版という位置づけでしょう」と評される状況にあった。

(3)　新全国学力調査

全員参加を前提にした全国学力調査としては43年ぶりに、平成19年4月24日に「全国学力・学習状況調査」（以下、「新全国学力調査」とよぶ）が、小学6年生と中学3年生を対象として国語と算数（数学）で実施され、愛知県犬山市の14校を除く（その後、犬山市も参加するようになった）すべての国公立学校と私立学校の約6割が参加した。その後、政権交代に伴い、平成22年度から、3割を抽出する方式に改められた。

地方公共団体レベルでの学力調査と新全国学力調査の場合、裁判では旧全国学力調査での争点となった2点は争われておらず、結果の公表が争われている。枚方市独自の学力調査での学校別の平均点と到達評価の公開が枚方市情報公開条例に基づいて求められたが、一審（大阪地判平成18・8・3判タ1235号183頁）は、「少なくとも、入学試験がなく、学校選択制もない枚方市立中学校に通う生徒について、本人の成績ではなく、その通う中学校の成績が悪かったことから、その生徒が劣等感を抱き、学習意欲等を低下させるまでの劣等感を抱くことは、通常、考え難い」等と述べ、公開を命じている。二審（大阪高判平成19・1・31判自296号60頁）も、一審判決を支持している。他方、岩手県独自の学力調査での学校別の成績の公開が花巻市情報公開条例に基づいて求められたが、一審（盛

岡地判平成 19・8・17 判例集未登載）は、公開されると過度のテスト対策に走るおそれがあり学力テストの本来の目的（指導の改善、学力向上）の実現を損なう可能性がある、小規模学校・学級では個々の生徒の得点が推測される可能性があること等を理由に「公正かつ能率的な遂行を不当に阻害するおそれ」(7条6号ウ)との非公開事由に該当するとして、市の非公開決定を支持している。二審（仙台高判平成 19・12・20 判例集未登載）も、学校別の調査結果の公表には、保護者・住民の学校教育への関心を高め、学校・教員も学力向上を強く意識した教育を行おうとするメリットがあるが、他方では、学校間の序列化につながる、普段の授業が学力調査対策中心となる、小規模校では生徒が特定されるとのおそれがあり、そのため、普段の学力・学習状況をできるだけ正確に把握するという本件調査の目的に沿わない結果となると述べ、一審判決を支持している。

新全国学力調査の結果の公表については、文部科学省の「平成20年度全国学力・学習状況調査に関する実施要領」は、調査結果の取扱いとして、「これが一般に公開されることになると、序列化や過度な競争が生じるおそれや参加主体からの協力及び国民的な理解が得られなくなるなど正確な情報が得られない可能性が高くなり、全国的な状況を把握できなくなるなど調査の適正な遂行に支障を及ぼすおそれがあると考えられるため、行政機関の保有する情報の公開に関する法律第5条第6号の規定を根拠として、同法における不開示情報として取り扱うこととする」「教育委員会等においても、……上記を参考に、それぞれの地方公共団体が定める情報公開条例に基づく同様の規定を根拠として、情報の開示により調査の適正な遂行に支障を及ぼすことのないよう、適切に対応する必要がある」としている。しかし、他方では、宇都宮市、東京都墨田区、広島県福山市等のように、各学校のホームページに、新学力調査の当該学校の成績を公表する地方公共団体も現れている。

新全国学力調査の公開請求に関して、大阪地判平成 21・5・15 判時 2065 号 31 頁は、文部科学省が学校名を明らかにした公表をしないよう求めている、学校の序列化や過度の競争の発生等の弊害の発生が危惧されている等の点から、学校別平均点は「公開することにより、市と国等との協力関係を著しく損

なうと認められるもの」（国等協力情報）に該当するとして、非公開決定を適法とみなしている。また、大阪地判平成 22・6・18 判自 340 号 68 頁・確定も、学校名は非公開にするとの国の実施要領を信頼して参加した実施主体の国への信頼を損なう、学校の序列化や過度の競争の結果、学力、学習状況がテストに正確に反映されなくなるおそれがある等の点から、学校別平均点は事務執行支障情報に該当するとして、非公開決定を適法とみなしている。

　他方、鳥取地判平成 21・10・2 判例集未登載は、県条例は県による学力調査結果は児童等の数が 10 人以下の学級に係るものを除いて公開すると定めている（7 条）が、その趣旨は新全国学力調査の場合にも十分尊重されるべきである、県による学力調査の市町村別・学校別の結果は過去 5 年間にわたって公開されてきたが、それにより序列化や過度の競争が生じたという報告は一切なされていない等の点を理由として、市町村別・学校別の結果の非公開処分を取消した。なお、訴訟継続中に、県条例の一部改正がなされ、公開決定を受けた者は「成長段階にある児童等の心情に配慮し、特定の学校又は学級が識別されることにより学校の序列化、過度の競争等が生じることのないように当該全国学力調査情報を使用しなければならない」（18 条の 2）が追加された。

　このように、判例の結論は分かれているが、それは、主に、公表によって生じうる弊害についての認識の相違によるものであろう。

第 4 節　学校行事・課外活動

1.　学校行事

　入学式・卒業式での日の丸掲揚・君が代の斉唱が、多くの訴訟で争われてきた（⇒『15 講』51 頁）。掲揚されている日の丸を引き下ろす、式典中に抗議行動を行う等のいわば「積極的妨害行為」については、戒告等の懲戒処分や文書訓告がなされ、裁判において、それが支持されている。たとえば、大阪府立東淀川高校事件・大阪地判平成 8・2・22 判タ 904 号 110 頁・確定は、「自分の考えと相容れないからといって、適法な職務行為を実力をもって妨害する行動にで

ることまでを憲法が保障しているとは到底認めることができない」としている。また、都立養護学校事件・東京高判平成14・1・28判時1792号52頁は、「日の丸に対する敬礼その他の行動を強制する決定を伴わないものである場合に、その掲揚を教職員が実力をもって妨害する行為は」、法令等及び上司の職務上の命令に従う義務違反（地方公務員法32条）、信用失墜行為（同法33条）に該当するとしている。

　積極的妨害行為を思想の自由等によって正当化することはできない。ただ、課せられる不利益は生じた害悪に比例したものでなくてはならず、多くの場合、最も軽い懲戒処分である戒告か、文書訓告がなされてきた。また、積極的妨害行為に対して刑罰を科するのは慎重でなければならない。ちなみに、大阪府立阿倍野高校事件・大阪地判昭和47・4・28判タ283号256頁は、日の丸掲揚に関する団体交渉を打ち切って退出しようとした校長ともみあった教員の行為につき、公務執行妨害罪として処罰に値するだけの可罰的違法性を具備していないとして無罪と判示している。他方、東京地判平成18・5・30判例集未登載は、保護者に君が代斉唱時に着席したままでいるよう呼びかけ、校長・教頭による制止に従わず大声で発言を続け、卒業式の開式を約2分遅らせた元教員を、威力業務妨害罪の構成要件（「威力」「業務妨害」「故意」）を満たすとして罰金20万円に処している。可罰的違法性を欠くとの主張に対しても、「法益侵害の程度は軽微なものとはいえない」として斥けている。二審（東京高判平成20・5・29判時2010号47頁）、最高裁（最一判平成23・7・8判例集未登載）とも、一審判決を支持している。

　最近では、ピアノ伴奏、起立・斉唱の拒否といった消極的妨害行為・個別的不服従へと争いは移ってきている。これらの拒否を理由とする教員への懲戒処分、再任用・再雇用の拒否について、下級審では、合憲判決（東京高判平成20・5・29判時2010号47頁、東京高判平成21・10・15判時2063号147頁等）だけでなく、違憲判決（東京地判平成18・9・21判時1952号44頁〔国旗国歌予防訴訟〕）、違法判決（福岡地判平成17・4・26判例集未登載〔ココロ裁判〕、東京地判平成21・1・19判時2056号148頁〔再任用・再雇用〕等）もみられた。

しかし、最高裁（最三判平成19・2・27判時1962号3頁）は、ピアノ伴奏拒否事件において、「客観的に見て、入学式の国歌斉唱の際に『君が代』のピアノ伴奏をするという行為自体は、音楽専科の教諭等にとって通常想定され期待されるものであって、上記伴奏を行う教諭等が特定の思想を有するということを外部に表明する行為であると評価することは困難なものであり」「上告人に対して、特定の思想を持つことを強制したり、あるいはこれを禁止したりするものではなく、児童に対して一方的な思想や理念を教え込むことを強制するものとみることもできない」として、憲法19条に違反するものではないと結論づけている。このような多数意見に対して、藤田反対意見は、本件での真の問題は「入学式においてピアノ伴奏をすることは、自らの信条に照らし上告人にとって極めて苦痛なことであり、それにもかかわらずこれを強制することが許されるかどうかという点にこそある」と指摘したうえで、「上告人の『思想及び良心』とは正確にどのような内容のものであるかについて、更に詳細な検討を加える必要があり、また、そうして確定された内容の『思想及び良心』の自由その制約要因としての公共の福祉ないし公共の利益との間での考量については、本件事案の内容に即した、より詳細かつ具体的な検討がなされるべきである」ので、本件を原審に差し戻す必要があるとしている。

その後も、最高裁は、最二判平成23・5・30判例集未登載（再任用・再雇用）、最一判平成23・6・6判例集未登載（再任用・再雇用）、最三判平成23・6・21判例集未登載（懲戒処分）等において、起立・斉唱の強制は、思想・良心の自由の間接的な制約となる面があるが、教育上の行事にふさわしい秩序の確保とともに式典の円滑な進行を図るとの職務命令の目的等を踏まえれば、本件職務命令には必要性と合理性が認められるとして、合憲と判断している。

そのような多数意見に対して、幾つかの補足意見と反対意見が付されている。その中で、田原反対意見は、国歌に対して否定的な歴史観や世界観をもつ者に、国歌斉唱を強制することは、思想・信条にかかる内心の核心的部分を侵害する可能性があるので、命令に従わなかった理由につき審理を尽くさせるべく原審に差戻すべきであるとしている。

この問題については、生徒を指導する局面での教員への強制自体を違憲とはみなしえないが、強制の局面・方法・程度、不利益扱いの程度等によっては、違憲もしくは違法とみなされる余地があろう。また、最高裁での合憲判断が、政策的妥当性までをも担保するものではない。「国民が心から敬愛するものであってこそ、国旗及び国歌がその本来の意義に沿うものとなるのである。そうすると、この問題についての最終的解決としては、国旗及び国歌が、強制的にではなく、自発的な敬愛の対象となるような環境を整えることが何よりも重要である」との千葉補足意見の付言を銘記すべきであろう。

　なお、反対のメッセージについても、日の丸掲揚反対のメッセージとして水色リボンをつけて卒業式に出席した教員への文書訓告を合憲とみなした東京地判平成18・7・26判例集未登載、赤丸に斜線を引いたマークのはいったブラウスを着て入学式に出席した教員への戒告処分を合憲とみなした東京高判平成18・12・26判時1964号155頁等がだされている。

▎元号表記の卒業証書

　西暦表記の卒業証書を要望したが、元号表記の卒業証書を交付された公立中学校の生徒が、思想・良心の自由等を侵害され精神的苦痛を被ったとして、国家賠償を求めたが、大阪地判平成6・11・11判例集未登載・確定は、①元号表記の卒業証書も「受忍の範囲内であり、思想・信条の制限にはあたらない」、②元号表記が法令によって定められているわけではなく、「学校長に卒業証書の様式決定権限がある」と判示している。

2.　課外活動

　公立学校からの宗教的施設の訪問について、昭和24・10・25文初庶第152号文部事務次官通達「社会科その他、初等および中等教育における宗教の取扱について」は、「学校が主催して、礼拝や宗教的儀式、祭典に参加する目的をもって神社、寺院、教会その他の宗教的施設を訪問してはならない。学校で主催するという意味は、学校で計画して団体で訪問すること、または個々の児童、生徒が学校から課せられて、神社、寺院、教会その他の宗教的施設を訪問するこ

とである。国宝や文化財を研究したり、あるいはその他の文化上の目的をもって、学校が主催して神社、寺院、教会その他の宗教的施設を訪問することは、次の条件の下では許される。(イ) 児童、生徒に強要してはならない。(ロ) 学校が主催する旅行中に、神社、寺院、教会その他の宗教的施設を訪問する児童、生徒の団体は、その宗教的施設の儀式や祭典に参加してはならない。(ハ) 学校が主催して神社、寺院、教会その他の宗教的施設を訪問したとき、教師や指導者が命令して、敬礼その他の儀式を行わせてはならない。(ニ) 学校が主催して、靖国神社、護国神社（以前に護国神社あるいは招魂社であったものを含む）および主として戦没者を祭った神社を訪問してはならない。」としている。昭和24年通達の考え方は、基本的に現在においても妥当しよう。

　生徒会活動との係わりでは、教員の生徒会誌寄稿が争われた事件がある。定年退職に際して教員が生徒会誌に寄稿した回想文中に「現場は勤務評定は戦争への一里塚ととらえ勤評反対の斗争が全国的に拡がり、東の群馬・西の高知と云われた」「日本のいたる所にある米軍基地問題はこの安保条約があるからだ」「安保条約も破棄を通告すればよい」等の政治的意見が含まれているとして校長が回想文の切り取りを職務命令として指示した事件において、校長の措置を支持した一審（前橋地判平成12・11・1 判例集未登載）に引き続き、二審（東京高判平成14・5・9 判時1832号119頁）も、「生徒会誌が、本来的には、一方的に自己の著作物を読ませるだけの配布物であって、授業における公正かつ客観的な見方や考え方を深めるための補足説明や対話・議論が予定されたものでないことからすると、……生徒会誌の読み手である生徒の立場や能力に配慮した内容とするように努めなければならない」、しかるに、本件回想文は「意見が分かれる政治的問題である勤務評定及び日米安保条約に関する特定の立場のみを記述して強調するものであって、特定の立場での政治的見解の表明」であり、教育基本法（旧）8条2項の趣旨に鑑み正当とはいえず、社会等の他の教科との関連を図るべきとする学習指導要領にも反する等として、切り取りを合法とみなしている。そして、憲法21条、23条、26条違反の主張についても、検閲には該当しない、「教師の教育の自由といっても」「生徒の自主性ないし自由に乗りか

かる形あるいはそれを援用する形で、自由気ままな表現活動や思想活動をすることを保障するものではない」等と述べ、斥けている。最高裁（最一判平成16・7・15判時1875号48頁）も、憲法21条、23条、26条に違反しないことは、札幌税関、旭川学テ等の最高裁判決の「趣旨に徴して明らかである」と簡単に述べて、二審判決を支持している（類似の判決として、生徒会誌への紀行文の寄稿に関する前橋地裁高崎支判平成13・10・11判時1782号95頁・東京高判平成16・2・25判時1867号54頁・最三判平成16・9・28判例集未登載がある）。

第5節　生活指導

1.　校　則
(1)　校則の法的性格

　懲戒については法律上の根拠があるが、校則については法律上の根拠はない（校則とは異なるものとして、学則がある。学校教育法施行規則3条、4条参照）。校則の法的性格については、①営造物の利用関係を規律する営造物管理規則である、②公立学校における生徒の在学関係も、私立学校の場合と同様に契約関係であり、校則は契約の約款である、③生徒と学校は、鉄道乗車契約のように、契約の一方当事者が決定したルールに対して、乗客（生徒）は事実上従わなければならない附合契約である、④学校という部分社会における自治的法規範である（生徒の教育を目的とする団体である学校には、その目的を達成するために必要とされる規則を校則として制定し、生徒の行動を規制する権限が認められる）等の見解がある。現在では、④説が多数説といえよう。

　判例上、以前は、公立は特別権力関係、私立は私法上の契約関係として説明されることが多かったが、自治的規範と捉える判例が多くなっている。たとえば、私立東京学館バイク事件・千葉地判昭和62・10・30判時1266号81頁は、「高等学校は公立私立を問わず、生徒の教育を目的とする公共的な施設であり、法律に格別の規定がない場合でも学校長は、その設置目的を達成するために必要な事項を校則等により一方的に制定」できるとしている。熊本丸刈り訴訟・

熊本地判昭和60・11・13判時1174号48頁も、校長は、教科の学習に関する事項だけでなく、生徒の服装等のしつけに関する事項についても、教育の実現のため、生徒を規律する校則を定める包括的な権能を有するとしている。

(2) 対　象

学校教育は、教科教育だけでなく、生徒の人間形成や社会生活一般を教育指導の対象としている（教育基本法5条、学校教育法21条等参照）。その結果、学校に一般的な生活指導権限が認められることになる。判例も、喫煙退学に関する大阪高判平成7・10・24判時1561号34頁は、生徒の教育目的に「関連する限り、生徒の校外での活動についても規律できる」、私立修徳高校バイク事件・東京地判平成3・5・27判時1387号25頁も、生徒に教育を施すという目的に関連する限り、生徒の校外での活動についても規律することができるとしている。

もっとも、教科教育については、教員の高度の専門性が尊重されるが、生活指導については、必ずしもそのような高度の専門性を必要とはせず、また、親の教育の自由と対立することもありうる。校外での活動を規律する場合には、より強い正当化事由を要するといえる。

(3) 作成過程

校則の中身だけでなく、校則決定の主体も重要である。校則作成過程に生徒の参加を組み込む学校もでてきている。

2. 髪型（⇒『15講』39頁）

公立中学での男子生徒の丸刈りの強制は、熊本丸刈り訴訟において、憲法14条、31条、21条違反（それに対して、学説の多くは、憲法13条違反の問題［自己決定権の問題］として争うべきであったと主張している）、裁量権の濫用・逸脱の問題として争われたが、合憲、合法と判示されている。すなわち、熊本地判昭和60・11・13判時1174号48頁・確定は、憲法14条違反の主張に対しては、「男性と女性とでは髪型について異なる慣習があり、いわゆる坊主刈については、男子のみその習慣がある」、憲法31条違反の主張に対しては、「本件校則には、本件校則に従わない場合に強制的に頭髪を切除する旨の規定はなく……強制的

に切除することは予定していなかった」、憲法21条違反の主張に対しては、「髪型が思想等の表現であるとは特殊な場合を除き、見ることはできず、中学生において髪型が思想等の表現であると見られる場合は極めて稀有である」として、違憲の主張を斥けている。裁量権の濫用・逸脱の主張に対しては、生徒のしつけは実際に教育を担当する者、最終的には校長の専門的、技術的な判断に委ねられるべきものであるから、校則が教育を目的として定められたものである場合には、その内容が著しく不合理でない限り、校則は違法とはならない、との枠組を設ける。そして、本件校則は生徒の非行化防止、清潔さの保持、質実剛健の気風の養成等の教育目的で制定されている、丸刈りは今なお男子生徒の髪型の一つとして社会的に承認されており特異な髪型とはいえない、応じない場合には懲戒処分として訓告の措置をとることとしており、バリカンでの強制的丸刈りや内申書への記載は予定していない等のことからすると、本件校則の教育上の効果には多分に疑問の余地があるが、その内容が著しく不合理であることが明らかであると断じることはできない、とする。このように述べて、一審判決は、国家賠償請求を棄却している（校則の無効確認等は却下している）。

　丸刈りをはじめとする生活指導は、教員の純然たる教育専門事項ではなく、家庭教育とも係わるものであるので、著しく不合理でない限り合法とみなすのではなく、合理的関連性の有無を実質的に審査することが必要となる。丸刈りの強制が学校の権限の範囲内か否かを検討するにあたっては、なぜ、学校教育を行ううえで、丸刈りを唯一の髪型として強制することが必要なのか（坊ちゃん刈りや横わけでは、なぜだめなのか）が、問われなくてはならない。学校の権限は生活指導にも及びうるが、学校教育の遂行と丸刈りを唯一の髪型として強制することとの間には、合理的関連性をみいだしえない。それ故、丸刈りの強制は学校の権限を逸脱しており、違法と解される。

　パーマの禁止については、私立修徳高校パーマ事件で争われた。本件は、校則に違反して自動車運転免許を取得したこと、パーマをかけたこと等を理由として自主退学の勧告をうけ、それに従って退学した高校生が、卒業認定、損害賠償等を求めた事例である。一審（東京地判平成3・6・21判時1388号3頁）は、憲

法違反の主張に対しては、「個人の髪型は、個人の自尊心あるいは美的意識と分かちがたく結びつき、特定の髪型を強制することは、身体の一部に対する直接的な干渉となり、強制される者の自尊心を傷つける恐れがあるから、髪型決定の自由が個人の人格価値に直結することは明らかであり、個人が頭髪について髪型を自由に決定しうる権利は、個人が一定の重要な私的事項について、公権力から干渉されることなく自ら決定することができる権利の一内容として憲法13条により保障されている」と述べ、髪型の自由を憲法上の権利とみなす（運転免許については「個人の人格との結びつきは間接的なものにとどまる」としている）。しかし、高校生にふさわしい髪型を維持し非行を防止するためにパーマを禁止する必要性を否定できず、他方で、「右校則は特定の髪型を強制するものではない点で制約の度合いは低」く、また「入学する際、パーマが禁止されていることを知っていたことを併せ考えるならば、……右校則は、髪型決定の自由を不当に制限するものとはいえない」としている。裁量権逸脱の主張に対しては、学内の事情に通暁し、直接教育の衝に当たる者の合理的な裁量に委ねられ、右判断が社会通念上、合理性を欠く場合に限り、自主退学勧告は違法となる、との枠組を設ける。そして、平素の行状及び反省状況、パーマをかけた行為が、免許取得制限校則違反の後に、重ねて校則に違反して行われた点等を考慮すると、本件勧告が社会通念上合理性を欠くとはいえない、としている。二審（東京高判平成4・10・30判時1443号30頁）・最高裁（最一判平成8・7・18判時1599号53頁）は、憲法上のいわゆる自由権的基本権の保障規定は、私人間相互の関係に当然に適用ないし類推適用されるものではないので、本件校則が直接憲法の基本権保障規定に違反するかどうかを論ずる余地はないとしたが、それ以外は一審判決をほぼ踏襲している。

　パーマの禁止については、原則として髪型の自由を認めつつ特定の髪型のみを禁止するものであるので、丸刈り強制の場合と同様に考えることはできず、違法とはいえないであろう。

152　第4章　教育活動

3. 服装（⇒『15講』42頁）

　千葉県立大原中学制服代金等請求事件・二審（東京高判平成元・7・19判時1331号61頁）は、本件制服の指定は社会的合理性のある範囲内で定められており、制服を着服しなくても制裁的措置はとられていない等の点から、学校長の裁量の範囲を逸脱するものではない等と述べ、賠償請求（制服購入費）を棄却した一審判決（千葉地判平成元・3・13判時1331号63頁）を支持している。最高裁（最判平成2・3・29判例集未登載）も、それを支持している。

　服装の場合には、下校後着替えうる点で侵害の程度は髪型の場合ほどは大きくない。しかし、学校教育の遂行と制服を唯一の服装として強制することとの間には、合理的関連性をみいだしえず、やはり違法と解される。すなわち、非行化の防止、学業への専念、衛生面の保持等といった目的は正当な教育目的であるが、それらを達成するには特定の服装の禁止で足りる。また、学校への帰属意識の養成のために必要であると主張されることがあるが、帰属意識はよき教育を受けることによって自然に生まれてくるものであって、強制的に同じ服装をさせることによって生じさせるものではなかろう。

4. オートバイ（⇒『15講』42頁）

　未成年者によるオートバイの運転につき、道路交通法88条1項1号は、16歳未満の者には免許を与えないとしているが、多くの高校では、オートバイの免許取得、購入、運転が校則によって禁止されており（三ない運動）、違反者に懲戒処分がなされる場合がある。このような高校生に対する禁止の合憲性、合法性を判断した下級審判決が、幾つかだされている。

　私立東京学館高校バイク事件・一審（千葉地判昭和62・10・30判時1266号81頁）は、憲法違反の主張に対しては、憲法第三章の基本権規定は私人間相互の関係を規律することを予定するものではないとする。裁量権濫用の主張に対しては、生徒に対する規律権はその内容が社会通念に照らし著しく不合理でない限り無効とはならないとの枠組を設け、三ない原則は生命・身体の保護、非行化の防止、勉学時間の確保といった教育的配慮に基づいたもので社会通念上不合理な

ものとはいえない、としている。二審（東京高判平成元・3・1判例集未登載）・最高裁（最三判平成3・9・3判時1401号56頁）も、一審判決をほぼ踏襲している。

高知県立大方商業高校バイク事件・一審（高知地判昭和63・6・6判時1295号50頁）は、本件校則は校長の教育的・専門的見地からの裁量の範囲を逸脱した著しく不合理なものであるとはいえず、その趣旨、目的と社会通念に照らし、学校の設置目的と合理的関連性を有するとする。二審（高松高判平成2・2・19判時1362号44頁・確定）は、「憲法13条が保障する国民の私生活における自由の一つとして、何人も原付免許取得をみだりに制限禁止されないというべきである」が、「その自由の制約と学校の設置目的との間に、合理的な関連性があると認められる限り、この制約は憲法13条に違反するものではない」と述べ、合憲と結論づけている。また、本件校則が道路交通法に違反するとの主張に対しては、その規制の趣旨目的を異にする（教育目的と道路交通の円滑性・安全性）として、斥けている。

他方、処分が重すぎるとして違法とした判例もみられる。私立修徳高校バイク事件・一審（東京地判平成3・5・27判時1387号25頁）は、憲法違反の主張に対しては、憲法13条の規定は私人間相互の関係を直接規律することを予定するものではないとする。裁量権逸脱の主張に対しては、バイク事故が学校教育活動に支障をもたらし、生徒がバイクに熱中して学業を疎かにするおそれもあること等からすれば、バイクを規制することは学校設置目的達成のために許され、本件校則は社会通念上十分合理性を有するが、過去に処分歴がなく十分自戒するに至っていた原告に対しては他の懲戒処分によっても教育の目的を十分達成できたので、本件退学処分は社会通念上著しく妥当を欠き、裁量権の範囲を逸脱した違法な処分であるとしている。二審（東京高判平成4・3・19判時1417号40頁・確定）も、一審判決をほぼ踏襲している。

道路交通法が16歳以上の者にオートバイの免許取得を許容しているにもかかわらず、校則によって高校生に禁止することの根拠が問われなければならない。この点、上述の判例は、生徒の生命、身体の安全の保持、非行の防止、学業への専念を、制限の根拠としてあげている。しかし、道路でのオートバイ事

故から生命、身体を守ることは、学校の権限外の事項であり、正当な制限根拠たりえない（16歳以上の未成年者のオートバイ運転が危険ならば、道路交通法の改正によって対処すべきである）。他方、非行の防止、学業への専念は、学校の権限内の事項といえるが、それらの根拠からオートバイ運転の全面的禁止を導きだしうるか疑問である。導きだせるとしても、せいぜいオートバイによる登下校の禁止までであり、免許取得や下校後の運転まで禁止することはできない。

5. 喫煙・飲酒（⇒『15講』45頁）

生徒の喫煙に関する下級審判決は、憲法論ではなく権限論の問題として扱い、学校に広範な裁量を認めている。すなわち、判例は、「懲戒を適切に行うには、懲戒の対象となる行為の軽重のほか、本人の性格及び平素の行状、当該行為の他の生徒に与える影響、懲戒処分の本人及び他の生徒に及ぼす訓戒的効果など諸般の事情を総合考慮する必要」があり、「これらの事情は、学校内の事情に通暁し、直接教育の衝に当たる懲戒権者自身でなければ十分知ることができない」ので、「原則として、懲戒権者の合理的な裁量に委ねられ」、「裁量権の行使が社会通念上著しく妥当性を欠」く場合に違法となる、との枠組を設けて、その多くは裁量権の濫用・逸脱には至っていないと結論づけている（過去2回謹慎処分を受けた私立高校生への教室内での喫煙を理由とする退学処分に関する大阪地判平成3・6・28判時1406号60頁・確定、公立高校生への映画館での喫煙と校内での窃盗を理由とする退学処分に関する岡山地判昭和26・5. 30行集2巻7号1132頁・広島高裁岡山支判昭和27・7・18行集3巻6号1309頁、私立高校生へのビヤホールとスナックでの飲酒を理由とする退学処分に関する高知地決昭和57・11・8判タ491号109頁）。他方、センター試験受験のために宿泊していたホテル内での喫煙を理由とする私立高校生への退学処分に関する大阪地判平成7・1・27判時1561号36頁・大阪高判平成7・10・24判時1561号34頁・確定は、教育目的に関連する限り生徒の校外での活動についても学校は規律できるとしたうえで、「窃盗、万引、飲酒、薬物乱用等に対する処分が謹慎、停学とされていることと対比すると、喫煙が改善の見込がないとして、直ちに学外に排除しなければならないほど悪

質な行為とはいえない」として、本件退学処分を裁量権の逸脱とみなしている。

　喫煙・飲酒禁止法については、20歳という境界線が社会実態にそぐわず高すぎるとの問題点が存する。しかし、民法や公職選挙法上の「成人」年齢が20歳とされていることを考慮すれば、違憲とまではいえないであろう。学校での懲戒については、喫煙・飲酒禁止と教育環境維持との合理的関連性を肯定することができ、教育活動中での喫煙・飲酒は懲戒事由となりうる。ただし、懲戒処分の程度については、比例原則違反の審査によりそれが重すぎるとして違法とされることはありうる。

6.　政治活動（⇒『15講』81頁）

　生徒の政治活動の制限の合憲性、合法性が、少なからぬ事例において争われたが、それらの事例のほとんどにおいて、封鎖や暴力行為を伴う事例が多かったとの事情も影響してか、合憲、合法との結論が導かれている。

　それらの判例には、次のような傾向がみられる。第1に、生徒の政治活動制限の必要性については、「特定の政治的思想のみに深入りすること」の防止、デモの暴徒からの「生徒の安全」の確保、「学校内の教育環境を乱し、他の生徒に対する教育の実施を損う」ことの防止、「学習に専念」等をあげ、詳細に論じている。第2に、他方、多くの判例は生徒にとっての政治活動の意義については十分な考慮を払わず、生徒が憲法上の権利として政治活動の自由を有しているとの前提から出発していない。第3に、その結果、ほとんどの判例は、「社会観念上著しく妥当を欠くと認められる場合を除き、原則として懲戒権者の裁量に任されている」（東京地判昭和47・3・30判例時報682号39頁）等として、校長の裁量を広範に認め合憲・合法と結論づけている。

　しかし、生徒も現実の社会の中で生きており、生徒の思想は実際に政治活動を行うことを通じて形成されていく面を有しているので、生徒にも政治活動の自由の保障が及ぶとの前提から出発する必要がある。更に、親の指導または容認のもとで生徒が政治活動を行っている場合には、親の政治教育の自由の尊重という要請も生じる。それ故、生徒の政治活動の制限については、どのような

制限根拠が学校の特性によって正当化されるのか、また、どのような制限内容がその制限根拠によって正当化されるのかを、厳格に問わなくてはならない。この点、判例のあげる制限根拠のうち、「特定の政治的思想のみに深入りすること」の防止については、生徒がどのような思想を有するようになるかは学校が係わるべきことではなく、また、特定の思想を危険視するあまり、生徒にとっての政治活動の「手段的」機能を軽視するものであって、正当な制限根拠とはみなしえない。また、校外での安全の確保については、生徒としてではなく未成年者として国法によってなされるべきものであり、同じく正当な制限根拠とはみなしえない。学校の特性から、①本人及び他の生徒の普通教育の習得、②他の生徒の消極的自由（思想を押しつけられない自由）の保護が、正当な制限根拠として導きだされる。そこで、学校の内外を区分したうえで、これらの制限根拠と制限内容との実質的関連性を厳格に検討することが必要となる。

　校外での政治活動については、他の生徒の普通教育の習得や消極的自由を妨げることにはならず、本人についても、政治活動をしたからといって必然的に勉学が疎かになるわけではない。それ故、校外での政治活動それ自体を懲戒事由としえない（もっとも、判例はこのような立場をとっていない）。ただ、それが就学時間内に行われた場合には、授業を欠席することになるため、欠席日数があまりに多いと、学力や出席日数が不足し、結果的に学校教育法施行規則26条3項の定める退学事由（学業劣等、出席不足）に該当することはありうる。

　校内での政治活動については、当該政治活動が本人及び他の生徒の普通教育の習得を実質的に妨げるか否かを検討することが必要となる。更に、普通教育を実質的に妨害しない場合でも、当該政治活動が他の生徒の消極的自由の侵害にあたらないかを検討することが必要となる。その際には、生徒の年齢、学外者の係わりの有無や程度、政治活動がなされた情況等を考慮して、当該政治活動が生徒間での対等な情報流通の域を超えて、他の生徒の消極的自由の抑圧に至っているか否かを問うことになろう。

7. 宗教活動（⇒『15講』71頁）

　生徒の宗教活動への学校による制限が裁判で争われた事例は、ほとんどみられないが、信仰を理由とする公教育の拒否が、日曜日訴訟と剣道実技拒否訴訟で争われている。

　日曜日訴訟は、小学校での日曜日午前中の授業参観と教会学校とが時間的に競合したため、教会学校に出席し授業参観を欠席したところ、指導要録に欠席と記載された生徒とその親が、憲法20条等違反を主張して、欠席記載の取消と精神的苦痛への国家賠償を求めた事件である。一審（東京地判昭和61・3・20判時1185号67頁・確定）は、取消請求については、欠席記載は抗告訴訟の対象となる行政処分にはあたらないとする。国家賠償請求については、参観の実施は「校長の学校管理運営上の裁量権」に属し、「裁量権の範囲を逸脱し、濫用した場合」に限り違法になる、との枠組を設定する。そして、①本件欠席記載からは法律上、社会生活上の不利益な効果は発生しない、②宗教上の理由による出席免除は「公教育の宗教的中立性を保つ上で好ましいことではないのみならず、当該児童の公教育上の成果をそれだけ阻害」するので、本件時間的競合は受忍すべき範囲内にある、③午後よりも午前の方が学習効果が優れている、祝日に学校行事を行うには祝日の意義に沿ったものであることが必要であるので、日曜日の午前中に授業参観を行うことには合理性がある、等の点を考慮すれば裁量権の行使に逸脱はない、と結論づけている。

　剣道実技拒否訴訟は、「エホバの証人」の教義に従って、必修課目である体育課程の剣道実技に参加しなかったために、2年連続して原級留置処分を受け、次いで退学処分を受けた公立高専の生徒が、憲法20条、26条、教育基本法（旧）3条1項等に違反するとして、それらの処分の取消を求めた事件である。一審（神戸地判平成5・2・22判タ813号134頁）は、本件処分には裁量権の濫用や逸脱はないとしたが、二審（大阪高判平成6・12・22判時1524号8頁）は、本件処分が裁量権を著しく逸脱しているとした。最高裁（最二判平成8・3・8判時1564号3頁）は、これらの処分に関する判断は「校長の合理的な教育的裁量にゆだねられ……校長の裁量権の行使としての処分が、全く事実の基礎を欠くか又は社会観念上著

しく妥当を欠き、裁量権の範囲を超え又は裁量権を濫用してされたと認められる場合に限り、違法であると判断すべきものである」との枠組を設定する。そして、①「高等専門学校においては、剣道実技の履修が必須のものとまではいい難く、体育科目による教育目的の達成は、他の体育種目の履修などの代替的方法によってこれを行うことも性質上可能」である、②「剣道実技への参加を拒否する理由は、被上告人の信仰の核心部分と密接に関連する真しなものであった」、③被上告人が被る不利益は、原級留置・退学処分であって極めて大きい、④レポート提出等の代替措置を被上告人が申し入れていたにもかかわらず、代替措置を検討していない、⑤「代替措置として、例えば、他の体育実技の履修、レポートの提出等を求めた上で、その成果に応じた評価をすることが、その目的において宗教的意義を有し、特定の宗教を援助、助長、促進する効果を有するものということはできず、他の宗教者又は無宗教者に圧迫、干渉を加える効果があるともいえない」等の点を考慮すれば、本件処分は「考慮すべき事項を考慮しておらず、又は考慮された事実に対する評価が明白に合理性を欠き、その結果、社会観念上著しく妥当を欠く処分をしたものと評するほかはなく、本件各処分は、裁量権の範囲を超える違法なもの」であると結論づけている。

8. 非行等への指導

　教員には、教科指導と並んで生活指導の権限があるので、非行等についての事情を生徒から聴く権限がある。ただし、それは無限定のものではない。

　休み時間中に学校を抜け出し民家のガラスを割った小学6年生への事情聴取に関する東京地判昭和57・2・16判時1051号114頁は、「児童から事情聴取をする場合においても、学校教師としては、児童の心身の発達に応じ、児童に苦痛を与えその人権を違法に侵害することのないよう配慮して、真相を究明すべき注意義務がある」としたうえで、「指紋をとればすぐ犯人は分かるのだ」等と述べながらの本件事情聴取が違法な行為であるとはいえないとしている。公立高校生のカンニングの事情聴取に関するさいたま地判平成20・7・30判例集

未登載は、「不正行為に関する事実確認は、……懲戒にも繋がる可能性のある行為の一つであるから、生徒に対する指導の一環として教師に認められた権限の範囲内の行為である」が、「生徒の権利侵害を伴うことも少なくはないから、教育的効果と生徒の被るべき権利侵害の程度とを比較衡量し、生徒の性格、行動、心身の発達状況、不正行為の内容、程度等諸般の事情を考慮し、それによる教育的効果を期待しうる合理的な範囲のものと認められる限りにおいて正当な指導の一環として許容されるべきであり、その範囲を超えた場合には、指導としての範囲を超えた違法なものとな」ると述べたうえで、1時間45分に及ぶ本件事情聴取を正当な指導として許容されると結論づけている。

なお、「つっぱりグループ」の氏名を、特定の関係保護者しか集まっていない会場で、生活指導上の必要性から、家庭の協力を求める趣旨で公開しても違法ではない（浦和地判昭和60・2・22判時1160号135頁・確定）との判決が存する。

第6節　生徒の懲戒

学校教育法11条は、「校長及び教員は、教育上必要があると認めるときは、文部科学大臣の定めるところにより、児童、生徒及び学生に懲戒を加えることができる。ただし、体罰を加えることはできない」と定め、それを受けて、学校教育法施行規則26条が具体的に規定している。

1.　実体面
（1）　懲戒の種類

懲戒には、法的効果を伴う懲戒処分と事実上の懲戒（教室の後ろに立たせる、叱責等）とがある。法的効果を伴う懲戒処分には、退学、停学、訓告がある（学校教育法施行規則26条2項）。退学処分は義務教育を保障するという観点から公立の小中学生にはなしえない（同条3項）が、国立・私立の小中学生は、公立学校に就学できるため、退学処分をなしうる。停学処分は、教育の機会を奪うことになるので、すべての小中学生になしえない（同条4項）。訓告は、非違をい

ましめ将来にわたってそのようなことがないように注意させることをいう。

(2) 懲戒権者

校長及び教員は事実上の懲戒をなしうる（学校教育法11条）。懲戒処分については、同法施行規則26条2項が「懲戒のうち、退学、停学及び訓告の処分は、校長……が行う」と定めている。同項の解釈として、処分権者の実質的主体は教員集団であって、同項は校長の対外的表示権限を定めたものと条理解釈すべきとの見解もあるが、行政解釈、判例は、同項を文字どおりに解して、校長を懲戒権者とみなしている。

(3) 懲戒の方法

学校教育法施行規則26条1項は「懲戒を加えるに当っては、児童等の心身の発達に応ずる等教育上必要な配慮をしなければならない」として、単なる制裁にとどまることなく教育的効果をもつよう求めている。児童の権利条約28条2項も、「学校の規律が児童の人間の尊厳に適合する方法」で行われるよう求めている。

(4) 事実上の懲戒の限界

事実上の懲戒の限界としては、授業の機会を奪うことは許されない。静岡地判昭和63・2・4判時1266号90頁は、体罰であると否にかかわらず「生徒から授業を受ける機会を実質的に奪うような決定をすることは許され」ない、遅刻してきた生徒を教室内に入れない措置は、必ずしも体罰とはいえないが、懲戒の方法としてとることは許されないとしている。

精神的苦痛について、浦和地判平成2・3・26判時1364号71頁は、教員が生徒に「二度と来るな」と怒鳴りつけたことは、懲戒の範囲を逸脱し、教育的配慮を欠いた違法なものであるとみなしている。

(5) 懲戒事由

学校教育法は、懲戒事由として「教育上必要があると認めるとき」（11条）とのみ規定するが、同法施行規則は、退学処分についてのみ、処分事由を「性行不良で改善の見込がないと認められる者」「学力劣等で成業の見込がないと認められる者」「正当の理由がなくて出席常でない者」「学校の秩序を乱し、そ

の他学生又は生徒としての本分に反した者」(26条3項)と規定している。これらの規定に対しては、「学力劣等」を生活指導領域での懲戒事由とするのは無理があり、教務的措置で対応すべきである、「生徒としての本分に反した者」は、高度に抽象的であり、処分事由を法定した意義がほとんどなくなってしまう等といった批判がある。

(6) 処分の程度

公立私立高校とも、退学処分を合法とみなす判例(私立高校生のいじめ・セクハラを理由とする退学処分に関する大阪地判平成17・3・29判時1923号69頁、公立高校生のラジオ部品の持ち出し、喫煙等を理由とする退学処分に関する岡山地判昭和26・5・30行集2巻7号1132頁・広島高裁岡山支判昭和27・7・18行集3巻6号1309頁等)が多いが、他方、退学処分を重すぎ裁量権の濫用・逸脱にあたるとする判例も、少なからず存する。たとえば、私立修徳バイク事件一審判決は、学校教育法施行規則が退学事由を具体的に列挙しているのは「退学処分が他の懲戒処分と異なり、学生の身分を剥奪する重大な措置であることに鑑み、当該生徒に改善の見込みがなく、これを学外に排除することが教育上やむをえないと認められる場合に限って退学処分を選択すべきであるとの趣旨」であり「退学処分を行うに当たっては、他の処分に比較して特に慎重な配慮を要する」「原告には過去に処分歴が全くなく、平素の行状、性格の面でも格別問題になる点は存在しなかったのであって、今回初めて処分の対象となった原告について、直ちに改善の見込みがないものとして、学外に排除することが教育上やむをえない措置であったものとは考えがたい」として違法と判断している。二審判決も、一審判決を支持している。

なお、私立中学校での退学処分について、神戸地判平成5・6・25判タ848号210頁は、いじめ、授業妨害等を繰り返した私立中学生への退学処分を、「考慮すべき諸要素を考慮したうえ」でなされており、「社会通念上合理性を欠く」とはいえないとして、校長の裁量権の範囲内とみなしている。

(7) 加重処分

公立高校生の退学処分の執行停止が求められた札幌高決昭和46・3・8判時

626号43頁は、過去の処分歴について、「以前の非行と処分の経緯を併せ考え、全体の非行の総合判断から退学処分を選ぶことを違法とすべきいわれはない」としている。また、広島高裁岡山支判昭和27・7・18行集3巻6号1309頁は、公立高校生に家庭謹慎を命じその4ヶ月後に退学処分に付したことが二重処分にあたるとの主張に対して、家庭謹慎に至った事情と家庭謹慎後の反抗的態度とを総合して退学処分に付したのであって二重処分にはあたらないと判示している。

(8) 知的障害と処分

東京地判平成17・9・27判自275号10頁は、生徒や教職員への暴力行為、女生徒へのキス・胸への接触等を繰り返した公立定時制高校の知的障害児への退学処分を、「原告が障害者であることに配慮して、その逸脱行動に一定の理解が必要であるとしてもなお、その意味内容を相応に理解した上で実際に行った暴力行為や自まままな行動ゆえに」なされたものであって、不当な差別的取扱などではないとして退学処分を支持している。

(9) 自主退学・家庭謹慎

処分歴が残らないように、自主退学の「勧告」、家庭謹慎措置がとられることがあるが、懲戒処分でないからといって無限定になしうるわけではない。

自主退学につき、私立東京学館事件一審判決は、退学処分相当な場合でも生徒の他校への再入学や就職を考えて自主退学勧告にとどめているのが実情である、生徒を校外に追いやることにかわりはない等の点から、自主退学勧告を懲戒処分とみなし退学処分に準じて考察することが必要である、私立修徳パーマ事件一審・二審判決は、自主退学勧告に従わなければ退学処分を受けることが予想されるようなときには、自主退学勧告に従うか否かの意思決定の自由が事実上制約される面があるので、自主退学勧告についての学校当局の判断が社会通念上不合理であり、裁量権の範囲を超えていると認められる場合にはその勧告は違法となり、その勧告に従った生徒の自主退学の表示も無効となる、横浜地裁小田原支判平成12・8・29判時1736号94頁は、「自主退学勧告は、退学処分ではないものの、その結果の重大性からして、退学処分に準ずる事由の存

在する状況のもとにされるべきもの」と述べ、自主退学にも限界があることを示している（これらの判例は結論としては合法としている）。

家庭謹慎措置につき、高知県立大方商業高校バイク事件一審判決は、無期家庭謹慎を停学そのものであるとはいえないけれども、これに準ずる懲戒であるとみなしたうえで、結論としては合法としている。

出席停止

義務教育段階で、「性行不良」に起因する出席停止（学校教育法35条、49条）が定められている（それ以外に「感染症」による出席停止［学校保健安全法19条］がある）。これは、本人への懲戒という目的からではなく、学校の秩序を維持し、他の生徒の義務教育を受ける権利を保障するという目的で設けられた制度であり、高校での停学処分とは性格を異にする。学校教育法35条1項（49条により中学校にも準用）は、「市町村の教育委員会は……児童の出席停止を命ずることができる」と規定し、決定権者を教育委員会としている。就学義務ともかかわる重要な措置であるため教育委員会の権限とされているが、その際に、校長の意見を尊重することが望ましい。市町村教育委員会の権限とされているので、対象学校には国私立学校は含まれない（国私立学校では退学が認められている）。出席停止は保護者に対して命じられる。出席停止を命じる場合には、事前に保護者に「理由及び期間を記載した文書」を交付し意見を聴取するよう義務づけられている（同法35条2項）。当該生徒には直接言及されていないが、生徒からも聴取する機会を設けるよう配慮することも必要である。日数は規定されていないが、著しく長期にならないよう配慮する必要がある。「教育委員会は……出席停止の期間における学習に対する支援その他の教育上必要な措置を講ずるものとする」（同法35条4項）とされている。

深刻な問題行動を起こす生徒に対する措置として、出席停止のほか、在宅指導、一時保護（児童福祉法33条）、自立支援施設・養護施設への入所措置（同法27条の2）等がある。

授業料の返還

退学処分を受けた私立高校3年生が残りの期間の授業料の返還を求めた事件において、東京地判平成20・10・17判時2028号50頁は、「教育役務等の供給を行うための準備は、その教育年度の初めにおいて、高等学校に進学・進級する生徒の数に応じてされるものであり、年度途中に在学契約を解除する生徒があったとしても、この補てんとして補充の生徒を入学させることが困難であることなどからすれば」、「在学契約の解除に伴い高等学校に生ずべき平均的な損害の額」（授業料はそれに該当

する）については、生徒への返還義務はない、との判断を示している。

2. 手続面

　生徒の懲戒処分には、行政手続法（条例）の適用はない（行政手続法3条1項7号）。しかし、そのことは、手続的整備が不必要であることを意味するものではない。固有の手続的仕組が要求される分野であり、別途の考慮事項が多いため、さしあたり対象から除外されたものである。

　生徒の懲戒処分にも、憲法13条（論者によっては31条）の適正手続の要請は及びうる。更に、児童の権利条約の批准（平成6年）以降は、同条約12条を踏まえ、聴取の機会を付与することが必要である。また、学校で手続規定が整備されている場合には、それに従うことが求められる。

　判例の多くは、事実上弁明等の手続は与えられていたとして、手続上、違憲・違法とはみなしていない。たとえば、福島地判昭和47・5・12判時677号44頁は、担任を通じて把握されている事情のもとでは「必ずしも別個に弁明の機会を作る必要はない」、大阪地判昭和49・3・29判時750号48頁は、学則に特別の規定があるか慣行がある場合を除き、弁明を聴くか否かは校長の裁量にまかされているが、弁明の機会は事実上与えられていたとしている。私立修徳パーマ事件一審判決も、生徒は理由を認識しており、事実上弁明の機会も保障されていたとするが、「自主退学勧告においては、勧告を受ける生徒に対し勧告の理由を認識させ、それに対する弁明の機会を保障することが最小限度必要である」と述べている点が注目される。

　職員会議への諮問について、東京高判昭和52・3・8判時856号26頁は、退学「処分の重大性を考えると、右処分をするかどうかについて職員会議に諮問することが条理上当然であるといえる」が、本件の場合、職員会議の諮問を経由しているとしている、知的障害児に関する東京地判平成17・9・27判自275号10頁は、「できる限り職員会議を経ることが望ましいものとはいえても、校長が退学処分を行うに当たり、職員会議の諮問を経なければ、退学処分が当然に違法となるものとはいえない」としている。

告知の方法（口頭告知）につき、上述の昭和52年東京高裁判決は、「口頭告知により被処分者が処分の取消を得なければ救済しえないほどの不利益を被ったことが具体的に肯認できる場合に、はじめて、当該告知方法が処分を瑕疵あらしめるが、本件の場合そのような不利益は生じていないとしている。

第7節　体　罰

1. 体罰の範囲

　学校教育法11条ただし書は、事実上の懲戒の限界として、体罰を明文で禁止している。体罰とは、昭和23年の法務調査意見長官回答によれば、「身体に対する侵害を内容とする懲戒—なぐる・けるの類—がこれに該当することはいうまでもないが、さらに被罰者に肉体的苦痛を与えるような懲戒もまたこれに該当する。たとえば、端座・直立等、特定の姿勢を長時間にわたって保持させるというような懲戒は体罰の一種と解されなければならない」とされる。学説上も、体罰とは、身体への実力行使のほか肉体的苦痛を与える懲戒をも含み、殴打はもとより、長時間の起立・端座強制・食事不供与・酷使的作業命令等がこれに該当するとされている。

　判例上も、4、5回平手打ち（福岡地裁行橋支判平成8・4・16判時1588号137頁）、顔面殴打・首の押さえつけ（大阪地判平成9・3・28判時1634号102頁）、砂浜に首まで生き埋め（福岡地判平成8・3・19判時1605号97頁）、腰部を蹴る行為（東京高判平成17・12・22判タ1237号285頁・確定）、平手で頬を2回殴り髪の毛をわしづかみにして引っ張る行為（東京地判平成8・9・17判タ919号182頁）、コレール皿で頭部を一回たたく行為（東京地判平成13・3・23判自220号70頁）等が、体罰とみなされている。

　他方、水戸五中事件・東京高判昭和56・4・1判時1007号133頁は、「一定の限度内で有形力を行使することも許されてよい場合があることを認めるのでなければ、教育内容はいたずらに硬直化し、血の通わない形式的なものに堕して、実効的な生きた教育活動が阻害され、ないしは不可能になる虞がある」と

述べ、中学生の前額部を平手で1回押すようにたたき、拳を軽く握り頭部をこつこつと数回たたく行為を、外形的には身体への有形力の行使であるけれども、「正当な懲戒権の行使として許容された限度内の行為と解するのが相当である」として、軽微な力の行使を「正当な業務行為」とみなし違法性が阻却されるとしている。その後、体罰に該当しないとした判決として、浦和地判昭和60・2・22判時1160号135頁・確定は、教育的「配慮のもとに行われる限りにおいては、状況に応じ一定の限度内で懲戒のための有形力の行使が許容される」としたうえで、出席簿で頭をさほど強くなく一回たたいた行為を、「口頭による注意に匹敵する行為であって、教師の懲戒権の許容限度内の適法行為である」としている。神戸地判平成9・5・26判自169号56頁・確定も、前頭部を平手で軽く1回叩いた行為を、口頭による注意と同視しうるほどの軽度のものであるから、体罰に該当するとはいえないとしている（なお、本件は「体罰」を受けた生徒ではなく目撃した生徒とその親が精神的苦痛を被ったとして国家賠償を請求した事件であるが、教諭に対して恐怖心を抱き、同教諭から指導を受けなければならないことにより精神的苦痛を被るようなものとはいえないとして請求を棄却している）。

　最三判平成21・4・28判時2045号118頁は、悪ふざけをした小学2年生の胸元を手でつかんで壁への押し付け、「もう、すんなよ」と叱った行為につき、「児童の身体に対する有形力の行使ではあるが」、これからは悪ふざけをしないよう指導するためであって「肉体的苦痛を与える」ためではないので、体罰にはあたらないとして、国家賠償請求を斥けている。なお、一審（熊本地判平成19・6・15判自319号18頁）・二審（福岡高判平成20・2・26判自319号13頁）とも、体罰に該当すると判断していた。

　水戸五中事件二審判決のような教育観は支持しえないが、有形力の行使はいかなるものであってもすべて体罰に該当し法的責任を問われるというのも、行き過ぎであろう。「学校教育法第11条に規定する児童生徒の懲戒・体罰に関する考え方」（平成19年2月5日文科初第1019号初等中等教育局長通知）は、「有形力（目に見える物理的な力）の行使により行われた懲戒は、その一切が体罰として許されないというものではなく」、「体罰に当たるかどうかは、当該児童生徒の年

齢、健康、心身の発達状況、当該行為が行われた場所的及び時間的環境、懲戒の態様等の諸条件を総合的に考え、個々の事案ごとに判断する必要がある」としている。

なお、体罰裁判の場合、体罰事実の認定が重要となるが、とりわけ被害者が障害児の場合、通常以上に体罰事実の立証が困難となる。学校の内部調査では身内に甘くなりがちなので、第三者機関による調査を検討してもよいであろう。知的障害児への体罰に関する神戸地判平成19・2・23判自309号67頁では、学校による調査では体罰なしとしていたが、裁判所による同僚教員への聴取の結果体罰が認定されている。また、知的障害児の供述がある場合、誘導・学習によるものではないかとして、その信用性が問題となることがある。養護学校高等部での「体罰」事件において、一審（名古屋地判平成5・6・21判時1487号83頁）は、当該障害児は架空の話を作り出すことはできないという精神科医の証言等に依拠して、供述は信用できるとして体罰を認定した。しかし、二審（名古屋高判平成7・11・27判自147号46頁）は、当該障害児は母親に促されその意に沿うかのように述べており、これだけでは体罰を認定できないとして、一審判決を取消している。最高裁（最三判平成11・11・27判例集未登載）は、原審は正当とのみ述べ、二審判決を支持している。

2. 責 任

体罰を加えた教員には、懲戒・分限処分、刑事罰、民法に基づく賠償請求（国賠法に基づく場合には求償請求）がなされ、地方公共団体、学校法人、国立大学法人に対しても、国家賠償法もしくは民法による損害賠償がなされうる。

(1) 賠償責任

東京高判平成17・12・22判タ1237号285頁・確定は、精神的苦痛への慰謝料として10万円、福岡高判平成20・2・26判自319号13頁は、治療費として約1万5千円、通院交通費として約7万8千円、精神的苦痛への賠償として10万円の支払いを地方公共団体に命じている。

私学の場合、高校の教員が学年集会中に生徒を10数回にわたり殴打した事

件において、学校に対しては民法715条1項に基づき、教員に対しては民法709条に基づき損害賠償が請求されたが、千葉地判平成10・3・25判時1666号110頁・確定は、加害教員については、殴打した行為は暴行というべき違法な加害行為であることは明白である、学校法人についても、殴打は職務を行うについてなした行為であるので使用者責任を負うとして、両者に合計93万6千円の賠償金の支払いを命じている。

(2) 懲戒・分限処分

通常、「体罰」を理由に懲戒・分限処分を受けた教員が、体罰にあたらない、あたるとしても処分が重すぎるとして処分の取消を求めるという形で訴訟になる。そこにおいて、たとえば、複数の体罰行為等を理由とする公立学校教員への分限免職処分につき、東京地判平成22・4・28判タ1335号119頁は、「とりわけ体罰と認識し得るにもかかわらず教育的配慮に欠けた生徒の人格を深く傷つける乱暴な体罰を繰り返したり……被害生徒及びその保護者に対して体罰があった事実自体を否定させる内容の自己に有利な証憑を作成させようとするという、生徒・保護者からの信頼を完全に否定するような重大な信用失墜行為にまで及んだものであって……職務の円滑な遂行に支障を生ずる高度の蓋然性があるといわざるを得ない」と述べて、当該処分を合法とみなしている。

私立高校の教員が生徒を手拳で殴打したことを理由に懲戒解雇された事件において、松山地判昭和51・3・29判時817号118頁は、他のより軽い種類の懲戒処分に付するは格別、最も重い懲戒解雇に付したのは苛酷にすぎるとして解雇を無効としている。他方、横浜地判昭和58・2・24労判406号47頁は、生徒への暴行・傷害を何度も繰り返した私学教員の解雇を、有効とみなしている。

(3) 刑事責任

「体罰」を行った教員は、正当行為（刑法35条）等の違法性阻却事由が認められない限り、暴行・傷害・傷害致死罪等の刑事責任を問われる可能性がある。もっとも、学校教育法11条の体罰禁止に触れる行為が直ちに刑事罰の対象となるものではなく、それが相当な範囲のものであるかどうかが論じられなければならない。体罰がごく軽い場合は可罰的違法性がないし、正当防衛や緊急避

難もしくはこれに近い場合は違法性阻却事由が認められる。

有罪とされた事例としては、東京地判昭和33・5・28判時159号50頁（顔面を5回殴打→傷害致死罪で懲役3年）、横浜地裁川崎支判昭和62・8・26判時1261号144頁（頭部を数回殴打→傷害致死罪で懲役3年）、福岡高判平成8・6・25判時1580号150頁・確定（頭部をコンクリート柱に打ち付ける→傷害致死罪で懲役2年）等がある。

他方、無罪とされた事例としては、旭川地判昭和32・7・27判時125号28頁（逃走する生徒を抱き起こしたり手を引っ張る）、水戸五中事件二審判決（前額部を平手で1回押すようにたたき、拳を軽く握り頭部をこつこつと数回たたく）等がある。

刑事責任を問うべき場合でも、刑罰の程度が問題となる。というのは、公立学校教員が禁錮以上の刑に処せられた場合、執行猶予付きであっても、特例に該当しない限り自動的に失職する（地方公務員法16条2項、28条4項）からである。長野地判昭和58・3・29判例集未登載は、本件が学校教育とは全く無関係になされた市井の暴力事犯と全く同一のものであるとまで断ずるのは必ずしも相当ではなく、被告人に対する刑事制裁は罰金刑にとどめ、教諭としての適格性の判定及びそれに対応する今後の処遇等は教育行政当局の判断に委ねるのが相当であるとしている。

> 公開請求

体罰報告書の公開請求に際して、被害生徒の氏名等はプライバシー情報として非公開となるが、加害教員の氏名等も同様に考えるべきかが問題となる。神戸地判平成18・2・16判タ1254号162頁・大阪高判平成18・12・22判タ1254号132頁は、加害教員との関係では、公務員である教職員の職務の遂行に関する情報であるからプライバシーに該当せず、被害生徒との関係でも、学校名や加害教員の個人識別情報をもって、通常の手段方法によって取得できる他の情報と併せて、被害生徒を識別することはできないから非公開事由に該当せず、公開すべきと判断した。最高裁（判例集未登載）は二審判決を支持し上告を棄却した。他方、大阪高判平成16・11・18判例集未登載は、「公務員が懲戒処分等を受けたことは、公務遂行に関して非違行為があったということを示すにとどまらず、公務員の立場を離れた個人としての評価

をも低下させる性質を有する情報である」ので、非公開事由たるプライバシー情報に該当すると判断している。最高裁（判例集未登載）は二審判決を支持し上告を棄却した。両事件での最高裁判決は、異なる小法廷であり、結論を異にしている。この点、体罰は公務の遂行に際して加えられ、それを理由に懲戒処分を受けたのであるから、教員の氏名はプライバシーに該当せず、被害生徒を識別することができる場合を除いて、教員の氏名は公開されるべきであろう。

第8節　保健・安全

1. 保　健

　学校教育法12条は、「学校においては、別に法律で定めるところにより……健康診断を行い、その他その保健に必要な措置を講じなければならない」と規定する。そこにいう法律として、学校保健法が制定され、平成20年に、学校安全の章の新設とともに、学校保健安全法と改称された。学校保健安全法は、国と地方公共団体に財政上の措置その他必要な施策を講ずるよう義務づけたうえで、学校保健としては、学校での健康診断、学校保健計画の策定・実施（5条）、文部科学大臣による学校環境衛生基準の設定、校長による環境衛生改善措置（6条）、保健室の設置（7条）、養護教諭その他の職員による健康相談（9条）、児童生徒・学校職員への毎学年ごとの健康診断（13条、15条）、感染症の予防のための校長による出席停止・臨時休業措置（19条、20条）等を定めている。学校安全としては、学校での安全計画―施設・設備の安全点検、児童生徒への安全指導、職員の研修の策定・実施（27条）、校長による安全改善措置と危険発生時の対処措置（29条2項）、学校での危険等発生時対処要領（危険発生時に職員がとるべき措置の具体的内容と手順）の作成（29条1項）、保護者・地域・警察との連携（30条）等を定めている。

　学校給食の安全について、学校給食法は、文部科学大臣が実施基準と衛生管理基準を定めるものとし（8条、9条）、栄養教諭が学校給食を活用した食に関する指導をするものとしている（10条）。学校給食の民間委託が導入されてき

ているが、業者と請負契約を結ぶに際して、栄養面と安全面から食材、献立等について契約書で定め、それが適正に履行されているかを確認する必要がある。

杉並区の住民が学校給食調理業務委託契約締結の差止めを求めた事件において、東京地判平成16・5・19判例集未登載は、既存の契約については差止め請求の訴えの利益が存しないとしたうえで、今後の契約につき、学校給食法は学校給食を直営実施するとは定めてはおらず、また、委託に際しては学校給食の安全性を確保するための手段（学校栄養士からの指示・確認、調理師資格要件、研修等）が講ぜられている等として、学校給食を直営実施の方法で行わないことは違法であるとの原告の主張を斥けている。

学校給食での集団食中毒（O157感染症）により死亡した生徒への国家賠償が求められた事件において、大阪地判平成11・9・10判タ1025号85頁・確定は、給食を食べない自由は事実上なく調理も学校に全面的に委ねているという学校給食の特徴や、生命・身体へ影響を与える可能性があること、生徒が抵抗力の弱い若年者であること等からすれば、学校給食には極めて高度な安全性が求められており、食中毒事故が起きれば、結果的に、給食提供者の過失が強く推定される（「過失推定」の理論）が、「他に過失の推定を覆すに足りる証拠はない」として、市に賠償を命じている。

2. 学校事故 （⇒『15講』124頁）
(1) 事後救済と事前予防

学校事故については、事後救済と事前防止が、問題となる。学校事故の事後救済としては、現在、損害賠償制度と災害共済制度が設けられている。損害賠償請求に関する事件は、極めて多数にのぼり、しかもその内容は多様である。そのため、事故の類型ごとの検討が必要となる。学校事故は、まず、①公立学校での事故と、②私立学校での事故とに区分され、更に、①教育活動に伴う事故と、②学校施設設備（校舎、プール、運動用具、実験器具等）の欠陥に基づく事故とに区分される。教育活動に伴う事故は、教育内容面からは、①体育、理科の実験をはじめとする授業中の事故、②臨海学校、修学旅行をはじめとする

校外活動中の事故、③クラブ活動中の事故、④休み時間や放課後の事故、⑤生活指導活動中の事故等に区分される。作為の面からは、①教員が指導監督上の安全保持義務を怠ったために生じた事故（不作為型）と、②教員や生徒による積極的加害行為によって生じた事故（作為型）とに区分される。加害者の面からは、①教員の故意又は過失による事故と、②生徒の故意又は過失による事故とに区分される。被害を被った生徒の面からは、①普通児の事故と、②障害児の事故に区分される。更に、賠償要件に合致しない事故をも包摂する救済制度として、独立行政法人日本スポーツ振興センター法に基づき、センター災害共済制度が設けられており、学校災害救済条例によってその上積みを図っている地方公共団体もみられる。このような事後救済が重要であることはいうまでもないが、無事故に勝るものはなく、事故の事前防止の徹底が求められる。

(2) 国家賠償法と民法

従来、公立学校での事故の多くは国家賠償法で処理されてきたが、判例はその理由を説明していない。学説上は、学校事故を国家賠償法で処理するメリットとして、①使用者免責規定が存在しない、②求償権行使に関して制限的な規定を置いている、③行為者個人に対する直接請求を排除している点が、あげられていた。しかし、現在では、①②については、民法との差異は相対化し、③についてのみ区別の実益があり、行為者個人に対する直接請求について何らかの手当がなされるならば、学校事故を民法の不法行為法の処理に委ねることも検討に値する、過失の認定において国賠の場合との差はなく、時効について後者にメリットがあるので、民法上の安全配慮義務違反の問題として処理する方が適切であるといった見解も有力となっており、最近、私立学校だけでなく、公立学校についても民法に基づき賠償請求する事件も増えてきている（国家賠償法4条は「国又は公共団体の損害賠償の責任については、前3条の規定によるの外、民法の規定による」と規定している）。たとえば、障害児への体罰に関する神戸地判平成19・2・23判自309号67頁は、国家賠償法には言及せず、安全配慮義務違反により生徒に損害が生じたときは、債務不履行による損害賠償義務を負担するとしている。公立中での理科実験事故に関する静岡地裁沼津支判

平成元・12・20 判時 1346 号 134 頁・確定は、国家賠償法には言及せず、安全配慮義務違反により損害賠償責任を認めている。

(3) 国立大学附属校

独法化（平成 15 年）以前の事故の場合には国家賠償法が適用されてきた（水泳授業中の事故に関する大阪地判平成 13・3・26 判時 1769 号 82 頁・確定等参照）が、独法化以後も国家賠償法が適用されるのかが問題となる。国立大学法人法には明示の規定はなく、国家賠償法の適用は解釈に委ねられることになる。学説上は、行為者が公務員でなくても行為の性質が「公権力の行使」である場合には、国家賠償法 1 条が適用されることがあり、独立法人の非公務員型の場合がそうである、公権力の行使に該当すれば、国立大学法人が国賠法上の賠償責任を負い、同法 3 条（費用負担者の賠償責任）により国も責任を負う可能性が否定できないとして国家賠償法 1 条の適用を肯定する説が有力である。

国立大学附属中の校長が附属高校一般入試への出願書類の作成を拒否したために生徒と親への精神的損害の賠償が認められた事例であるが、大阪地判平成 16・10・29 判時 1886 号 87 頁は、国からその業務に関する権利義務を継承した国立大学法人は国家賠償法 1 条に基づき賠償する責任があるとしている。また、大学院での名誉毀損事件であるが、東京地判平成 21・3・24 判時 2041 号 67 頁は、①国立大学法人が成立する前の国立大学の職員による職務行為は、一般に公権力の行使にあたると解されていた、②国立大学法人が成立する前と後とで、活動実体には格別の変更がない、③国立大学法人の成立時に国が有する権利又は義務は、国立大学法人が承継するとされていることを総合的に考慮すれば、国立大学法人は国家賠償法 1 条 1 項にいう「公共団体」にあたり、その職員が行う職務は、純然たる私経済作用を除いては、一般に公権力の行使にあたると解するのが相当であるとしている。

(4) 市と県の賠償割合

県費負担教職員の場合のように、公務員の選任・監督にあたる者と給与を負担する者が異なる場合は、被害者との関係では、国家賠償法 3 条 1 項は、両者とも賠償責任を負うとしているが、内部関係については、2 項が「損害を賠償

する責任ある者」への求償権を規定するのみで、具体的定めは置かれていない。

　この点につき、学説上は、管理責任の主体が最終の費用負担者であるとする管理者説、損害発生への寄与度に応じて負担者を定めるとする寄与度説、当該事務の費用を負担する者が最終の費用負担者であるとする費用負担者説がある。法制意見、多数説は費用負担者説である。

　従来、市と県は「連帯して」金○○円を支払えと裁判所が命じ、両者の話し合いで解決されることが多かったが、市立中学校教員による体罰事件において、一審（福島地判平成19・10・16判時1995号109頁）は、寄与度説により「県費負担教職員は市町村の公務員として公権力を行使するのであって、また、市町村教育委員会は県費負担教職員の服務を監督する義務を有する」ので市の監督責任は大きい、他方、「任命権は、都道府県教育委員会に属」し「都道府県にも一定の任命責任がある」ので「県も一定の責任を免れない」、それらを「総合考慮すると」市と県の負担割合を2対1とするのが相当である、と判断した。二審（仙台高判平成20・3・19判タ1283号110頁）は、費用負担者説により「損害を賠償する責任ある者」とは「損害賠償債務の発生原因となった公権力の行使としての職務執行に要する費用を負担する者」をいう、県費負担は人件費に限定されており教育活動に要する費用は含まれていない、学校教育法5条は「学校の設置者は……学校の経費を負担する」と定めており、教育活動に必要な費用は5条にいう経費に含まれるので、賠償費用の最終負担者は学校の経費を負担する市である、と判断した。最高裁（最二判平成21・10・23民集63巻8号1849頁）は、学校教育法5条、地方財政法9条によれば、市町村が設置する中学校の経費については市町村が負担するとされていると簡単に述べて、二審判決を是認している。このように、最高裁は、①費用負担者説を採用し、②人件費のみの負担者は賠償責任者に該当しないとの立場を明らかにしている。

(5)　教員の責任

　賠償責任については、国家賠償法による場合、被害生徒は教員個人に直接請求できず、加害教員に「故意又は重大な過失」（1条2項）があった場合に地方公共団体が求償権を行使しうるにとどまる（求償権はほとんど行使されていな

い）。他方、民法による場合は、教員個人に直接請求できる。この点につき、教員の個人責任を公立学校と私立学校で別異に扱うのは不合理であり、私学の教員の個人責任を緩和する方向が妥当であるといった指摘もみられる。

　刑事責任については、上述の体罰の場合以外にも、学校行事、クラブ活動、実験等で死傷者をだした場合、教員が業務上過失致死傷罪に問われることがある。業務上過失致死傷罪が成立するためには、業務性、過失、因果関係のいずれもが肯定されねばならない。過失が肯定されるためには、結果の予見可能性及び結果回避の可能性が肯定されねばならない。過失が肯定された事例として、東京高判昭和51・3・25判タ335号344頁は、炎天下でのラグビー部練習中に二度倒れたにもかかわらず、日射病の罹患に思い至らなかった点に、過失を認定している。他方、過失が否定された事例として、山形地判昭和49・4・24判時755号39頁は、山岳部の遭難死（凍死）の結果に対する予見可能性がなかったとして、引率教員の過失を否定し無罪を言い渡している。宮崎地判昭和43・4・30判時522号13頁も、中州での生徒会キャンプ中の急激な増水は予見不可能であったとして無罪を言い渡している。

(6)　加害生徒と親の責任

　生徒から生徒への加害の場合、地方公共団体（学校法人）の賠償責任に加えて、加害生徒とその親の責任が問題となる。

　加害生徒に責任能力がある場合には、民法709条に基づき加害生徒に損害賠償を請求できる。その場合でも、親は、監督義務違反と加害生徒の不法行為による結果に相当因果関係があれば、賠償責任を負う（714条）。

　加害生徒に責任能力がない場合には、加害生徒には請求できない。その場合には監督義務者である親が賠償責任を負う（民法714条）。監督義務者は、監督義務を怠らなかったこと又は義務を怠らなくても損害を生じたはずであることを挙証しない限り、責任を問われる。

　生徒の責任能力は個別に判断される（たとえば、東京地判平成13・11・26判タ1123号228頁は、年齢によって画一的に定まるものではなく、個人ごとに、かつ、不法行為の態様との関係で、具体的に考えていくのが相当であるとする）が、当該行

為が不法であって何らかの法的責任が生じることを理解する程度の知能があればよいとされ、判例は一般に 12 歳前後を認定の目安としている

> **生徒から教員への加害**

公立中学で授業態度を注意した教員を生徒がナイフで刺殺した事件において、教員の遺族が生徒の親に賠償請求を行ったが、宇都宮地判平成 16・9・15 判時 1879 号 136 頁・確定は、ナイフ購入は親と同伴時になされたにもかかわらず、学校へナイフを毎日携帯していたことに気づかなかった点で指導監督義務を懈怠した過失があると判断して、民法 709 条に基づく不法行為の成立を認め、親への賠償請求を認容している。

なお、近年、ナイフによる殺傷事件が幾つか起こっており、学校で所持品検査を行うべきであるといった声もでているが、高校生同士のナイフ殺傷事件である浦和地判平成 4・10・28 判タ 811 号 119 頁は、「学校ないし教師がみだりに生徒の所持品検査を実施することは生徒のプライバシー等の人格権を侵害する危険性が極めて高く、その教育効果に鑑みれば、高校教諭に事故発生の危険性を具体的に予測させるような特段の事情があれば格別、そうでない限りは、所持品検査を実施すべき義務まではない」としている。

(7) 外国人生徒への国家賠償

国家賠償法 6 条は、「この法律は、外国人が被害者である場合には、相互の保証があるときに限り、これを適用する」として、相互保証主義を採用している。被った損害を本国法の不備の故になぜ自分の負担として甘受しなければならないのかとして、相互保証主義の合憲性に疑問を呈する憲法学説も存するが、多数説と判例は、衡平の観念に基づくものであり、相互の保証を必要とすることにより外国における日本国民の救済を拡充することにも資するとして、合憲と解している。

公立学校の水泳授業でのイギリス人生徒の事故につき、大分地判昭和 60・2・20 判時 1153 号 206 頁は、地方公共団体が相互保証主義のないことの立証責任を負うとしたうえで、イギリスには日本との相互保証が存するとして、相互保証により賠償を認めている。

朝鮮人生徒の場合、固有の問題が発生する。公立学校の夏休みプール開放中

の朝鮮人生徒（朝鮮民主主義人民共和国の国籍）の事故につき、京都地判昭和48・7・12判時755号97頁・確定は、朝鮮人を大韓民国と朝鮮民主主義人民共和国との二重国籍者とみるべきであるとして、大韓民国の国家賠償法に相互保証の規定があるから、日本の国家賠償法による請求を肯定してよいとしている。なお、学校事故に関する事例ではないが、東京地判昭和32・5・14判時118号6頁、大阪地判昭和46・2・25判時643号74頁は、いずれか一方の国の法令上相互保障があれば、日本の国家賠償法による請求を肯定してよいとしている。

(8) 家族への賠償

被害生徒への賠償に加えて、その家族への賠償請求も認容されるかについて、被害者が生命を害された場合に比肩すべき程度の精神的苦痛を受けた場合のみ家族は自己の権利として賠償請求をしうる（交通事故に関する最判昭和33・8・5判時157号12頁参照）との法理が判例上確立している。たとえば、神戸地判平成17・11・11判時1918号48頁は、公立の特別支援学校で体罰をうけた障害児への賠償は認めたが、その親、兄、姉からの賠償請求については、被害者が生命を害された場合に比肩すべき……程度の重大な人身損害を被った場合に限られるが、本件はこれに該当しないとして請求を棄却している。大阪高判昭和54・4・12判時930号76頁は、公立中学の学校事故で右目失明の生徒への賠償は認めたが、その親からの賠償請求については、「両親はそのために被害者が生命を害された場合にも比肩すべきまたは右場合に比して著しく劣らない程度の精神上の苦痛を受けたときにかぎり自己の権利として慰謝料を請求しうる」が、本件はこれに該当しないとしてとして請求を棄却している。他方、熊本地判昭和45・7・20判時621号73頁は、公立中学の半身麻痺・言語障害を被った生徒の両親につき、「本件事故によって同原告が死亡した場合にも比肩すべき甚大な精神的苦痛を被ったものということができ」るとして、50万円ずつの賠償を認容している。

3. 公務災害

　公立学校の常勤の教職員には地方公務員災害補償法が適用され、「公務上の災害」（負傷、疾病、障害、死亡）、通勤による災害に対して補償がなされる（1条、2条1項）。補償を受けるためには、傷病等が公務に起因するものであることが必要であり、公務に起因するというためには、公務と疾病等の間に相当因果関係があることが必要となる。通勤途上の災害も、合理的な経路と方法による場合、公務災害に準じるものとして、補償の対象となる（2条2項）。補償は、①療養補償、②休業補償、③傷病補償年金、④障害補償、⑤介護補償、⑥遺族補償、⑦葬祭補償の7種類に区分されている（25条1項）。③を除き、請求主義がとられている（25条2項）。地方公務員災害補償基金が審査並びに補償を行う。補償決定に不服がある者は、地方公務員災害補償基金支部審査会に審査請求ができる（51条2項）。

　公務災害の認定に関しては、うつ病による自殺（仙台高判平成14・12・18労判843号13頁、大阪地判平成22・3・29判タ1328号93頁、東京高判平成20・4・24労判998号57頁）、脳・心臓疾患による死亡（大阪高判平成16・1・30労判871号74頁・確定、最二判平成18・3・3判時1928号149頁）、養護学校教員の頸肩腕症候群（京都地判平成11・7・9労判773号39頁・確定、東京高判平成18・10・25判時1955号146頁）等多くの判決がだされている。これらの下級審で用いられた判断基準としては、公務が他の原因と比較して相対的に有力な原因となっていることが必要であるとする相対的有力原因説、公務が他の原因と共働原因となって傷病等を発症させたと認められれば足りるとする共働原因説等がみられる。誰を基準とするのかについては、当該公務員におく主観説と同種公務員におく客観説とがみられる。最高裁は、一般的な判断基準を明確には示していない。

第5章　教育財政

第1節　教育財源

1.　設置者負担主義

　学校教育法5条は、「学校の設置者は……法令に特別の定のある場合を除いては、その学校の経費を負担する」として、設置者負担主義をとっている。設置者は一般に、公立小中学校の場合は市町村、公立高校の場合は都道府県である。もっとも、設置者の財政能力によって教育の機会均等の原則が損なわれることのないように、例外的措置が定められている。国による負担としては、義務教育諸学校の教科書費、義務教育教職員の給与費、義務教育諸学校の建物建築費、特別支援学校への就学奨励費、へき地・産業・理科教育振興費等の全部又は一部（地方財政法10条、へき地教育振興法等）があり、一般財源として国が交付する地方交付税、特定財源として国が支出する負担金、補助金、委託費によってなされる。都道府県による負担としては、市町村立小中学校教職員の給与等を、設置者である市町村ではなく都道府県が負担する（市町村立学校職員給与負担法［給与負担法］1条）県費負担教職員制度等がある（ただし、都道府県の負担の3分の1を国が負担する—義務教育費国庫負担法2条）。

　住民の税外負担の禁止
　小中高等学校の施設の維持・修繕について、住民に負担を転嫁してはならず、寄附金を強制的に徴収してはならない（地方財政法4条の5、27条の3、4、同法施行令43条）として、税外負担の禁止が定められている。自発的寄附は可とされているが、それ

が事実上の強制になってはいけない。

地方交付税、負担金、補助金、委託費

　地方交付税とは、財源が不足する地方公共団体でも標準的な行政水準が維持できるように、所得税・法人税・酒税・消費税・たばこ税の一定割合の額を財源として、使途を特定しないで、国が地方公共団体に交付する税をいう（地方交付税法1条、2条）。地方交付税は、地方公共団体の財政状況に応じて調整されるが、その使途は地方公共団体の判断に委ねられている。地方交付税法3条2項は、「国は、交付税の交付に当つては、地方自治の本旨を尊重し、条件をつけ、又はその使途を制限してはならない」とする。この点、一般財源化された場合、財政力の弱い自治体では、国庫負担金に見合う額が全額教育費に使われるという保証はなく、義務教育の地域間格差が拡大し、教育機会の平等の原則が崩れかねない、全国一律に保障されるべき「ナショナルミニマム」の構築が必要であるとの指摘もみられる。

　負担金とは、地方公共団体が法令に基づいて実施しなければならない事務で、国が進んで経費を負担する必要があるものをいう（地方財政法10条）。国の負担割合等が法令によって定められている。国から地方への配分は一定の客観的基準によるため、国の恣意性・裁量はそのぶん制約される。

　補助金とは、地方公共団体の事務で、国が特別の必要があると認めるときに、奨励的に交付されるものをいう（地方財政法16条）。法律上必ずしも根拠をもたず、予算措置による支出が可能である。負担金とは異なり、国が当然に支出せねばならないものではない。そのため、国の政策的誘導や裁量が大きく働く。

　委託費とは、国の事務を地方公共団体に委託する場合に、国が反対給付として支給する経費をいう。

2. 義務教育費国庫負担制度

　義務教育費国庫負担制度は戦前に創設され、戦後の一時期廃止されたが、昭和27年に義務教育費国庫負担法が成立し、28年度から復活している。同法1条は「この法律は、義務教育について、義務教育無償の原則に則り、国民のすべてに対しその妥当な規模と内容とを保障するため、国が必要な経費を負担することにより、教育の機会均等とその水準の維持向上を図ることを目的とする」と規定している。その後、恩給費、共済費長期給付及び共済費追加費用、公務災害補償基金負担金、低所得者への就学援助費、学校施設費、教科書無償措置

等も国庫負担の対象とされていった。しかし、昭和60年代に入ると、旅費・教材費、恩給費、共済費長期給付、共済費追加費用、公務災害補償基金負担金、低所得者への就学援助費、図書購入費等が一般財源化されていった。

　現在では、義務教育費国庫負担制度を廃止して一般財源化すべきか否かが、最大の焦点となっている。この問題についての総務省・地方六団体の主張は、義務教育費国庫負担金制度を廃止し、その分を地方に個人住民税として税源移譲し、それで生じる地方間格差は地方交付税で補塡する（それによって地方の自由度が増し教育の質が高まる）というものである。他方、それに対して、平成12年度には21兆4000億円だった地方交付税は平成17年度は16兆9000億円、平成18年度予算では15兆9000億円とされ近年の減額は極めて大きい、義務教育費負担金が廃止・一般財源化された場合、財政力の弱い自治体では、同負担金に見合う額が全額、教育費に使われるという保証はないので、義務教育の地域格差が拡大することになるといった反論がなされてきた。

　平成18年の義務教育費国庫負担法改正により、国庫負担は2分の1から3分の1に引き下げられた（2条）。それとともに、義務教育諸学校の施設の新増築は引き続き国庫負担制を維持するが、改築・耐震補強等は交付金の交付による（義務教育諸学校等の施設費の国庫負担等に関する法律3条）とされた。

　義務教育費の国と地方との負担の割合が、憲法から一義的に導きだされるわけではない。義務教育の「無償」の意味は、授業料不徴収に加えて、経済的理由による就学困難者への必要な援助を保障したものと解される。それ故、そのような負担を個人に生じさせない限り、どのような財政措置をとるかは基本的には立法裁量の問題となろう。憲法26条は「ひとしく」と規定しているが、そのことから、いかなる地域間格差も憲法上許容されないとの帰結が生じるわけではない。また、地方自治の原理から、地方が教育財源について主たる責務を負うとの帰結が当然に生じるわけではない。教育基本法16条4項が「国及び地方公共団体は、教育が円滑かつ継続的に実施されるよう、必要な財政上の措置を講じなければならない」と定めているように、国と地方の両方に責務があり、その割合をどのようにするのかは、基本的には立法部の裁量に委ねられ

ているといえる。政策論としていえば、分権化を進める際に地方が「安心して教育活動に従事できるようにするには、財源保障の制度的な仕組みが必要である」、「義務教育に関する全国的な財源の安定的確保は不可欠であり、地方分権は拡大したものの全国的な財源の安定的確保が妨げられる事態は避けるべき」との視点から、国庫負担2分の1は維持されるべきであったろう。

3. 総額裁量制

「義務教育費国庫負担法第2条ただし書の規定に基づき教職員の給与及び報酬等に要する経費の国庫負担額の最高限度を定める政令」の改正によって、平成16年度から「総額裁量制」――都道府県毎に算出される教職員の平均給与単価に義務標準法に基づく各都道府県の教職員定数を乗じて算定される国庫負担金総額の範囲で各都道府県は教職員の給与と人数を自由に決定できる――が導入されている。それによって、たとえば、給与を抑制して捻出した経費で標準定数を超える教職員数を確保する、非常勤教員を増加させること等が可能となる。また、総額裁量制の導入とあわせて、従来標準定数に含められていなかった少人数学級編制のために必要な教員数についても加配定数に含めることができるという弾力的な運用が可能となった。

4. 学校予算

校長の予算権限は、地方公共団体の長から教育委員会に委任された予算執行権を、再度校長に委任することで認められる（予算執行権は地方公共団体の長に属し［地方自治法149条］、長はそれを委任することができる［同法180条の2］）。

最近、学校フレーム予算等の新たな試みを導入する地方公共団体が増えてきている。学校フレーム予算とは、教育委員会が一定の基準で算出した各学校への予算総額を提示し、個々の学校は提示された予算総額の範囲内で自由に各費目ごとに学校予算を編成できる、とするものである。

第2節　奨学措置

　憲法は、「すべて国民は……ひとしく教育を受ける権利を有する」（26条1項）、教育基本法は、「すべて国民は、……経済的地位……によって、教育上差別されない」（4条1項）、「国及び地方公共団体は、能力があるにもかかわらず、経済的理由によって修学が困難な者に対して、奨学の措置を講じなければならない」（4条3項）、学校教育法は、「経済的理由によって、就学困難と認められる学齢児童又は学齢生徒の保護者に対しては、市町村は、必要な援助を与えなければならない」（19条）と規定する。

1.　就学援助（教育扶助・就学奨励）

　これらを受けて、生活保護法、就学困難な児童及び生徒に係る就学奨励についての国の援助に関する法律（就学奨励法）、学校給食法12条、学校保健安全法24条、25条等で、就学援助が具体的に定められている。

　経済的理由による就学困難者を援助する制度（就学援助制度）として、教育扶助（生活保護法）と就学奨励（就学奨励法）がある。就学援助の対象となるのは、要保護（生活保護）世帯及び準要保護世帯のうち、義務教育課程にある生徒のいる世帯である。要保護世帯の認定は福祉事務所が行い、準要保護世帯の認定は教育委員会が行う。

（1）　教育扶助

　要保護世帯には教育扶助（学用品、通学用品、学校給食費等［生活保護法13条］）、医療扶助（学校保健安全法24条の医療費を除く［生活保護法15条］）が支給され、教育扶助に含まれていない修学旅行費は就学奨励法2条、感染性疾病等の医療費は学校保健安全法24条に基づき支給される。

> **生活保護受給世帯の高校修学費**
> 　生活保護法の支給費目には、高校進学・修学費がなかった。将来の高校修学費にあてるため生活保護費の一部を学資保険として積み立てたところ、それを「収入」

と認定し、保護費を減額するという事件が起った（中嶋訴訟）。最三判平成16・3・16判時1854号25頁は、「近時においては、ほとんどの者が高等学校に進学する状況であり、高等学校に進学することが自立のために有用であるとも考えられるところであって」「子弟の高等学校修学のための費用を蓄える努力をすることは」生活保護法の趣旨目的に反するものではないと述べて、減額処分を違法とみなした。その翌年、厚生労働省告示193号により、保護基準の一部が改正され、生業扶助の一区分として「高等学校等就学費」としての高校就学費用給付が開始され、学用品費、交通費、授業料、入学料等が支給されることとなった。

なお、高校生のいる準保護世帯については、特別交付金によって都道府県に設けられた高校生修学支援基金（平成21～23年度の3ヵ年限定）を活用して各都道府県で取り組んでほしいとの立場を国はとっているが、十分なものではない。

(2) 就学奨励

準要保護世帯へは、学用品、通学用品、学校給食費、修学旅行費、感染性疾病等の医療費等が支給される。

準要保護世帯の基準は市町村が定め（所得制限は、生活保護基準額の1.1～1.5倍が多い）、市町村独自の給付の上乗せも可能であるため、市町村間格差が生じる。平成17年度から、国の補助金が廃止され一般財源化されたため、更に、格差が拡大してきている。

就学奨励費の申込みは、教育委員会に直接申込む方法と、学校を通じて申込む方法等がある（後者が主流）。プライバシー保護の徹底という面からは、保護者が申請書を直接教育委員会に郵送するという方法が妥当であるが、学校を通じて申し込む場合には、「学校長は、給付事務の取扱いについては、プライバシーの保護等に十分配慮する」必要がある（高島市就学援助費給付要綱13条）。

金銭給付のみとする市町村と、金銭給付と現物給付とを併用する市町村がある。金銭給付の方法は、金融機関の口座に振り込むのが一般的であるが、学校納付金が未納の場合はそれを充当した残りが振り込まれる。

校長や民生委員が所見を記載する市町村もあれば、校長所見をつけず、また民生委員は関与せずに、もっぱら世帯所得によってのみ判定する市町村もある。後者の方が、客観性を担保でき、受給率の向上につながるであろう。なお、平

成17年に、市町村教育委員会は民生委員の助言を求めることができるとの就学奨励法施行令1条2項が、削除された。

　支給内容、支給方法、認定基準等を条例で定めている市町村（白河市就学援助条例、横浜市学齢児童生徒就学奨励条例、寝屋川市就学援助規則、高島市就学援助費給付要綱等）は、少数であるが、行政機関内部で定められる要綱ではなく、民主的基盤をもつ条例で定めるべきであろう。

　受給資格、給付内容、申請方法等を、わかりやすく、広報誌、手引き等で全生徒の親に周知することが必要である。

(3)　国庫補助

　平成17年に、就学奨励法、学校給食法、学校保健法（[現]学校保健安全法）が改正され、国の補助対象から準要保護世帯が削除され要保護世帯のみとなった。要保護世帯対象の国庫補助は、生活保護の場合、4分の3（生活保護法75条）、就学奨励・学校給食費・感染性疾病等の医療費の場合、2分の1（就学奨励法施行令1条、2条、3条、学校給食法施行令7条、学校保健安全法10条）と法定されている。

2.　障害児への就学奨励　(⇒『15講』141頁)

　教育基本法4条2項は、「国及び地方公共団体は、障害のある者が、その障害の状態に応じ、十分な教育を受けられるよう、教育上必要な支援を講じなければならない」と規定し、特別支援学校への就学奨励に関する法律は、都道府県は①教科用図書の購入費、②学校給食費、③通学又は帰省に要する交通費及び付添人の付添に要する交通費、④寄宿舎居住に伴う経費、⑤修学旅行費、⑥学用品の購入費につき、小学部・中学部の生徒については②〜⑥、高等部の生徒については①〜⑤の全部又は一部を支弁しなければならない（2条1項）、国は国立の特別支援学校については1項及び2項に準じて支弁しなければならない（2条4項）、国は都道府県の支弁する経費の2分の1を負担する（4条）と規定している。

　支給費目は、通学費、付添人経費、教科用図書の購入費等のように全在籍生徒に支給される費目と、学校給食費、修学旅行費等のように所得制限を伴う費

目からなっているが、そこでの所得制限は、準要保護世帯への就学奨励の場合よりも緩和されている。

3. 授業料・奨学金
(1) 授業料

小中学校の授業料は、公立・国立大学附属の場合無償（教育基本法5条4項）であるが、私立の場合、学則の変更と監督庁（都道府県）への届出（学校教育法規則4条1項7号）によって決定される。

なお、私立小中学校で授業料を徴収しても、私立学校に子どもを就学させる親は、公立学校での無償の特権を自ら放棄したものであるから、憲法26条2項（「義務教育は、これを無償とする」）に違反しないと解されている。

高校の授業料は、公立高校の場合、地方公共団体の条例に基づき（地方自治法225条、228条1項）、教育委員会の意見をうけて（地教行法29条）、国立大学附属高校の場合、国立大学等の授業料その他の費用に関する省令において、標準的額が規定されている（授業料の減免、猶予について、公立の場合、通常は授業料条例の中で、国立大学附属の場合、国立大学等の授業料その他の費用に関する省令11条において、規定されている）。

平成22年度から、公立高等学校に係る授業料の不徴収及び高等学校等就学支援金の支給に関する法律により、公立高校の授業料が無償化された（これまで地方公共団体に授業料として入っていた収入が減少することに伴い、国から「公立高等学校授業料不徴収交付金」が交付されることになった）。もっとも、経済困窮家庭への重点支援ではなく所得制限なしの一律無償化の手法がとられたため、これまで授業料免除を受けてきた経済困窮家庭には恩恵をもたらさないという問題をはじめとして、経済困窮家庭への問題が残されている（同法には、「教育の機会均等を図る観点から、奨学金の給付に係る制度の創設その他の低所得者世帯の高等学校等における教育に係る経済的負担の一層の軽減を図るため、必要な措置を講じること」との付帯決議が付けられている）。

私立高校（国立大学附属高校を含む）については、公立高校授業料に匹敵する

約12万円を基本に、世帯年収250万円未満が約24万円、250万円以上350万円未満が約18万円の就学支援金を私学に支給し、生徒はその差額を納付することとなった。更に、兵庫県、大阪府、京都府、東京都等のほとんどの地方公共団体が低中所得世帯への独自支援を上積みしている。就学支援金は、各種学校としての認可を受け日本の高校に類する教育をしている外国人学校も対象となり、インターナショナルスクール、ブラジル・台湾校等は含まれるが、朝鮮学校については先送りされた。

(2) 奨学金

国の奨学金としては、独立行政法人日本学生支援機構による奨学金制度（無利息と利息付きの貸与がある）があり（独立行政法人日本学生支援機構法）、それ以外にも、地方公共団体、学校法人等による奨学金事業がある。

これまで日本学生支援機構が実施してきた高校奨学金事業は、閣議決定「特殊法人等整理合理化計画について」により、平成17年度以降の入学者から都道府県に移管され、都道府県やその所管する公益法人が高校奨学金事業を実施することとなった。貸与の条件、額、等の具体的内容は都道府県が設定することとなった。

奨学金事業の他にも、低所得世帯への生活福祉資金貸与制度、母子家庭への母子寡婦福祉資金貸与制度等がある。

4. 教科書代金 (⇒『15講』118頁)

当初、小中学校の教科書は有償であった。そのため、公立の小学生の親が、教科書有償は憲法26条2項に違反するとして教科書代金の返還等を求めて出訴した。それに対して、最高裁（最大判昭和39・2・26判時363号9頁）は、「憲法26条2項後段の『義務教育は、これを無償とする。』という意義は、国が義務教育を提供するにつき有償としないこと、換言すれば、子女の保護者に対しその子女に普通教育を受けさせるにつき、その対価を徴収しないことを定めたものであり、教育提供に対する対価とは授業料を意味すると認められるから、同条項の無償とは授業料不徴収の意味と解するのが相当である」とする。その理

由としては、「憲法がかように保護者に子女を就学せしむべき義務を課しているのは、単に普通教育が民主国家の存立、繁栄のため必要であるという国家的要請だけによるものではなくして、それがまた子女の人格の完成に必要欠くべからざるものであるということから、親の本来有している子女を教育すべき責務を完うせしめんとする趣旨に出たものでもあるから、義務教育に要する一切の費用は、当然に国がこれを負担しなければならないものとはいえない」との点をあげている。このように、最高裁は、授業料無償説の立場をとり、合憲と結論づけている。授業料無償説の立場に立つと、教科書の無償給付は憲法上の要請とはみなしえないが、実際には、昭和38年に制定された無償措置法により、私立学校を含むすべての義務教育段階の学校の生徒に対して教科書は無償給付となっている（全額国庫負担）。更に、現在では、海外出国学齢児童生徒（平成14年3月28日13文科初第1133号初等中等教育局長通知参照）、就学義務猶予免除者（平成15年4月1日15文科初第14号初等中等教育局長依頼参照）にも、無償給付されている。

拡大図書・点字図書

従来、普通学級に在籍する視覚障害児のために教科用図書を拡大もしくは点字化した図書は、無償措置法の文言上は給付対象とはならないが、予算措置により給付するという措置がとられてきた。しかし、平成20年成立の「障害のある児童及び生徒のための教科用特定図書等の普及の促進等に関する法律」により、法律の文言上も対象と明示されることとなった。

給食費の無料化

要保護世帯・準要保護世帯だけでなく全世帯の給食費の無料化・軽減化を、少子化・過疎化対策として行う地方公共団体が、現れてきている。たとえば、茨城県大子町、山口県和木町は、すべての小中学生の給食費を、北海道三笠市は、すべての小学生の給食費を無料としている。また、山梨県南アルプス市は、小中学校に3人以上在籍する場合、第3子以降学校給食費を無料としている。これらは、教科書無償の場合と同様、憲法上の要請とまではいえず、政策的給付といいうる。

第3節　私学助成・減免税

1．私学助成
(1)　私立小中高等学校への助成

　教育基本法8条は、「国及び地方公共団体は……助成その他の適当な方法によって私立学校教育の振興に努めなければならない」、私立学校法59条は、「国又は地方公共団体は、教育の振興上必要があると認める場合には、別に法律で定めるところにより、学校法人に対し、私立学校教育に関し必要な助成をすることができる」と定める。

　これらを受けて、私立学校振興助成法9条は、都道府県が私立の小・中・高等・中等教育・特別支援学校に、経常的経費を補助する場合、国は都道府県に対し「その一部を補助することができる」と定め、私立学校振興助成法施行令4条が、補助金額の算定基準を定めている（なお、教育特区での株式会社立学校は、対象外とされている）。

　更に、私立学校振興助成法8条は、国又は地方公共団体は、学校法人による学資貸与事業について、資金の貸付等の援助を、学校法人に対してすることができる、と定めている。

　学校給食法12条1項は、私立の義務教育諸学校の設置者に対して、国は予算の範囲内で、給食の開設に必要な施設・設備経費の一部を補助することができる、と定めている。

　この他、私立学校教育研究装置等施設整備費補助金、私立学校施設高度化推進事業費補助金、資金の貸付（日本私立学校振興・共済事業団法23条1項2号）、寄付金の募集と配布（日本私立学校振興・共済事業団法23条1項4号）等がある。

> **財務の公開**
> 　学校法人に対しては、私学助成金の交付を受ける存在であるという面から、国民に対する説明責任を果たし、運営と財政の透明化が求められる。社会福祉法人等では、既に法律上、財務書類の公開等が定められていたが、学校法人の場合、そのような

定めは置かれていなかった。平成16年の私立学校法の改正で、社会福祉法人等にならった定めが置かれることとなった。すなわち、毎会計年度終了後2ヶ月以内に、財産目録、貸借対照表、収支計算書及び事務報告書を作成し、幹事による監査報告書とともに各事務所に備えて置き、「当該学校法人の設置する私立学校に在学する者その他の利害関係人から請求があった場合には、正当な理由がある場合を除いて、これを閲覧に供しなければならない」(47条2項)とされた。学校法人も公共性の高い法人として、主体的に説明責任を果たすことが求められるようになったといえる。

なお、情報公開条例のもとで、私学助成申請財務書類の公開が争われた事件であるが、最三判平成13・11・27判時1771号67頁は、資金収支計算書、消費収支計算書、貸借対照表の「大科目部分」のみの公開からは「上告人の競争上の地位を害するような上告人独自の経営上のノウハウ等を看取することは困難」であるとして、「大科目部分」の公開を支持している。同趣旨の決定として、名古屋地決平成15・12・18判例集未登載がある。

(2) 私学助成の合憲性 (⇒『15講』208頁)

私学助成を憲法論としてみると、ⓐ私学に助成するよう憲法26条は要請しているのか、ⓑ私学に助成することは憲法89条に違反するのかとの二つの方向からの検討が必要となる。

ⓐ実際の訴訟としては、私立高校と公立高校との授業料格差が憲法26条に違反するとして国家賠償が請求された「私学訴訟」が存する。一審（大阪地判昭和55・5・14判時972号79頁）は、教育を受ける権利について、立法の不作為の違憲性を国家賠償請求訴訟で争いうることを認める。しかし、①憲法26条は義務制とされない段階における教育諸条件の整備の内容については明確に規定していない、②教育を受ける権利の実現のためには莫大な予算を必要とするため国会・内閣の政治的専門的裁量が不可避である、③国民はその意思を選挙請願等の手段を通じて政策決定の場に反映させることができる、④教育を受ける権利の保障は、生活保護（生存権の保障）と較べて、緊急性・重要性の程度に差があり、保障の限界の画定もより困難であること等に照らして、憲法は高校教育に係る教育諸条件の整備について国会・内閣に「極めて広汎な裁量」を許しているとして、請求を認容しなかった。二審（大阪高判昭和59・11・29判タ541号132頁）も、立法、予算措置の不作為が違憲であるというためには、①不

作為が国会の裁量権の逸脱によるものである、②違憲であることの蓋然性が何人に対しても顕著である、③立法のための合理的期間を途過している、④不作為と損害との間に具体的な関連性があることを要するとする。そして、国が高校教育に関して実施している諸施策、その政治的・専門的裁量を勘案すれば、裁量権の逸脱はないとして、一審判決を支持している。

憲法26条は、純然たるプログラム規定ではなく裁判規範性を有しているが、憲法26条違反が争われた場合の審査基準については、個々の脈絡に応じた（たとえば、義務教育か否か）検討が必要である。本件のような義務教育以降の授業料については、一審、二審判決が用いた合理性のテストが妥当しよう。

ⓑ憲法89条は、「公金その他の公の財産は、宗教上の組織若しくは団体の使用、便益若しくは維持のため、又は公の支配に属しない慈善、教育若しくは博愛の事業に対し、これを支出し、又はその利用に供してはならない」と規定している。そのため、現行の私学助成が、①宗教系私学をも助成対象としている点で政教分離原則（89条前段、20条）に、また②私学が「公の支配」に属していない点で89条後段に違反するのではないかが、問題とされている。

前者の問題に関する学説は、次のように大別されうる。第1は、結局宗教上の組織もしくは団体のために公金を支出する結果となるとして、宗教系私立学校への助成を端的に違憲とみなす学説である。第2は、政教分離原則と教育を受ける権利との調整のうえにたって、宗教系私立学校への助成を直ちに違憲とみなすのではなく、宗教に対する援助・助長・促進になる場合等、一定の場合に違憲になるとみなす学説である。第3は、宗教系私立学校といえども、現実には国家が定める法定の課程によって教育を行うのであるから、「宗教上の組織若しくは団体」にあたらないとして、私学助成を合憲とみなす学説である。

後者の問題に関する学説は、次のように大別されうる。第1は、「公の支配」を厳格に解し、現行の程度の規制では「公の支配」とはいえないとして、私学助成の合憲性に疑問を呈する学説である。第2は、他の憲法条項、とりわけ憲法26条との体系的・総合的解釈により「公の支配」を緩やかに解し、現行の私学助成を合憲とみなす学説である。第3は、私学助成は憲法26条によって

義務づけられているものであり、憲法89条後段とは無関係であるとして、合憲とみなす学説である。

前者、後者の問題とも、憲法26条とからめて89条を解釈する第2の説が有力であるが、最近では、憲法89条違反の疑いを避けるために、学校法人への助成から生徒（又は親）への直接給付に切り替えるべきであるとの説が増えてきている。そのような生徒への直接給付は、憲法89条への対応にとどまらない拡がりをもちうる。たとえば、家庭の収入に反比例した給付を私学の生徒に与えるようにすれば、教育を受ける権利の実質的平等化につながるであろう。また、公立学校をも含めて、すべての生徒に教育切符を給付し、生徒はその切符を選択した入学先の学校に提出し、学校は切符と引き換えに国から補助金を受け取るとの制度（バウチャー・システム）を導入すれば（もっとも、導入の是非、時期、条件等についての慎重な検討が必要である）、学校選択の自由の拡大にもつながるであろう。

2. 減免税

私立学校を設置する学校法人に対しては、税制上の優遇措置が講じられている。たとえば、法人税・事業税は、収益事業から生じた所得を除いて非課税とされ（法人税法7条、地方税法72条の5第1項）、収益事業から生じた所得に対しても法人税の税率は軽減税率が適用されている。学校法人が直接教育の用に供する不動産に関しては、不動産取得・固定資産税が非課税とされている（地方税法73条の4第1項3号、348条2項9号）。

更に、国又は地方公共団体は寄附金につき税制上の優遇措置を「講ずるよう努めるものとする」と定める私立学校振興助成法15条を受けて、学校法人に寄附をした者にも、税制上の優遇措置が講じられている（所得税法78条2項2号）。

第6章　救済制度

第1節　行政上の救済

　地方公務員法は、「職員」による勤務条件に関する措置の要求を46条以下で、不利益処分に関する不服申立を49条以下で、苦情処理を8条1項11号、2項3号で定める。これらの行政上の救済は、「職員」である公立学校教員にも妥当する。生徒・親には、これらの救済は妥当せず（行政不服審査法4条8号参照）、幾つかの地方公共団体で、子どもオンブズパーソン等が制度化されているにとどまっている。

　なお、人権侵害全般の申立て先として、法務大臣によって委嘱された人権擁護委員が全国の市町村に配置されており、人権相談、勧告等を行っている（人権擁護委員法11条3号）。

労働委員会

　私立学校、国立大学附属校において、（労働）組合活動故の不利益扱い等の不当労働行為がなされた場合、都道府県ごとに設けられた労働委員会に救済を求めることができる。

弁護士会の人権擁護委員会

　民間レベルでは、弁護士会に設けられた人権擁護委員会が、学校関係での人権侵害の申立てについても、多くの要望、勧告、警告を行い、有意義な活動を行っている。たとえば、君が代を歌わない起立しない自由があることを生徒に説明するよう校長に勧告（大阪）、通知表の評価項目から「国を愛する心情」「日本人としての自覚」を削除するよう教育委員会に勧告（福岡）、教職員による生徒の人格を無視するような

発言を二度と行わないよう特別支援学校と教育委員会に警告（鳥取）等がなされている。

1. 措置要求

一般職員には、団体協約締結権が否定され、争議が禁止され、労働委員会への申立ての途が閉ざされているため、勤務条件に関する措置要求権が認められた。措置要求は、労働基本権制限、より厳密には協約締結権制限の代償措置といえる。

(1) 要求主体

措置の要求権者は「職員」と規定されており、この「職員」には、正式任用後の一般職の教職員、臨時的任用教職員、条件附採用期間中の教職員が含まれる（地方公務員法29条の2参照）が、団体協約の締結権が認められている企業職員、単純労働者、独法職員は含まれない（地方公営企業法39条1項、地方公営企業等の労働関係に関する法律［地公労法］17条附則5、地方独立行政法人法53条1項）。

(2) 要求対象

要求できるのは、「給与、勤務時間その他の勤務条件」（地方公務員法46条）と規定されており、給与、手当、旅費、勤務時間、休暇、安全衛生等広範に及ぶが、職員定数増、予算増、条例の提案等は管理運営事項であるので含まれない。もっとも、「管理運営事項に関するものであると同時に勤務条件と密接に関連する場合」、「勤務条件の側面からの問題として、措置要求の対象とすることは制約されず、その結果、当局が管理運営事項について何らかの措置を執らざるを得なくなったとしても、それは管理運営事項自体を措置要求の対象としたわけではないから」許容される（名古屋高判平成4・3・31労判612号71頁・613号47頁）。たとえば、職員定数そのものは対象としえないが、勤務時間の問題としては措置要求しうる。

具体的には、勤務評定について、東京高判昭和40・4・28行集16巻5号985頁は、勤務評定制度は職員の勤務実績等を評定し公正に記録することであり、それ自体としては教職員の待遇に属する事項とは認められないので、措置

要求の対象とはなりえないとしている。

　担当授業時間数の軽減措置について、東京地判平成 2・12・7 労判 579 号 17 頁は、措置要求の対象となる事項は、職員の経済的地位の向上に関連した事項に限られ、予算執行権や人事権等の管理運営事項はもともと団体交渉によって処理すべき事項でないから措置要求の対象とはならないとしたうえで、授業時間数は校長が学校教育上の専門的見地から専ら判断しその結果に責任を負う管理運営事項であるので、措置要求の対象とはならないと結論づけている。

　人事異動について、名古屋地判平成 13・12・4 判例集未登載は、人事異動を実施するか否かは、校長・教育委員会の裁量に属する管理運営事項であるので、措置要求の対象とはならないとしている。

　研修の承認について、名古屋地判平成 2・6・22 判時 1371 号 206 頁は、承認されない場合には実質的に休暇、休日を返上せざるをえなくなるので、勤務条件に関する事項といえ、措置要求の対象となりうるとしている。二審（名古屋高判平成 4・3・31 労判 612 号 71 頁）も、職務専念義務免除が休暇、休日と実質的に密接な関連を有するので、勤務条件に関する事項といえ、研修の承認は措置要求の対象となりうるとしている。最高裁（最三判平成 6・9・13 労判 666 号 16 頁）も、勤務条件に関する側面を有するので、原審の判断は正当として是認できるとしている。

　高校での社会科教室・標本室の設置について、名古屋地判平成 5・7・7 労判 648 号 76 頁は、日々の授業・勤務に生じた障害を除去し具体的勤務条件を改善することを目的としてなされたものであるので、措置要求の対象となりうるとしている。

　時間外勤務手当について、名古屋地判平成 5・2・12 労判 626 号 74 頁は、時間外勤務が教職員の自由意思を極めて強く拘束するような状態でなされた等の場合には時間外手当が認められる余地があるから措置要求の対象となるとするが、二審（名古屋高判平成 6・1・26 判例集未登載）は、給特法が改正されない限り手当を措置する権限はないので対象とはならないとしている。最高裁（最三判平成 10・9・8 判自 181 号 57 頁）は、一切例外が認められないかはともかく、本件

の場合は手当を支給する余地がなく、措置を執る権限はないので対象とはならないとしている。

時間による回復措置につき、東京高判平成8・4・25労判740号15頁は、「給特法や県給特条例の予定していないような無定量、無制限の時間外勤務が命じられたような場合はともかくとして、そうでない限りは、教育職員が時間外勤務をしたからといって、その勤務に対する何らかの対価請求権が発生するものではな」いとして、原則として否定している。最高裁（最一判平成10・4・30労判740号14頁）は、原審の判断は正当とのみ述べている。

(3) 審査機関

審査機関は「人事委員会又は公平委員会」（都道府県と指定都市は人事委員会を、人口15万以上の市と特別区は人事委員会又は公平委員会を、人口15万未満の市町村は公平委員会を、設置せねばならない［地方公務員法7条］）である（同法47条）。県費負担教職員の場合、一般的には任命権者である都道府県の人事委員会であるが、指定都市の場合、任命権が委任されている指定都市の人事委員会である。

(4) 判定の効力

措置要求があった場合、口頭審理その他の方法による審査・判定を行い、自らの権限に属する事項については自ら実行し、その他の事項については、権限を有する機関に必要な勧告を行う（地方公務員法47条）。勧告には法的拘束力はないと解されている。適法性の問題だけでなく、当不当の問題についても勧告しうる。

(5) 訴訟との関係

判定の取消を求めて行政訴訟を提起できるかが、問題となる。東京高判昭和34・8・31行集10巻8号1595頁は、委員会の適法な判定を受けることは、それ自体が職員に保障された地方公務員法上の権利であるので、違法に却下又は棄却されたと主張する職員は、裁判所に判定の取消を求めることができねばならないとする。最高裁（最三判昭和36・3・28判時257号13頁）は、多くの場合、勧告であっても、正規の手続で意見を表明した場合には、表明がない場合に比して法的にも有利な地位に置かれることは否定しえず、しかも、地方公務員法

46条は措置要求に対し適法な手続で内容的にも裁量権の範囲内における適法な判定を与うべきことを、職員の権利乃至法的利益として保障する趣旨であると解されるので、取消訴訟の対象となると述べ、原審を支持している。その際の裁判所の判断のあり方が問題となるが、名古屋地判平成4・12・9労判625号31頁は、裁判所は人事委員会と同一の立場にたって、自らがどのような内容の判定をすべきであったかを判断するのではなく、重大な事実誤認等の重大な瑕疵があって裁量権を逸脱していると認められる場合、または、委員会の判定が社会通念上著しく妥当を欠き裁量権を濫用したと認められる場合に限り違法と判断すべきであるとしている。

2. 不服申立て

不服申立ては、簡易迅速な救済制度としての意義を有する。行政内部の自己統制であるから、処分の違法性だけでなく、不当性についても判断しうる（行政不服審査法1条1項）。

(1) 処分説明書

地方公務員法上、懲戒や不利益処分を行う場合には、任命権者は、処分の事由、不服申立てができる旨、不服申立期間を記載した説明書を職員に交付しなければならず（49条1項、4項）、職員は不利益処分を受けたと思うときは、任命権者に「処分の事由を記載した説明書」の交付を請求できる（2項）。

(2) 対　象

対象は、「懲戒その他その意に反すると認める不利益な処分」（地方公務員法49条1項）と規定されており、そこには、懲戒処分、分限処分が含まれる。形式的には依願免職処分であっても、それが真正なものでない場合や偽造された場合には、不服申立てをなしうると解されている。

なお、行政不服審査法は、列挙主義に代えて一般概括主義を採用したが、4条1項8号において、学校における児童・生徒・保護者への処分については、行政不服審査法に基づく審査請求はできないと規定している。高度の専門技術的な判断に基づく処分であり、教育目的を達成するための処分であるので、適

用除外とされたと説明される。もっとも、このことは、当該処分の性質上、この法律で定めるような特定の形式の不服申立ては適当でない、というだけのことでしかないので、別の法令で、その性質に応じた不服申立ての制度を設けることは可能であり、設けるべきであろう。

(3) 申立権者

正式に任用された一般職の職員は、不服申立てをなしうるが、条件附採用期間中の職員、臨時的任用職員（地方公務員法29条の2）、企業職員、単純労働者、独法職員は不服申立てをなしえない。この点、学説からは、臨時・条件附職員への懲戒処分が一般職員と同様に行われる以上、不服申立てを認めるべきとの批判がなされている。なお、国家公務員である臨時・条件附職員の場合、分限処分に限ってのみ行政不服審査法が適用除外とされている（国家公務員法81条）。

(4) 申立期間

処分を知った日の翌日から60日以内にしなければならず、処分があった日の翌日から1年経過後はすることができない（地方公務員法49条の3）。

(5) 審査機関

人事委員会又は公平委員会へ不服申立て（審査請求又は異議申立て）をなしうる（地方公務員法49条の2）。異議申立ては、処分庁・不作為庁、審査請求は、それ以外の行政機関への不服申立て（行政不服審査法3条2項）を指す。人事・公平委員会の職員の申立てを異議申立て、それ以外の職員の申立てを審査請求という。教職員の場合は、審査請求をすることになる。

(6) 判定の効力

判定の種類としては、処分の承認、処分の修正、処分の取消、指示がある（地方公務員法50条3項）。処分の修正または取消の判定がなされたときは、その判定は形成的効力を有し、任命権者の何らかの処分をまつことなく、判定に従った効力が生じる。

(7) 口頭審理の公開

処分を受けた職員から請求があったときは、口頭審理を行い、それを公開し

て行わなければならない（地方公務員法50条1項）。

(8) 訴訟との関係

地方公務員法51条の2は、不利益処分の取消の訴えにつき、不服申立前置主義をとる。不服申立前置主義をとるのは、行政の側にまずは再検討の機会を与え、正すべきことは行政自らがまず正すことが適切であると考えられたからである。

行政事件訴訟法8条2項はその例外として、「審査請求があった日から三箇月を経過しても裁決がないとき」（1号）、「処分、処分の執行又は手続の続行により生ずる著しい損害を避けるため緊急の必要があるとき」（2号）、「その他裁決を経ないことにつき正当な理由があるとき」（3号）を定める。例外と認めた判例として、資産もなく免職後の就職が困難であり生活が危殆に瀕するおそれがある（京都地判昭和30・3・5行集6巻3号728頁）、人事委員会委員の辞任、病臥欠勤により、にわかに審査を受けえない事情があるうえ、降任された校長の精神的苦痛が著しい（広島地判昭和34・3・24行集10巻3号629頁）、教組役員の転任人事に関し同種の事案が多数係属しているため相当の長年月を要する（高知地決昭和45・2・12行集21巻2号109頁）、免職後、姉の入院費用を負担せねばならなくなる可能性がある、年金受給まで相当期間がある、再就職が困難である（宮崎地判平成19・8・6判自304号29頁。もっとも、二審［福岡高裁宮崎支判平成19・12・26判自304号26頁］は、自宅土地建物、貯金1000万円を保有しており事後的な金銭賠償によって十分に回復しうる等に照らすと2号に該当しないとして、訴えを却下している）等がある。

3. 苦情処理

人事委員会、公平委員会は、措置要求と不服申立て以外の「職員の苦情を処理する」（地方公務員法8条1項11号、2項3号）。自動車通勤の駐車場についての苦情処理に関する名古屋地判平成18・11・30判自292号9頁は、苦情処理は説得、調整、仲介作業を行うもので、強制的な決定権限を有するものではないので、抗告訴訟の対象となるべき行政処分に該当しないとしている。

申立権者には、臨時的任用職員（同法22条）、条件附採用期間中の職員（同法22条）も含まれる（同法29条の2参照）が、企業職員、単純労働者、独法職員は含まれない。

4. 公的第三者機関

　幾つかの地方公共団体において、子どもオンブズパーソンが、首長の附属機関として条例によって設置されている（⇒『15講』33、223頁）。その最初は、平成10年に制定された川西市子どもの人権オンブズパーソン条例である。同条例は、子ども又は大人から子どもの人権救済の申立てをうけたオンブズパーソンは、当該申立てについての調査を実施し（11条）、市の機関へ是正等の措置をとるよう勧告しうる（15条）、市の機関は勧告を尊重せねばならず（15条）、勧告に応じられない場合はその理由を示さねばならない（17条）等と規定している。それに引き続き、平成13年には岐阜県岐南町子どもの人権オンブズパーソン条例、平成14年には埼玉県子どもの権利擁護委員会条例、平成19年には豊田市子ども条例等が、制定されている。このような第三者機関を設けるにあたっては、まずもって、救済の実効性確保が求められる（勧告権にとどまらず懲戒権や刑事訴追権を有するスウェーデンのオンブズパーソンとは異なり、日本のオンブズパーソンは、改善勧告や意見表明を行う権限を有するにとどまる）が、他方で、家庭教育や学校教育への不当な介入にならないような配慮も求められる。その点、埼玉県子どもの権利擁護委員会条例は、調査を開始するには原則として当該子ども・親の同意を必要とし（9条3項）、政党又は政治的目的のための地位利用を委員に禁じている（6条4項）。

　最近、親と教員との間でのトラブルが増加してきているが、両者間の橋渡し役として、第三者機関を設置する地方公共団体が、現れてきている。たとえば、福岡市では、「学校保護者相談室」を設け、元校長等が相談員として（場合によっては弁護士の意見を踏まえて）アドバイスを行い、問題の早期解決を支援している。東京都稲城市では、元校長等で構成される「アドボカシー相談室（保護者相談窓口）」を設け、親からの相談を受けつけるとともに、弁護士等で構成さ

れる「アドボカシー審査会」を設け、アドボカシー相談員から申し出のあった問題事実に対して審査を行い、その結果を市長に提言している。

第2節　司法上の救済

　教育問題を裁判所で争うためには、まず、原則として、それが法律上の争訟であることが必要となる（「法律上の争訟」性を欠く場合、行政訴訟だけでなく民事訴訟でも争えない）。法律上の争訟とは、①当事者間に具体的な権利義務についての紛争があること、②それが法令の適用によって解決しうべき紛争であることの2要件を満たすものである（最三判昭和28・11・17行集4巻11号2760頁は、教育勅語の合憲性確認を求める訴えにつき、具体的な権利義務に関するものではなく、また、法律の適用によって終局的に解決しうべき事項ではないので、不適法である、東京地判昭和39・12・21訟月11巻3号420頁は、「君が代」が法律上日本国歌として制定されていない（当時）ことの確認を求めた訴訟において、具体的な法律上の権利義務に係わるものではないので、法律上の争訟にあたらず不適法であるとして却下している）。

　司法上の救済方法としては、違法な行政活動の是正・防止を求める場合と、行政活動の結果生じた損害又は損失の補塡を求める場合に大別される。

　前者には、行政訴訟と民事訴訟とがあり（行政訴訟で不適法とされても、民事訴訟として争える場合がある）、後者には、国家賠償法もしくは民法上の賠償請求と、損失補償請求訴訟がある。

　行政訴訟は、主観訴訟（個人の権利利益の保護を目的とする訴訟）と客観訴訟（客観的な法秩序維持のための訴訟）に大別される。主観訴訟は更に、抗告訴訟（公権力の行使に関する不服の訴訟）と当事者訴訟に区分される。抗告訴訟としては、取消訴訟、無効等確認訴訟、不作為の違法確認訴訟、義務付け訴訟、差止訴訟、法定外（無名）抗告訴訟がある（取消訴訟、義務付け訴訟、差止訴訟における仮の救済として、それぞれ、執行停止、仮の義務付け、仮の差止めがある）。当事者訴訟としては、実質的当事者訴訟（公法上の法律関係に関する確認の訴えその他の

公法上の法律関係に関する訴訟）と形式的当事者訴訟（当事者間の法律関係を確認しまたは形成する行政処分に関する訴訟であるが、法令の規定により法律関係の当事者の一方を被告とするもの）がある。公法上の法律関係に関する確認の訴えの一つとして、義務不存在確認の訴えがある。客観訴訟としては、民衆訴訟と機関訴訟がある。民衆訴訟の一つとして、地方自治法上の住民訴訟がある。

本章では、教育関連訴訟で比較的よく用いられている訴訟形態として、①行政事件訴訟法上の取消訴訟・執行停止、差止め・仮の差止め、義務付け・仮の義務付け、義務不存在確認の訴え、住民訴訟、②国家賠償法又は民法上の賠償請求訴訟について言及する。

行政事件訴訟法改正

平成16年に行政事件訴訟法が大幅に改正されたが、改正は、次の4つの大きな柱からなる。①救済範囲の拡大—取消訴訟の原告適格についての考慮事項の法定、義務付け訴訟（申請型と非申請型）と差止め訴訟の法定、当事者訴訟における確認訴訟の明示、②審理の充実・促進—処分・裁決の理由を明らかにする資料、審査請求における事件の記録の提出を求める仕組の新設、③行政訴訟を利用しやすくするための仕組の整備—抗告訴訟の被告適格の簡明化、抗告訴訟の管轄裁判所の拡大、取消訴訟の出訴期間の延長、出訴期間等の教示制度の新設、④仮の救済制度の整備—執行停止要件の緩和と考慮事項の法定、仮の義務付け・仮の差止め制度の新設。

1. 取消訴訟・執行停止

(1) 取消訴訟の訴訟要件

取消訴訟とは、「公権力の行使」としての行政処分が違法になされた場合に、その取消を求める訴えである。教員の懲戒・分限処分、生徒の懲戒処分の取消請求等、多くの取消訴訟が提起されているが、本案審理（実質審理）に入るには、訴訟要件を満たしていなければならない。本案部分については、既に前章までにおいて言及しているので、ここでは、訴訟要件についてのみ言及する。取消訴訟の訴訟要件としては、処分性、原告適格、被告適格、狭義の訴えの利益、裁判所の管轄、出訴期間、不服申立て前置がある。訴訟要件が欠けていると、訴えは不適法なものとして却下される。ここでは、教育関連訴訟で比較的よく

問題とされる処分性、原告適格、狭義の訴えの利益についてのみ言及する。

　ⓐ　**処分性**　処分性とは、ある行政の行為が行政事件訴訟法3条に定める「行政庁の処分その他公権力の行使」にあたることをいう。これにあたらないときは訴えは却下される。処分性については、学校統廃合条例、校則等に関して争われている。

　条例は一般的には抽象的規律であり、条例に基づく行為を争えば救済されるので、一般には処分にあたらず取消訴訟の対象とはならない。しかし、適用を受ける人の範囲が比較的に限定されており、かつ、具体的な執行行為をまたず直接に国民の権利義務に影響を与えるものについては、処分性を認める説が有力である。判例も同様の立場をとっている。学校統廃合条例の処分性について、富山地判昭和59・3・2判自4号77頁は、条例は「原則として抗告訴訟の対象となりえないが、条例に基づく行政庁の具体的な処分を待たずに条例そのものによって直ちに特定の者の権利義務に直接具体的な影響を及ぼすような場合においては、当該条例自体を一種の行政処分としてとらえ、これに対して抗告訴訟を提起し」うると述べ、旧小学校の具体的利用関係という利益を失うので、既就学児童の保護者との関係では行政処分にあたるとする。大津地判平成4・3・30判タ794号86頁も、条例には原則として処分性はなく、例外的に「条例そのものによって直ちに個人の権利義務に直接具体的な影響を及ぼす」場合に処分性があるが、本件では条例による当該小学校の廃止により直接これを利用する利益を失うことになるとして、既就学児童の保護者との関係で処分性を肯定している。

　他方、東京地判平成7・12・6判時1594号23頁は、条例の制定は、一般的抽象的規範の定立行為である立法作用であり原則として処分性はなく、例外的に専ら特定個人に向けられた法の執行として「その権利義務や法的地位に個別的・具体的な影響を直接及ぼす」場合には、処分性が認められるが、本件での「法的利益は、被告区が社会生活上通学可能な範囲内に設置する学校で教育を受けることができるということであって、それ以上に、具体的に特定の学校で教育を受けうるということまで含むものではない」として、処分性を否定して

いる。二審（東京高判平成8・11・27判時1594号19頁）・最高裁（最一判平成14・4・25判自229号52頁）とも、一審判決を「正当として是認することができる」として支持している。宇都宮地判平成17・8・10判例集未登載も、条例の制定は原則として処分にあたらないが、特定個人の具体的な権利義務や法的地位に直接影響を及ぼすような場合は、処分と解される余地があるが、本件での権益は、通学可能な範囲内の学校に就学できるという権益であって、特定の学校に就学できるという権益ではないので、具体的な権益に影響を及ぼすものではなく、本件条例は処分にあたらないとしている。

両グループの判例とも同じ基準によりながら結論が異なったのは、法的利益を当該特定の学校への就学と限定して捉えるか、それとも、通学可能な範囲内の学校と捉えるかの違いによるものである。

校則については、処分性が否定されることが多い。たとえば、丸刈り・制服着用を定めた中学校の生徒心得（校則）の無効確認又は取消を小学生が求めた小野中事件において、一審（神戸地判平成6・4・27判タ868号159頁）は、校則は一般的・抽象的な性格を有し、校則等の制定によって、他の具体的行為を待たずに、生徒に直接具体的な法的効果を生じさせるものではない等の理由から、抗告訴訟の対象たる処分に該当しないとし、二審（大阪高判平成6・11・29判例集未登載）・最高裁（平成8・2・22判時1560号72頁）とも、それを支持している。それに対して、学説からは、義務は校則に続く処分を待たずに校則の存在（指導と称する事実上の強制）によって確定しているので、行政処分とみなすべきであるとの批判がある。確認訴訟が明文化されている現在では、丸刈りの義務を負わないことの確認訴訟が有用である。

文書訓告については、横浜地判平成10・4・14判タ1035号125頁が、文書訓告は、指揮監督権に基づいて義務違反について注意を喚起し、将来を戒めるための事実行為にすぎず、制裁的実質を有せず、また、法的地位に変動を生じさせるものでもないので、行政庁の処分にあたらないとしている。

自動失職の場合、行政処分を介在させずに離職の効果が生じるので、処分性はなく、司法救済を求める場合には、取消訴訟ではなく、職員たる地位の確認

を求める当事者訴訟（行政事件訴訟法4条）、もしくは国家賠償請求訴訟（第3章第2節1.(2)の高松地判平成9・1・20判タ983号71頁では、国家賠償が請求された）によることになる。

　ⓑ　**原告適格**　取消訴訟の原告適格とは、処分性が認められた場合にその処分の取消を求めて出訴することができる資格を指す。現行法下の原告適格論は、行政事件訴訟法9条に定める「法律上の利益を有する者」の解釈論となる。法律上保護された利益説と法律上保護に値する利益説とが、対立していた。前者は、被侵害利益を処分の根拠法規が保護しているかどうかで判断しようとするものである。後者は、法律によって保護されたものに限定されず、事実上の利益でも足りるとし、処分の根拠法規によって保護されていない利益であっても、それが裁判上保護に値するものであれば原告適格を基礎づけるとする。判例は前者の立場に立ちつつも、実質的には後者に近づく傾向をみせていた。行政事件訴訟法の平成16年改正の際に、9条の2項が新設され、第三者の法律上の利益の有無を判断するにあたっての考慮事項が定められた。2項は、法令の趣旨・目的、利益の内容・性質等を考慮して適格性を判断すべきとする。解釈規定を置くことによって、原告適格の実質的拡大を図ったといえる。

　教育関連訴訟においては、親、地域住民、教科書執筆者、入学前の生徒等の原告適格が争われている。親については、教育課程の編成処分の取消等を求めた八尾高校教育課程事件において、大阪地判昭和48・3・1判時721号24頁・確定が、「学校においてほどこされる教育が法令に違反し子女の精神の発達向上を妨げるものであれば、親権者の右権利は侵害されることになる。したがって親権者はその子女が学校においてほどこされる教科・科目の授業およびそのもとになる教育課程の編成について法律上の利害関係を有する」として原告適格を認めている。

　地域住民については、判例上、地域住民というだけでは原告適格を有しないとされている（名古屋高裁金沢支決昭和51・6・18判時842号70頁、岐阜地決昭和54・4・20判時942号36頁、仙台高判昭和46・3・24行集22巻3号297頁等）。たとえば、学校統合処分の取消等を求めた事件において、大津地判平成4・3・30判タ794号

86頁は、特定の学校に対する具体的利用権は学校指定処分によってはじめて生じるのであって、既就学児童の親は原告適格を有するが、未就学児童の親や一般住民は、本件条例によっては具体的権利義務に何らの影響も受けないので、原告適格を有さないとしている。それに対して、学説からは、潜在的になっているだけで、児童が学齢期に達すれば、その権利は顕在化するのである、原告適格を学齢期の児童の保護者だけに認めれば、学校という公の施設の運命をたまたま権利が顕在化している住民の意向だけで決めてしまうことになる、近く入学予定の子どもの保護者には原告適格を認めるべきであるとの批判がある。

教科書発行者のみが検定申請を行った場合の教科書執筆者について、東京高判昭和50・12・20判時800号19頁は、検定処分の効果はその図書そのものについて生じ、申請者とならなかった他の一方にも当然及ぶとして、原告適格を認めている。最高裁（最一判昭和57・4・8判時1040号3頁）も、原審の判断を正当としている（なお、検定済教科書により教育を受ける中学生とその親が、検定合格処分の取消又は無効確認を求めた南京虐殺教科書検定事件において、東京地判平成4・9・28判時1448号120頁は、検定制度によって保護されている利益は、不特定多数の生徒全体の抽象的な利益であるにすぎず[法律上保護された利益とはいえず]原告適格を基礎づけるものではないとして、原告適格を否定している)。

入学前の生徒について、校則の取消等を求めた丸刈り小野中事件において、一審（神戸地判平成6・4・27判タ868号159頁)・二審（大阪高判平成6・11・29判例集未登載）は、転居、学区の変更、生徒心得の改定、他の中学への進学等の可能性を考慮すると、権利若しくは法律上の利益を必然的に侵害されるおそれがあるとまではいえないとして原告適格を否定している。最高裁（平成8・2・22判時1560号72頁）は、処分性が否定された以上、必要性がないとして、判断していない。学説からは、実効的な裁判を受ける権利を保障するという観点から、裁判に要する時間を考慮して入学の数年前から出訴を認めるべきであるとの批判がある。

原告が訴訟係属中に死亡した場合につき、旭丘中事件・最三判昭和49・12・10判時762号3頁は、免職処分の取消によって回復される給料請求権等が一

身専属的な権利ではなく、相続の対象となりうる性質のものである以上、相続人に原告適格が認められるとしている。

ⓒ （狭義の）訴えの利益　　（狭義の）訴えの利益とは、当該処分を取消す実際上の必要性のことである。行政庁の行為が処分性を有し、原告適格があっても、当該処分を現実に取消してもらう必要がなければ、訴えは却下される。ただし、行政事件訴訟法9条1項括弧書は、処分・裁決の効果が期間の経過その他の理由によりなくなった後においてもなお処分・裁決の取消しによって回復すべき法律上の利益を有する場合には、訴えの利益があるものとする。

訴えの利益がないとされた事例として、京都地判平成3・4・12判タ774号153頁は、養護学校高等部への願書不受理処分の取消を求める訴えを、入学対象学年の経過により訴えの利益が喪失したとして却下している。家永二次訴訟・最一判昭和57・4・8判時1040号3頁は、改訂検定不合格処分の取消訴訟において、検定時と改訂検定時との間に「審査基準の変更があった場合には、原則として、改訂部分についてのみされる改訂検定は許されず、改めて右改訂部分を含む全体について新しい審査基準による新規検定を受けなければならない」ので、「取消しによって回復すべき法律上の利益」を失うに至ったとみなしうるとしたうえで、審査基準の実質的な変更とはみなしえない例外的場合に該当するか否かを審理するよう原審に差戻している。学校の統廃合に関する東京高判平成8・11・27判時1594号19頁は、小学校が既に廃止されている以上、以前の状況を回復することは不可能であって、学校指定の取消を求める訴えの利益を欠くとしている。

他方、回復すべき法律上の利益があるとされた事例として、君が代起立拒否による懲戒処分の取消訴訟中に退職時期を迎えた場合につき、東京地判平成21・3・26判タ1314号146頁は、退職時までの昇給時期に影響が生じ、また、定年後の再雇用にあたって不利益な評価・選考をうける可能性があるので、戒告処分の取消を求める法律上の利益があるとしている。教諭から事務職への転任処分後教諭に復職した場合につき、神戸地判平成11・9・30判自232号58頁・大阪高判平成13・10・19判自232号51頁は、その後教職に復帰しても、それ

までの間の給与の減少分を回復すべき法律上の利益があるとして、訴えの利益は失われていないとしている。教員の受持時間数の削減後当該年度が経過した場合につき、札幌地判昭和52・12・21判時894号61頁・確定は、当該年度経過後であっても、取消により、不名誉な評価が排除され、その後の年度において通常の受持時間数の受持を期待しうるので、「取消しによって回復すべき法律上の利益」といえるとしている（他方、吹田二中事件・最一判昭和60・10・23判時1219号127頁は、名誉毀損は事実上の不利益であって本件転任の直接の法的効果ということはできないので、国家賠償請求訴訟によるべきであるとしている。名誉の回復のために処分の取消を求める利益が認められるかについては、判例・学説とも分かれている）。高校で退学処分をうけた後、大学に在学するに至った場合につき、東京高判昭和52・3・8判時856号26頁・確定は、就職等の際に求められる履歴書に退学処分の記載をせねばならないことによって不利益を被るおそれがあるので、履歴の正常性ないし正当性は退学処分の取消により回復されるべき法律上の利益にあたるとしている。

(2) 執行停止（取消訴訟における仮の救済）

取消訴訟における仮の救済として、執行停止がある。執行不停止の原則（行政事件訴訟法25条1項）のもとでは、取消訴訟を提起しても、行政処分は効力を発揮し、原告の権利利益は保全されない。そこで、本案判決が確定するまでの間、原告の権利利益を暫定的に保全するための制度が必要となる。それが執行停止制度である。

執行停止をするためには、本案取消訴訟が適法に係属している（同法25条2項）ことを前提にして、積極要件として、「処分、処分の執行又は手続の続行により生ずる重大な損害を避けるため緊急の必要がある」ことが必要であり（同法25条2項）、消極要件として、「公共の福祉に重大な影響を及ぼすおそれがあるとき」又は「本案について理由がないとみえるとき」は執行停止できない（同法25条4項）。

平成16年の行政事件訴訟法改正により、「回復困難な損害」から「重大な損害」へと要件が緩和され、「重大な損害」の判断に際しては「損害の回復の困

難の程度を考慮するものとし、損害の性質及び程度並びに処分の内容及び性質をも勘案する」(同法25条3項)とされた。

　執行停止の申立てを認容した決定として、公立高校生の退学処分の執行停止が求められた事例で、札幌地決昭和46・2・2行集22巻3号189頁は、①処分理由としてあげる各行為をどのような資料によって認定したのかの疎明はなく、本案について理由がないとみえると即断できない、②退学処分による在学関係及び大学入試受検資格の喪失は、「回復の困難な損害」にあたり、入学願書の受付の締切日や高校卒業試験日の切迫状況からみて、「緊急の必要」があることを理由に、執行停止の申立てを認容した(それに対して、二審[札幌高決昭和46・3・8判時626号43頁]は、退学処分には違法のかどがなく「本案について理由がないとみえるとき」にあたるとして、一審決定を取消している)。学校統廃合に関する名古屋高裁金沢支決昭和51・6・18判時842号70頁は、バス通学の際の交通事故の危険、豪雪時の遅刻、徒歩通学の際の自然との接触がなくなること等を回復困難な損害とみなし執行停止の申立てを認容している。

　他方、本案について理由がないとみえるとして却下した決定として、剣道実技拒否事件での最初の原級留置に関する神戸地決平成3・5・16判タ764号279頁・大阪高決平成3・8・2判タ775号75頁は、自由意思に基づく入学であること、公教育における宗教的中立性等を理由に、「本案について理由がないとみえるとき」にあたるとして、執行停止の申立てを却下している。再度の原級留置と退学処分に関する神戸地決平成4・6・12判時1438号50頁・大阪高決平成4・10・15判時1446号49頁も、同様の理由で、「本案について理由がないとみえるとき」にあたるとして却下している。越境入学の是正措置への執行停止に関する浦和地決昭和52・4・30判時852号45頁は、もともと越境入学は住民基本台帳法に違反する虚偽の届出に基づく違法行為であるので、「本案について理由がないとみえるとき」にあたるとして却下している。

　回復困難な損害が生じると認めることはできないとして却下した決定として、教員の転任に関して、浦和地決平成12・1・20判自212号52頁・確定は、通勤時間に大きな差はなく、担当教科に変更はないので、回復困難な損害が生

じると認めることはできない、鳥取地決昭和42・7・4行集18巻8・9号1133頁は、往復の通勤時間がそれぞれ5時間、3時間20分になるにしても、下宿等もありえ、健康状態も回復しており、回復困難な損害が生じると認めることはできないとしている。廃校処分と就学指定校変更に関して、東京高決昭和60・5・27判時1157号102頁は、従来の小学校と新たに指定された小学校とは「教育課程、教材ともに概ね同一であって、基本的な教育内容は均質性が保たれている」、遠距離通学の問題は「通学用バスの運行によって解決が図られている」等として、「回復の困難な損害」が生じているとはいえないとしている。

なお、執行停止の申立てをするには、それなりに救済を受けられる状況が認められること、すなわち申立ての利益があることが必要である。尼崎筋ジス訴訟・神戸地決平成3・7・22判時1392号37頁は、入学不許可処分の場合には、その効力を停止しても、処分がなされていない状態に回復するだけで、申請が許可されたのと同一の状態が仮に形成されるわけでもないので、執行停止を求める法的利益がないとして却下している（二審［大阪高決平成3・11・15判タ780号164頁］も、同趣旨）。仮の義務付けが法定されている現在では、許可処分の仮の義務付けを申立てることが可能である。

内閣総理大臣の異議

内閣総理大臣が異議を述べたときは、裁判所は執行停止をすることができない（行政事件訴訟法27条）。行政事件訴訟法の前身の行政事件訴訟特例法（10条に異議申立の定めがあった）の時代であるが、教員の懲戒処分・転任処分の執行停止申立てがなされた京都地決昭和29・7・23行集5巻7号1726頁において、総理大臣が「本件の帰趨は、教育界のみならず一般国民の注視するところであって、一京都市立中学校の問題たるに止まらず、その学校教育に影響するところは、極めて広く且つ重大であり、従って本件処分の執行停止を見るにおいては政府の念願する教育行政の円滑正常な運営は、期待しがたい結果となる」との異議を述べたため、執行停止の申立ては却下された。総理大臣の異議制度自体が司法権の侵害にあたり憲法違反であるとの学説が有力であるが、仮に合憲であるとしても、本件が異議を述べるべき事件であったのか疑問である。ちなみに、行政事件訴訟法では、「公共の福祉に重大な影響を及ぼすおそれのある事情」を示さねばならず（27条3項）、「やむをえない場合でなければ」異議を述べてはならない（27条6項）との歯止めが明示されている。昭和50年

代以降は、異議申立てはなされていない。

> **無効等確認訴訟**

　処分若しくは裁決の存否又はその効力の有無の確認を求める訴訟をいう（行政事件訴訟法3条4項）。出訴期間の制限をうけない。教育関連では、少数の判例が存する。校則（生徒心得）の無効確認請求を却下した判例として、熊本地判昭和60・11・13判時1174号48頁・確定（中学を既に卒業しており原告適格を有さない）、京都地判昭和61・7・10判自31号50頁・確定（生徒心得は抗告訴訟の対象となる処分ではない）がある。また、教科書採択の無効確認請求を却下した判例として、松山地判平成14・9・18TKCのみ（行政庁ではない私人には被告適格がない）がある。

> **不作為の違法確認訴訟**

　行政庁が法令に基づく申請に対し、相当の期間内に何らかの処分又は裁決をすべきであるにもかかわらず、これをしないことについての違法の確認を求める訴訟をいう（行政事件訴訟法3条5項）。教育関連では、少数の判例が存する。同和対策事業の一環として要綱に基づいて定められた進学奨励金等への申請を行ったが、市が許否の決定をしなかったために、不作為の違法確認が求められた事件が、幾つか存する。大阪地判昭和53・5・26判時909号27頁は、条例・規則ではなく要綱に基づく申請は「法令に基づく申請」にあたらないとして、却下している。他方、福岡地判昭和55・9・14判時909号26頁等は、法令上明文で定められていなくても、特定の者に対し応答義務を負うような申請権が付与されていると認められている場合は、行政事件訴訟法3条5項にいう申請にあたるとしたうえで、当該不作為が違法であることを確認している。

2.　義務付け・仮の義務付け

　義務付け訴訟とは、行政庁が行政処分をすべき旨を命ずることを求める訴訟である（行政事件訴訟法3条6項）。平成16年の行政事件訴訟法改正は、これまで法定外抗告訴訟の一種とされていた義務付け訴訟を法定し、これを「行政庁が一定の処分をすべきであるにもかかわらずこれがされないとき」（非申請型・同法3条6項1号）と「行政庁に対し一定の処分又は裁決を求める旨の法令に基づく申請又は審査請求がなされた場合において、当該行政庁がその処分又は裁決をすべきであるにもかかわらずこれがされないとき」（申請型・同法3条6項2号）とに区分している。

更に、それに対応する仮の救済制度として、仮の義務付け（同法37条の5）が新設された。仮の義務付けは、本案判決の前に、裁判所が仮に行政庁が具体的な処分をすべきことを命ずる裁判である。本案である義務付け訴訟で請求が認容されても、迅速かつ実効的な救済が得られないおそれがあったため、仮の義務付け訴訟が法定された。本案の義務付けの訴えの判決が確定し、これに係る処分又は裁決がなされるのを待っている間に生じてしまう国民の不利益を回避するために設けられたものである。義務付けの訴えの提起があった場合のみ認められる（同法37条の5第1項）。仮の義務付けの積極要件としては、①「償うことのできない損害を避けるため緊急の必要があ」る、②「本案について理由があるとみえる」ことが必要であり（1項）、消極要件としては、③「公共の福祉に重大な影響を及ぼすおそれがあるとき」は仮の義務付けはできない（3項）。これらの要件は、「重大な損害を避けるため緊急の必要があるとき」を積極要件とし、「本案について理由がないとみえるとき」を消極要件とする執行停止制度よりも厳格化されている。「償うことのできない」との要件は、「重大な損害」よりも、損害回復の困難の程度が比較的著しい場合をいい、また、積極的に本案について理由があるとみえることが必要である。「公共の福祉に重大な影響を及ぼすおそれがない」は、執行停止の場合と同趣旨であるが、通常適用されることが少ない要件である。暫定的とはいえ実質的に本案勝訴（義務付け）判決と同様の効果をもたらすので、要件は、同じく仮の救済である執行停止よりも厳格なものとなっている。

どのような場合が該当するのかについては、個別具体的な事情を考慮したうえで判断することになるが、救済の実効性の見地から弾力的運用が期待される。とりわけ、子どもは日々成長していく存在であるので、迅速な救済がなされることが極めて重要であり、実際仮の義務付けに関する決定が最近幾つかなされている。アレルギー性疾患の生徒（中学生）が、病弱児を対象とする寄宿舎が附設された特別支援学校への学校指定を仮にすべきこと（仮の義務付け）を求めた事件において、大阪地決平成20・7・18判自316号37頁・確定は、①特別支援学校において同人の教育的ニーズに応じた適切な教育を受けることがで

きないという損害は、本件指定がされない限り拡大し続けるので、償うことのできない損害を避けるための緊急の必要があるといえる、②本人と保護者が病弱児向けの特別支援学校への就学を希望し、そこでは適切な教育環境が整備されているにもかかわらず、そこへの就学通知をしないことは裁量の逸脱・濫用にあたるので「本案について理由がある」ときにあたる、③仮の義務付けにより公共の福祉に重大な影響を及ぼすおそれはないとして、申立てを認容している。

気管支喘息で 1 年近く普通学校への不登校状態が続いている小学 2 年生の親が、特別支援学校（養護学校）に就学させるべき旨の指定通知を仮にすべきこと（仮の義務付け）を求めた事件において、大阪地決平成 19・8・10 賃金と社会保障 1451 号 38 頁は、①普通学校では教育的ニーズに応じた適切な教育環境とはいえないのに対して、養護学校では寄宿舎の設置、病院との連携、病状に応じた教育課程等の適切な教育環境が整備されているといった事実関係の下では、普通学校へ就学指定することは著しく不合理であり、裁量権の逸脱・濫用にあたり、「本案について理由があるとみえるとき」の要件を満たす、②教育的ニーズに応じた適切な教育を受けることができないという損害は拡大し続けているので、償うことのできない損害を避けるため緊急の必要がある、③仮の義務付けにより公共の福祉に重大な影響を及ぼすおそれはないとして、申立てを認容している。二審（大阪高決平成 20・3・28 判例集未登載）も、一審決定とほぼ同様の判断を示したが、裁量権の逸脱・濫用にあたると判断するに際して、長期間の不登校という事実を過小評価した点、保護者の意見を十分考慮しなかった点を強調している。

肢体不自由の小学 6 年生（就学認定者として小学校に 6 年間就学していた）の親が中学校を就学先として仮に指定すべきこと（仮の義務付け）を求めた事件において、奈良地決平成 21・6・26 判自 328 号 21 頁は、①中学校を指定するのが共に学ぶ中で障害を克服し成長していくという教育上のニーズに最も適合しているにもかかわらず、現状においてとりうる手段や改善の余地（介助員の配置、教室の変更）等を検討することなく特別支援学校を指定することは、特

別支援教育の理念を没却するものとして、裁量権の濫用・逸脱にあたり、「本案について理由があるとみえるとき」の要件を満たす、②「中学校の普通学級で他の生徒らと共に授業を受け、学校生活を送ることで、自己の障害を克服し、学力を伸ばし、心身共に成長するための時間が刻々と失われていく状況にある」ので、償うことのできない損害を避けるために緊急の必要があるときに該当する、③仮の義務付けにより公共の福祉に重大な影響を及ぼすおそれがあるとはいえないとして、申立てを認容している。

他方、統合失調症の小学校 6 年生の親が特別支援学校（養護学校）に就学させるべき旨の指定通知を仮にすべきこと（仮の義務付け）を求めた事件において、大阪地決平成 20・3・27 判自 320 号 18 頁は、当該児童は学校教育法施行令 22 条の 3 にいう「病弱者」に該当せず、普通学校では特別支援教室が設置される見込みで、そこで教育的ニーズに応じた適切な教育を行うことが可能であるので、教育委員会が養護学校を指定しなかったことに裁量権の濫用・逸脱があったとはいえず、「本案について理由があるとみえるとき」の要件を満たさないとして却下している。

3. 差止め・仮の差止め

差止訴訟とは、公権力の行使を予め防止する訴訟を指す（行政事件訴訟法 3 条 7 項）。差止めの積極要件としては、「重大な損害を生ずるおそれがある」ことが必要であり（同法 37 条の 4 第 1 項）、重大な損害を生ずるか否かを判断するにあたっては、裁判所は「損害の回復の困難の程度を考慮するものとし、損害の性質及び程度並びに処分又は裁決の内容及び性質をも勘案するものとする」（2 項）。消極要件として、「その損害を避けるため他に適当な方法があるときは、この限りでない」（但書）。義務付け訴訟と差止訴訟は学説上は法定外抗告訴訟として認められていたが、明確でないため十分には活用されてこなかった。平成 16 年改正で法定された。

差止訴訟については、処分後の取消訴訟等により十分な救済が得られる場合には認められないとの判例が多いが、改正法の下での認容例としては、国旗国

歌予防訴訟がある。日の丸に起立し君が代を斉唱する義務の不存在確認請求とともに、これらの義務違反を理由とする処分の事前差止め請求がなされたが、東京地判平成18・9・21判時1952号44頁は、思想・良心の自由といった精神的自由は事後的救済には馴染みにくい、懲戒処分を受けるのは確実であり毎年の行事を重ねる毎に重い処分となっていく等に照らすと、処分後に争ったのでは回復し難い重大な損害を被るおそれがあるので、これらの二つの請求を認める法律上の利益があるとし、教育委員会の通達とそれに基づく校長の職務命令は憲法19条、教育基本法（旧）10条1項に違反するとして、請求を認容している（二審・東京高判平成23・1・28判自342号51頁は、より直截的で適切な救済手段である取消請求訴訟又は無効確認訴訟を提起すれば、損害を避けることができるので、義務不存在の訴え又は差止訴訟はいずれも不適法であるとして却下している）。

　仮の差止めとは、差止訴訟の本案についての判断がなされる前に、暫定的に差止めを命ずることにより、私人の権利利益の救済の実効性を確保しようとするものである。差止訴訟の審理中に処分がなされることが多いので、審理を開始した段階で仮に差止めることが救済の実効性を確保するために不可欠である。本案の差止訴訟が提起されていることが申立ての要件（行政事件訴訟法37条の5第2項）となる。積極要件としては、「償うことのできない損害を避けるため緊急の必要があ」る、②「本案について理由があるとみえる」ことが必要（同法37条の5第2項）であり、消極要件としては、「公共の福祉に重大な影響を及ぼすおそれがあるとき」は仮の差止めはできない（同法37条の5第3項）。

　「償うことのできない損害」等の厳格な要件が設けられた仮の差止めについては、幾つかの例外（保育所廃止に関する神戸地決平成19・2・27賃金と社会保障1442号57頁等）を除き、申立てが斥けられている。

4. 義務不存在確認の訴え

　公法上の法律関係に関する確認の訴えの一つである義務不存在確認の訴えがなされた事件が、上述の国旗国歌予防訴訟以外にも、幾つか存する。

長野勤評事件・最一判昭和47・11・30判時689号14頁は、訴えの趣旨を義務不存在確認訴訟と解したうえで、「義務違反の結果として将来なんらかの不利益処分を受けるおそれがある」というだけでは不十分で、「処分を受けてからこれに関する訴訟のなかで事後的に義務の不存在を争ったのでは回復しがたい重大な損害を被るおそれがある等、事前の救済を認めないことを著しく不相当とする特段の事情がある場合」でなければならず、本件は内心的自由に重大な関わりを有せず、義務違反の責を問われることが確実ともいえないので、そのような場合にあたらないとしている。

京都標準服訴訟・京都地判昭和61・7・10判自31号50頁、小野中別訴・神戸地判平成7・3・6判自142号45頁は、長野勤評事件最高裁判決の「事前の救済を認めないことを著しく不相当とする特段の事情がある場合」との基準に依拠し、校則に従わないための不利益処分の確実性は極めて低い等として、義務不存在確認の訴えを却下している。

他方、入学式・卒業式で国旗に向かって起立し国歌を斉唱する義務のないことの確認を、事前差止めとともに教員が求めた事件において、横浜地判平成21・7・16判例集未登載は、「公法上の法律関係に関する確認の訴え」（行政事件訴訟法4条後段）を提起するには、確認の利益、すなわち、「原告らの有する権利又は法的地位に対する危険、不安が現に存し、これを後の時点で事後的に争うより、現在、確認の訴えを認めることが当事者間の紛争の根本的な解決に資し、有効適切といえることを要する」が、本件の場合、精神的自由権は事後的救済には馴染みにくいうえ、今後毎年行われる式のたびに懲戒処分を待ってその取消を訴訟で争うというのは迂遠というほかない等として、確認の利益が認められるとする（もっとも、結論としては、平成19年最高裁判決に依拠して、教員は国旗に向かって起立し国歌を斉唱する義務を負うとし棄却している）。

自己申告票の提出義務の不存在確認の訴えを教員が求めた事件において、大阪地判平成20・12・25判タ1302号116頁も、「確認の利益が認められるためには、行政の活動、作用等により、原告の有する権利又は法的地位に対する危険、不安が現に存し、これを行政過程がより進行した後の時点で事後的に争う

より、現在、確認の訴えを認めることが当事者間の紛争の抜本的な解決に資し、有効適切といえることを要する」との基準を示し、自己申告票を提出しなければ一切昇給せず勤勉手当の率も最低レベルになるという給与上の具体的な不利益を現に受けている、未払い給料・勤勉手当の給付請求をするとすれば昇給は年1回、勤勉手当は年2回決定されるのでその都度行わなければならず抜本的な解決とはならないこと等を理由に、義務不存在の確認を求める利益があるとみなしている（もっとも、自己申告票の提出等を内容とする評価システムは適法とみなし棄却している）。

なお、長野勤評事件を実質的に、義務不存在確認訴訟とみなすべきか、懲戒処分の差止訴訟とみなすべきか争いがあるが、上述の平成21年横浜地裁判決と平成20年大阪地裁判決は、後者とみなし、長野勤評事件最高裁判決の射程は及ばないとしている。

5. 住民訴訟

地方公共団体の教育関連支出（不徴収も含む。学校使用料免除を住民訴訟で争った事件として、「夜スペ」補習授業事件・東京地判平成22・3・30判時2087号29頁[合法判決]がある）を住民訴訟で争うという手法がある。住民訴訟は、地方公共団体の公金・財産の管理について住民なら提起することができるが、住民訴訟を提起するには監査請求を経なければならない（地方自治法242条の2）。

住民訴訟の制度自体は、地方財務行政の適正な運営の確保のためにあるが、実際上はこれにとどまらず、行政運営をただすためにも用いられており（財務会計行為それ自体に限らず、広く違法な行政運営を問責するために先行行為の違法が主張されることが多い）、住民訴訟の射程はかなり大きくなりうる。

訴訟類型としては、①行為の差止めの請求（1号請求）、②行政処分の取消又は無効確認の請求（2号請求）、③怠る事実の違法確認請求（3号請求）、④損害賠償、不当利得返還に係る請求（4号請求、平成14年に「当該職員に対する」が「執行機関又は職員に対して」と改正）が定められている。4号請求が最も多い。

先行行為の違法性も主張され、その先行行為に違法性がないとみなされた場

合、請求は棄却される。その例としては、必要性がないにもかかわらず従来校を分離して新設校を設置しそのために公金を支出したことが違法であるとして、住民訴訟が提起された事件において、浦和地判平成12・7・24判自211号64頁は、生徒数の増加による大規模校化を防止するためであって違法とはいえないとして請求を棄却している。職務専念義務を免除してのその間の給与の支給が違法公金支出であるとして、住民訴訟が提起された事件において、大阪地判平成18・12・28判自294号40頁は、国際親善都市協会主催の中学生米国交流訪問団に教育委員会職員が職免を受けて随行したことへの支出を、中学生の引率や指導上の有効性、免除の期間が11日と短期間であったこと等を理由に、合法とみなしている。

　先行行為に違法性があるとみなされた場合、次いで、いわゆる「違法性の承継」が問題となる。勧奨退職に応じた教頭を教育委員会が一日だけ校長に任命し、知事が校長職としての退職金を支給したことに対して、知事に対して損害賠償が請求された一日校長事件において、最三判平成4・12・15判自114号62頁は、「損害賠償責任を問うことができるのは……先行する原因行為に違法事由が存する場合であっても、右原因行為を前提とされた当該職員の行為自体が財務会計法規上の義務に違反する違法なものであるときに限られる」としたうえで、教育委員会がした人事に関する処分については、長は「右処分が著しく合理性を欠きそのためこれに予算執行の適正確保の見地から看過し得ない瑕疵の存する場合でない限り、右処分を尊重しその内容に応じた財務会計上の措置を採るべき義務」がある（けだし、独立した機関としての教育委員会の有する固有の権限内容まで長は介入しえないからである）としたうえで、原審の確定した事実関係のもとでは、「看過し得ない瑕疵」が存するとは解しえないとして、請求を棄却している。

　最高裁は、先行行為と財務会計行為を行う者が異なり、かつ、先行行為が長から独立性を有する機関によって行われた人事権の行使である場合において、先行行為それ自体の違法は、先行行為に「看過し得ない瑕疵」がある場合を除き、住民訴訟で争えないと判示している（それ以外の類型については別途、先行

行為の違法性の程度、先行行為と財務会計法規の関係、先行行為と当該職員との関係等を個々に検討する必要があろう）。この説示は、住民訴訟によって首長の損害賠償責任が無制限に拡張することについて、最高裁として一応の法的限界を画することを意図したものといえる。

その後、最高裁と同じ枠組で判断した判決として、神戸地判平成18・3・9判自291号26頁は、学校内でセクハラを行い厳重注意をうけ退職した教員を教育委員会が再採用したことは違法であるが、「採用が著しく合理性を欠き、予算執行の適正確保の見地から看過しえない瑕疵」があるとまではいえないとして、知事への賠償請求を棄却している。また、大阪地判平成19・5・22判自299号74頁も、私学関係者から接待をうけた教育長を教育委員会が懲戒免職ではなく減給処分にし、そのために知事が給与を支出したことが違法な公金支出にあたるとして、知事に損害賠償請求を行った住民訴訟において、教育委員会の処分が著しく合理性を欠き、そのために予算執行の適正確保の見地から看過し得ない瑕疵が存するとまではいえないとして、請求を棄却している。

他方、損害賠償請求を認容した判例として、たとえば、県立高校教員を同和教育研究協議会の役員として派遣しその間の給与・旅費を支出した事件において、福岡地判平成17・11・4・福岡高判平成20・3・24判例集未登載は、当該民間団体の役員としての活動が教諭の職務に含まれないことは明らかであり、当該派遣は裁量権の濫用・逸脱にあたり違法であり、それを命じた校長等に過失があったとして、校長等への損害賠償請求を認容している。なお、上述の平成4年最高裁判決との関係については、教育長と総務課長への損害賠償請求を認容した大阪地判平成21・10・6判自336号39頁が、平成4年最高裁判決は原因行為の権限者と財務会計行為の権限者が異なる場合であるが、本件の場合は教育長が本来的権限を、総務課長が専決権限を有し権限の配分は問題とならないので、事案を異にするとしている。

1号関連の事件としては、小学校校舎の新築工事の差止めと、工事代金の支出差止めを求めた事件等が存する。大津地判平成15・12・22判自255号50頁は、新築工事の差止請求については、財務会計上の行為でないので住民訴訟の

対象にはならないとする。工事代金の支出差止請求については、住民訴訟の対象になるのは明らかであるとしたうえで、計画変更後新たに工事請負契約を締結しておらず、支出の原因となるべき支出負担行為の存在を認めることができないので違法であるとして、支出の差止めを命じている。

6. 賠償請求訴訟

　取消請求が斥けられても、賠償請求については審理され、賠償金の支払いが命じられることがある。そのため、処分の取消と併せ賠償請求がなされることが多い。身体的損傷への賠償だけでなく、精神的損傷への賠償請求もなしうる。請求先は、国家だけでなく、民法に基づき私人（学校法人、加害生徒等）に対してもなしうる。賠償額の妥当性も問題となりうる。

　取消・賠償請求とも認容した判決として、たとえば、尼崎筋ジス訴訟・神戸地判平成4・3・13判時1414号26頁は、入学不許可処分を取消すとともに、精神的苦痛への賠償100万円の支払いを命じている。1年の遅れを考えると100万円は安すぎるとの批判がある。

　取消請求は斥けたが賠償請求は認容した判決として、たとえば、教員の転任に関する神戸地判平成14・9・10労判841号73頁は、訴訟係属中に定年退職期を迎えて訴えの利益を失ったために取消請求を不適法としたが、転任処分は不当な目的で行われたので裁量権を逸脱し違法であるとして、精神的苦痛への賠償100万円の支払いを命じている。また、留萌事件・旭川地判平成5・10・26判時1490号49頁・札幌高判平成6・5・24判時1519号67頁は、障害児学級への入級処分を合憲・合法とみなしたが、期待をいたずらに抱かせるような教育委員会の発言が信義則上の注意義務に反して違法になるとして、賠償20万円の支払いを命じている。

　生徒に加えて親への精神的損害の賠償が認められるかについて、国立大学附属中の校長が附属高校一般入試への出願書類の作成を拒否した事件において、大阪地判平成16・10・29判時1886号87頁は、親の受験意向にもかかわらず作成を拒否したのであるから、教育権能を侵害されたといえるとして、生徒へ

の40万円に加えて、両親への各5万円の賠償も命じている（学校事故の場合については、第4章第8節2.(8)参照）。

7. 合憲性・合法性の統制

裁判所による合憲性・合法性の統制という視点から、教育判例を全体としてみてみよう。

(1) 憲法違反

憲法違反の主張は多くの事件でなされているが、家永訴訟・伝習館事件・教科書費国庫負担請求事件最高裁判決をはじめとして、ほとんど合憲判決であり、違憲判決はごく少数である。違憲判決として、家永二次訴訟・東京地判昭和45・7・17行集21巻7号別冊1頁（杉本判決）は、本件不合格処分が教科書執筆者の思想（学問研究の成果）内容の事前審査にあたるので「検閲」に該当するとして、違憲とみなしている。赤間小事件・札幌地判昭和46・11・19判時651号22頁・確定は、教員の思想・信条を理由としての人事異動は、憲法14条、19条、教育基本法の精神に違反するとしている。国旗国歌予防訴訟・東京地判平成18・9・21判時1952号44頁は、君が代斉唱等を定めた通達及び校長の職務命令が憲法19条、教育基本法（旧）10条1項に違反するとみなしている。鹿児島地判昭和58・10・21訟月30巻4号685頁は、市民会館での教組主宰のミュージカル公演を主任制反対運動の一環であることを理由に認めなかったことを、憲法21条に違反するとみなしている。

憲法違反と判示してもよいと思われるのに、違法判断にとどめている判例が、幾つかみられる。すなわち、鳥取地判昭和61・12・4判時1216号32頁は、憲法14条違反の主張には応答せず、退職勧奨の男女年齢差を不法行為とみなしている。障害者の教諭への非任用に関する京都地判平成2・7・18判夕567号22頁・確定は、憲法14条違反の主張には応答せず、平等原則を定める地方公務員法13条違反と判断している。尼崎筋ジス訴訟において、憲法26条、14条違反の主張もなされたが、神戸地判平成4・3・13判時1414号26頁は、「障害児がその能力の全面的発達を追及することもまた教育の機会均等を定めてい

る憲法その他の法令によって認められる当然の権利である」と述べるが、裁量権の濫用・逸脱にあたり違法であるというにとどめている。剣道実技拒否事件・大阪高判平成6・12・22判時1524号8頁・最二判平成8・3・8判時1564号3頁は、憲法20条、26条、14条違反の主張には応答せず、裁量権の濫用・逸脱にあたり違法であるというにとどめている。

(2) 児童の権利条約等の国際人権条約違反 (⇒『15講』212頁)

国際人権条約違反の主張は、最近増えつつあるが、その主張は斥けられている。たとえば、大阪地判平成20・1・23判時2010号93頁・大阪高判平成20・11・27判時2044号86頁は、外国人児童生徒向け教育事業の廃止・縮小は、児童の権利条約、国際人権規約に違反しない、すなわち、児童の権利条約30条、市民的及び政治的権利に関する国際規約（B規約）27条は、締約国に対して本条の定める権利を侵害しない義務を課したにとどまり、積極的な保護措置を講ずべき義務まで課したものではない、経済的、社会的及び文化的権利に関する国際規約（A規約）13条は、締約国がこの権利の実現に向けて積極的に政策を推進すべき政治的責任を負うことを宣明したにとどまり、個人に対し即時に具体的権利を付与すべきことを定めたものではないとしている。東京地判平成8・9・12判タ941号157頁・確定は、学校の統廃合に際して親や子に意見表明の機会を与えなくても、児童の権利条約8条、12条1項、2項に違反しないとしている。大津地判平成13・5・7判タ1087号117頁は、卒業式において国旗掲揚を実施することは教員の内心に強制を加えるものではないので、国際人権B規約18条に違反するとはいえないとしている。

(3) 教育基本法違反

教育基本法違反の主張はしばしばなされてきたが、旭川学テ・伝習館・麹町中内申書事件最高裁判決をはじめとして、多くの判例は合法判決であり、同法違反とした判例は少数である。違法判決として、私立目黒高校事件・東京地判昭和47・3・31判時664号23頁は、教員の同意なしに授業内容を録音しそれを根拠に解雇することは教育基本法（旧）10条1項の禁止する「不当な支配」に該当するとして解雇を無効としている（私学にも妥当することを示している）。

公明党都議事件・東京地判昭和49・7・26判時754号64頁・東京高判昭和50・12・23判時808号57頁は、特定の教員に対する特定の政党の党派的圧力は、教育基本法（旧）10条1項の禁止する「不当な支配」に該当するにもかかわらず、そのような機会を教育委員会が提供したことは違法であるとして国家賠償を命じている。都立養護学校性教育事件・東京地判平成21・3・12判例集未登載は、「不当な支配」にあたる都議の言動から教員を保護すべきであるにもかかわらず、それを行わなかった都教委の不作為が、教育条件整備義務を定める教育基本法（旧）10条2項に違反するとして国家賠償を命じている。麴町中内申書事件・東京地判昭和54・3・28判時921号18頁は、思想、信条のいかんによって生徒を分類することは、教育基本法（旧）3条に違反するとみなしている。

教育基本法改正

平成18年改正の（現）教育基本法では、生涯学習の理念（3条）、障害児への教育（4条2項）、大学（7条）、私立学校（8条）、教員（9条）、家庭教育（10条）、幼児期の教育（11条）、学校・家庭・地域住民等の相互の連携協力（13条）、教育振興基本計画（17条）等が、新設された。他方、平成15年3月20日中教審答申を受けて、男女共学規定（旧5条）が削除された。また、旧法に規定されていた普遍的理念、原則のうち、「日本国憲法の精神にのっとり」「人格の完成」「個人の価値を尊重」「不当な支配に服することなく」等は継承されているが、他方、「普遍的にしてしかも個性ゆたかな文化の創造」、教育は「国民全体に対し直接に責任を負って行われるべきもの」、「根本において教育の力にまつべきものである」等の文言が削除された。

（現）教育基本法については、次のような特色をみいだしうる。第1は、人間の内心までの踏み込みである。「豊かな情操と道徳心」「我が国と郷土を愛する」「公共の精神」等といった人間の内心の問題が、公教育の目標として掲げられている。第2は、法律から計画への移行である。基本法を制定してそこに「基本計画」の策定に関する規定を置くのは、男女共同参画社会基本法、環境基本法等の基本法が採用する手法であるが、教育基本法も、17条で、「基本計画」の策定に関する規定を置いている。男女共同参画社会基本法や環境基本法には、基本計画の公表の定めはあるが、国会の関与の規定はみられない。他方、食料・農業・農村基本法には、国会への報告規定が存する（15条6項）。教育基本法も、国会への報告規定を設けている。しかし、民主党の17条の対案では、「国会」・地方「議会」の「承認を得て」となっており、

議会による監督の見地から承認規定とすべきであったろう。第3は、能力主義原理の強調である。「能力」という文言は、旧法では、教育の機会均等について規定した3条において2箇所で出てくるだけであるが、(現)教育基本法では、同様の表現となっている4条に加えて、2条で教育の目標の一つとして、5条で義務教育の目的の一つとして「各個人の有する能力を伸ばし」があげられており、能力主義原理が強調されている。第4は、責務の強調である。学校生活で規律を重んずる、子の教育についての第一義的責任、教育における役割と責任を自覚する等といった責務が、それぞれ生徒、保護者、地域住民に課せられている。

(現)教育基本法が今後どのような役割を果たしていくのかは、必ずしも明らかではないが、憲法に適合するように(現)教育基本法を解釈・運用していくことが求められる。

(4) 裁量権の濫用・逸脱

行政裁量とは、立法者が法律の枠内で行政機関に認めた判断の余地のことである。裁量権の濫用とは、表面的には法の許容する裁量の範囲内であるものの法の趣旨に反して裁量権を行使することをいい、裁量権の逸脱とは、法の許容する裁量の範囲を逸脱することを意味するが、法効果の面で差異があるわけではない。判例は、両者を一括して裁量権の限界の問題として論じている。

「社会通念に照らし著しく合理性を欠く」場合に裁量濫用・逸脱とする謙抑的な裁量濫用型審査の対極に、実体的判断代置方式審査(裁判所が全面的に審査し直し、その結果と行政庁の判断が一致しない場合には、裁判所の判断を優先して行政行為を取消す方式)がある。両者の中間に位置づけられる方式として、実体的判断過程統制審査があり、重視すべき要素が軽視されていないか、他事考慮がなされていないか、過大評価すべきでない事項が過大評価されていないか、等を審査するものである。判断過程審査は、結果自体ではなく、結果に至る論証過程に着目するものであるが、個々の考慮事項やその評価の程度を明確にし、その点で、裁量を限定的にしか認めず、社会観念審査より厳格な審査方法である。

最高裁の傾向としては、初期の時代は、「社会通念に照らし著しく合理性を欠く」場合に裁量濫用・逸脱にあたるとする謙抑的な審査を行っていたが、最

近では、行政判断過程に対する司法審査の密度を向上させ、行政裁量への司法的コントロールを図ろうとしている。

すなわち、本件処分は「考慮すべき事項を考慮しておらず、又は考慮された事実に対する評価が明白に合理性を欠き、その結果、社会観念上著しく妥当を欠く処分をしたものと評するほかはなく、本件各処分は、裁量権の範囲を超える違法なもの」である（剣道実技拒否事件最高裁判決）、重視すべきでない考慮要素を重視し、他方「当然考慮すべき事項を十分考慮しておらず、その結果、社会通念に照らし著しく妥当性を欠いたもの」となっている（平成18年広島教研事件最高裁判決）等として、判断過程統制審査（もしくは、社会観念審査と判断過程審査との結合）の手法を用いている。

判断過程統制審査は有意義な裁量統制の手法であって、審査の基軸とされるべきであるが、それに加えて、以下の点も考慮することが必要である。第1は、侵害される権益の性格と程度である。とりわけ、麴町中内申書事件、剣道実技拒否事件、障害児の学校・学級選択事件のように、生徒と親の精神的自由権が問題となっている場合には、裁量統制が厳密になされねばならない。

第2は、専門的裁量の尊重である。裁判官は自己の教育観で代替するのではなく、専門的な教育裁量を尊重するよう求められるが、教科書検定のように、教科書執筆者対検定官といった教育専門家間での対立が生じる場合がある。家永教科書裁判での最高裁の枠組によれば、検定意見は相応の根拠を示すだけではだめで、学界の客観的な学説状況を踏まえたものでなければならないことになり、裁判官は学界の状況を認定するのであって、歴史的事実の真否や学説の優劣を判断するわけではないことになる。また、障害児や公務災害の場合のように、教育裁量だけでなく医学裁量が係わってきて、むしろ後者を重視すべき場合がある。尼崎筋ジス訴訟では、高等学校の全課程の履修が可能か否かが、最大の争点であったので、教育裁量よりむしろ医学的裁量を重視すべきであった。それにもかかわらず、筋ジス専門医の判断を重視しなかった点で裁量濫用・逸脱とされた。

裁量基準

　教員の転任処分のように大量的に行われる行為については、裁量基準をあらかじめ定めておき、それを相手方に告知し、さらに公表することが望ましい場合がある。裁量基準からの逸脱は、そのことのみで当然に違法となるわけではない。なぜならば、逸脱を一切許さないとすると、当該裁量基準は法規命令と同じ効力をもつことになり、不合理であるからである。合理的理由がある場合、当該裁量基準を適用しないことが許される。合理的理由なくして当該裁量基準を適用しないことは、平等原則に反して違法と解される。裁量基準が公にされている場合には、相手方の信頼保護の見地から、当該裁量基準の不適用が違法と解される余地は大きくなる。

部分社会論

　一般市民法秩序と直接の関係を有しない内部的な問題にとどまる限り司法審査は及ばない（直接関係する場合は及ぶ）とする部分社会論に拠る判例も、少なからず存する。たとえば、高校1年への原級留置処分の取消請求訴訟である東京高判昭和62・12・16判夕676号74頁は、原級留置処分は、法令の根拠に基づき高校2年生としての利用の拒否を受忍させる法的効果を有するものであるから、市民法秩序における権利義務に影響を与えるものとして抗告訴訟の対象となりうるし、単位認定の適否も、原級留置処分に直接結びつくものであるから、やはり司法審査の対象となるとしている。

　しかし、他方、剣道実技拒否事件最高裁判決をはじめとして、一般市民法秩序に言及することなく、裁量権の濫用・逸脱を審査する判例も多くみられる。

　学校を部分社会とみなし部分社会論に拠ることにたいしては、一般市民法秩序の概念が抽象的であり、市民法上の地位か否かの判断自体が困難である、内部の専門的判定であっても、手続問題、他事考慮の問題があるので、その限りで訴訟の対象性をもつ、部分社会の内部秩序に関する事柄でも、人権の侵害に係わるものについては、司法審査の対象となる場合があるのではないか、とりわけ、心身とも未成熟で、教員への「従属的地位」に置かれがちな生徒に関しては、部分社会論により内部の自律的解決に委ねてしまうのは問題が大きいのではないか、といった疑問が生じる。実体的側面における判断過程統制審査及び手続き的側面での審査によるべきであろう。

(旧)教育基本法

　われらは、さきに、日本国憲法を確定し、民主的で文化的な国家を建設して、世界の平和と人類の福祉に貢献しようとする決意を示した。この理想の実現は、根本において教育の力にまつべきものである。

　われらは、個人の尊厳を重んじ、真理と平和を希求する人間の育成を期するとともに、普遍的にしてしかも個性ゆたかな文化の創造をめざす教育を普及徹底しなければならない。

　ここに、日本国憲法の精神に則り、教育の目的を明示して、新しい日本の教育の基本を確立するため、この法律を制定する。

第1条（教育の目的）　教育は、人格の完成をめざし、平和的な国家及び社会の形成者として、真理と正義を愛し、個人の価値をたつとび、勤労と責任を重んじ、自主的精神に充ちた心身ともに健康な国民の育成を期して行われなければならない。

第2条（教育の方針）　教育の目的は、あらゆる機会に、あらゆる場所において実現されなければならない。この目的を達成するためには、学問の自由を尊重し、実際生活に即し、自発的精神を養い、自他の敬愛と協力によつて、文化の創造と発展に貢献するように努めなければならない。

第3条（教育の機会均等）　①すべて国民は、ひとしく、その能力に応ずる教育を受ける機会を与えられなければならないものであつて、人種、信条、性別、社会的身分、経済的地位又は門地によつて、教育上差別されない。

②国および地方公共団体は、能力があるにもかかわらず、経済的理由によつて修学困難な者に対して、奨学の方法を講じなければならない。

第4条（義務教育）　①国民は、その保護する子女に、9年の普通教育を受けさせる義務を負う。

②国又は地方公共団体の設置する学校における義務教育については、授業料は、これを徴収しない。

第5条（男女共学）　男女は、互に敬重し、協力し合わなければならないものであつて、教育上男女の共学は、認められなければならない。

第6条（学校教育）　①法律に定める学校は、公の性質をもつものであつて、国又は地方公共団体の外、法律に定める法人のみが、これを設置することができる。

②法律に定める学校の教員は、全体の奉仕者であつて、自己の使命を自覚し、その

職責の遂行に努めなければならない。このためには、教員の身分は、尊重され、その待遇の適正が、期せられなければならない。

第7条（社会教育）　①家庭教育及び勤労の場所その他社会において行われる教育は、国及び地方公共団体によつて奨励されなければならない。

②国及び地方公共団体は、図書館、博物館、公民館等の施設の設置、学校の施設の利用その他適当な方法によつて教育の目的の実現に努めなければならない。

第8条（政治教育）　①良識ある公民たるに必要な政治的教養は、教育上これを尊重しなければならない。

②法律に定める学校は、特定の政党を支持し、又はこれに反対するための政治教育その他政治的活動をしてはならない。

第9条（宗教教育）　①宗教に関する寛容の態度及び宗教の社会生活における地位は、教育上これを尊重しなければならない。

②国及び地方公共団体が設置する学校は、特定の宗教のための宗教教育その他宗教的活動をしてはならない。

第10条（教育行政）　①教育は、不当な支配に服することなく、国民全体に対し直接に責任を負つて行われるべきものである。

②教育行政は、この自覚のもとに、教育の目的を遂行するに必要な諸条件の整備確立を目標として行われなければならない。

第11条（補則）　この法律に掲げる諸条項を実施するために必要がある場合には、適当な法令が制定されなければならない。

主要参考文献

[単行本]

兼子仁『教育法[新版]』(1978年)
伊藤進・織田博子『解説学校事故』(1992年)
永井憲一(編)『基本法コンメンタール教育関係法』(1992年)
神田修・兼子仁(編)『ホーンブック教育法』(1995年)
阪本昌成『憲法理論Ⅲ』(1995年)
小川正人(編著)『教育財政の政策と法制度』(1996年)
下村哲夫『現代教育の論点』(1997年)
結城忠(編)『教育法規』(2000年)
西尾勝・小川正人(編)『分権改革と教育行政』(2000年)
木田宏『逐条解説 地方教育行政の組織及び運営に関する法律[第三次新訂]』(2003年)
坂田仰・星野豊(編)『学校教育の基本判例』(2004年)
平原春好・室井修・土屋基規『現代教育法概説[改訂版]』(2004年)
高橋靖直(編著)『教育行政と学校・教師[第3版]』(2004年)
小川正人(編)『義務教育改革』(2005年)
藤田英典『義務教育を問いなおす』(2005年)
芝池義一『行政法総論講義[第4版補訂版]』(2006年)、『行政救済法講義[第3版]』(2006年)
永井憲一(編)『憲法と教育人権』(2006年)
磯田文雄(編)『新しい教育行政』(2006年)
樋口修資(編)『教育行財政概説』(2007年)
市川須美子『学校教育裁判と教育法』(2007年)
浪本勝年・三上昭彦(編)『「改正」教育基本法を考える』(2007年)
喜多明人・橋本恭宏・舟木正文・森浩寿(編)『解説 学校安全基準』(2008年)
小川正人・勝野正章『新訂教育経営論』(2008年)
河野和清(編)『現代教育の制度と行政』(2008年)
教育制度研究会(編)『要説教育制度[新訂第2版]』(2008年)
阿部泰隆『行政法解釈学ⅠⅡ』(2008, 2009年)
結城忠『教育の自治・分権と学校法制』(2009年)
湯田伸一『知られざる就学援助』(2009年)
平原春好(編)『概説教育行政学』(2009年)
橋本勇『逐条地方公務員法第2次改訂版』(2009年)

姉崎洋一他『ガイドブック教育法』(2009 年)
菅野和夫『労働法［第 9 版］』(2010 年)
学校管理運営法令研究会（編）『第 5 次全訂・新学校管理読本』(2010 年)
小川正人『現代の教育改革と教育行政』(2010 年)
竹中勲『憲法上の自己決定権』(2010 年)
窪田眞二・小川友次『教育法規便覧』（平成 23 年度版）
宇賀克也『行政法概説Ⅰ［第 4 版］』(2011 年)、『行政法概説Ⅱ［第 3 版］』(2011 年)、『行政法概説Ⅲ［第 2 版］』(2010 年)
米沢広一『憲法と教育 15 講［第 3 版］』(2011 年)
佐藤幸治『日本国憲法論』(2011 年)

［論文・判例評論］
室井力「学習指導要領の法的性質」ジュリスト 649 号 24 頁（1977 年）
荏原明則「公立中学校の廃統合に伴う町教育委員会の就学指定処分と執行停止」自治研究 55 巻 2 号 120 頁（1979 年）
森田明「体罰と教師の責任」法学教室 37 号 102 頁（1983 年）
小高剛「『福岡県教組内申抜き処分』事件最高裁判決」ジュリスト 866 号 104 頁（1986 年）
室井力「教育改革と諮問機関行政」日本教育法学会年報 15 号 33 頁（1986 年）
渡邊賢「公務員の転任命令と不利益処分性」労働法律旬報 1177・8 号 56 頁（1987 年）
中村睦男「最新判例批評」判例評論 363 号 32 頁（1989 年）
大橋洋一「最新判例批評」判例評論 365 号 41 頁（1989 年）
佐藤司「最新判例批評」判例評論 380 号 11 頁（1990 年）
山下淳「伝習館高校事件最高裁判決」平成 2 年度重要判例解説 38 頁（1990 年）
秋山義昭「最新判例批評」判例評論 390 号 60 頁（1991 年）
石川敏行「県費負担職員の懲戒と市教育委員会の内申」地方自治判例百選［第 2 版］134 頁（1993 年）
山下淳「家永第一次訴訟上告審判決」平成 5 年重要判例解説 42 頁（1993 年）
阿部泰隆「学校統廃合の法律問題」神戸法学年報 11 号 91 頁（1995 年）
阿部泰隆「丸刈り強制校則の処分性と入学前の生徒の原告適格」ジュリスト 1061 号 117 頁（1995 年）
米沢広一「教育個人情報の保護（上）（下）」法学教室 189 号 52 頁、193 号 111 頁（1996 年）
矢島基美「公立学校における政教分離原則と信教の自由」平成 8 年度重要判例解説 15 頁（1996 年）
米沢広一「教育情報の公開（1）（2）」法学雑誌 46 巻 3 号 431 頁、4 号 605 頁（2000 年）
渡部昭男・加藤忠雄「特別なニーズをもつ子どもの学習権」講座現代教育法 2 巻 86 頁（2001

年）
中嶋哲彦「構造改革特区と地方教育行政」季刊教育法 135 号 19 頁（2002 年）
石井昇「公立中学校における校則・生徒心得」甲南法学 42 巻 3・4 号 301 頁（2002 年）
横田守弘「教育を受ける権利と学校選択」ジュリスト 1244 号 116 頁（2003 年）
渡辺恵子「義務教育費国庫負担制度の『総額裁量制』への移行についての考察」国立教育政策研究所紀要 134 集 134 頁（2005 年）
三輪定宣「『三位一体改革』と義務教育費国庫負担法をめぐる問題状況」日本財政法学会（編）『地方財政の変貌と法』128 頁（2005 年）
萬井隆令「公立学校教師の超勤問題について」労働法律旬報 1610 号 32 頁（2005 年）
石川多加子「岐路に立つ私学の自主性」法学セミナー 2005 年 11 月号 11 頁
米沢広一「教師の自由」阿部喜寿記念論文集 25 頁（2007 年）
三上昭彦「教育改革関連三法」季刊教育法 154 号 8 頁（2007 年）
藤原ゆき「学校施設の目的外使用における裁量権の限界」季刊教育法 152 号 74 頁（2007 年）
佐久間亜紀「教育職員免許法改正は現場をどう変えるか」季刊教育法 154 号 12 頁（2007 年）
藤澤宏樹「就学援助制度の再検討 (1)(2)」大阪経大論集 58 巻 1 号 199 頁（2007 年）、59 巻 1 号 57 頁（2008 年）
米沢広一「変動期の教育法」法学雑誌 55 巻 2 号 1 頁（2008 年）
大久保規子「行政事件訴訟法改正・行政不服審査法改正」法律時報 80 巻 10 号 48 頁（2008 年）
山口亨「教員免許の失効と地方公務員の身分取扱いに関する一考察」法学研究 81 巻 12 号 591 頁（2008 年）
渡辺暁彦「条件附採用期間にある教員の身分保障をめぐる法的問題」滋賀大教育学部紀要Ⅱ 59 号 47 頁（2009 年）
後藤巻則「最新判例批評」判例評論 614 号 16 頁（2010 年）
小川正人「高校授業料無償化の残された課題」月刊高校教育 43 巻 8 号 40 頁（2010 年）
米沢広一「公立学校教員と法」法学雑誌 57 巻 3 号 49 頁（2011 年）

著者紹介

米沢　広一（よねざわ・こういち）

1951年　兵庫県明石市に生まれる
1975年　京都大学法学部卒業
1980年　京都大学法学研究科博士課程修了
1993年　法学博士（京都大学）
現　在　大阪市立大学法学研究科教授
著　書　『子ども・家族・憲法』（有斐閣、1992年）
　　　　『いちばんやさしい憲法入門〔第4版〕』（共著、有斐閣、2010年）
　　　　『憲法と教育15講〔第3版〕』（北樹出版、2011年）

教育行政法

2011年10月20日　初版第1刷発行

　　　　　　　　　　　　著　者　米沢広一
　　　　　　　　　　　　発行者　木村哲也
　　　　・定価はカバーに表示　印刷　中央印刷／製本　新里製本

　　　　　　　　発行所　株式会社　北樹出版

〒153-0061　東京都目黒区中目黒1-2-6
電話(03)3715-1525（代表）　FAX(03)5720-1488

© Kouichi Yonezawa 2011, Printed in Japan　　ISBN978-4-7793-0296-1
（乱丁・落丁の場合はお取り替えします）